Mensch 5.0

Manfred Sieg   Karl Hofmann

Mensch 5.0

Wie Sie mit KAIROS

die Herausforderung

der Zukunft bewältigen

Bibliografische Information der Deutschen Nationalbibliothek:
Die Deutsche Nationalbibliothek verzeichnet diese Publikation in der Deutschen Nationalbibliografie; detaillierte bibliografische Daten sind im Internet über http://dnb.dnb.de abrufbar.

Das Werk ist, einschließlich all seiner Teile, urheberrechtlich geschützt. Jede Verwertung, die nicht ausdrücklich vom Urheberrechtsgesetz zugelassen ist, bedarf der vorherigen Zustimmung des Verlags. Das gilt insbesondere für Vervielfältigungen, Bearbeitungen, Übersetzungen, Mikroverfilmungen und die Einspeicherung und Verarbeitung in elektronischen Systemen.

© Copyright by Dr. Karl Hofmann und Manfred Sieg

Herstellung und Verlag: BoD – Books on Demand, Norderstedt

Print (PoD):   ISBN 978-3-7460-6764-3

Erste Auflage Januar 2018.

Statt eines Vorwortes: Warum Sie dieses Buch lesen sollten

Wir wissen nicht, warum Sie dieses Buch lesen wollen. Vielleicht gehören Sie zu den vielen Menschen, die ein sorgenfreieres Leben führen möchten. Das heißt

- in erster Linie gesund sein   (55 %),
- genug Geld zum Leben haben   (15 %),
- nicht alleine sein   (15 %),
- eine gesicherte Zukunft haben usw.

Vielleicht gehören Sie zu den Führungskräften und Unternehmern, die auf der „Höhe der Zeit" sein wollen und sollen. Aber was ist das genau? Sie machen es wahrscheinlich fest an der Zufriedenheit Ihrer Mitarbeiter und Kunden, an Rendite, Liquidität und Lebensqualität, an Ihren Überlegungen zur Zukunft.

Für solche Gedanken ist allerdings im Alltag wenig Platz. Was ihn bestimmt, sind eine überfordernde Informationsflut, wachsender Druck von allen Seiten, immer komplexere Zusammenhänge und Herausforderungen. Alles beschleunigt sich – außer der Zukunftssicherheit.

Aber da ist noch etwas. Ein Donnergrollen, das rasch näher zu kommen scheint und immer mehr anschwillt. Auf einmal sind Digitalisierung und künstliche Intelligenz, Industrie 4.0 und Human Resources 4.0 in aller Munde. Es klingt eher bedrohlich als verheißungsvoll. Was kommt auf uns zu aus dem Silicon Valley und anderen „Garagen" auf der Welt? Wir scheinen als Menschen gläserner und abhängiger, als Führungskräfte und Unternehmer immer mehr entmachtet zu werden.

Wie reagieren Sie?

Viele Entscheider spüren, dass etwas getan werden muss, dümpeln aber weiter vor sich hin. Und das, obwohl man weiß: wer untätig bleibt, verliert.

Zu dieser Passivität trägt es auch bei, dass gleichzeitig Unsicherheit herrscht hinsichtlich der notwendigen Maßnahmen, Aktionen und deren Erfolgsaussicht. Viele Unternehmer nehmen sich vergleichsweise zu wenig Zeit, um sich Gedanken zu machen, wie sie die Unternehmenszukunft gestalten.

Manchmal beobachten sie den Nachbarn oder schauen, was die Experten oder der Verband empfehlen. Oder sie hoffen, dass das Gewitter doch nicht so schlimm wie befürchtet ausfällt. Wie ist das bei Ihnen?

Wir glauben, dass es nicht genügt, sich den anstehenden technologischen Entwicklungen anzupassen und mehr oder weniger unsere Fachkenntnis in Technik, Betriebswirtschaft, Strategie und Führung zu verbessern.

Wir müssen tiefer ansetzen. Wir brauchen ein neues Selbstverständnis als Menschen. Wir gehen zu oberflächlich mit uns selber, unseren Mitarbeitern und Kunden um. Unsere Welt sieht heute so aus, wie sie ist, weil die Physik von der Mechanik zur Quantenmechanik vorstieß, das alte kausale Denken zu Kybernetik und Chaostheorie, die Biologie zur Genetik. Alles Feste hat sich in Dynamik und unsichtbare Beziehungen verwandelt. Nur wir selbst kleben an dem, was wir Charakter, Potenziale, Vorstellungen nennen. Unser Bild von Zeit ist fixiert auf Uhren und Kalender, unser geistiger Raum auf feste Begriffe und Bilder.

Schon deshalb sind wir nicht auf der Höhe der Zeit, weil wir ein veraltetes Bild von „Zeit" haben. Wir werden den neuen Entwicklungen nur gewachsen sein, wenn wir unsere ureigene Dynamik in der Tiefe verstanden haben und entsprechend damit arbeiten, wie es die Physik schon lange vormacht.

Darum geht es in Mensch 5.0

Unser Leben, unsere Unternehmungen, unsere Geschichte haben nicht nur eine gewisse Dynamik. Sie sind Dynamik. Wir haben nicht nur Beziehungen. Wir sind Beziehungen. Wir sind Zeit und diese Zeit ist erfüllt von Rhythmen, Krafteinheiten, Entfaltungsmustern, die alle auf unser Optimum ausgerichtet sind.

Das klingt nach Philosophie. In Wirklichkeit geht es um die Entdeckung von etwas äußerst Praktischem: dem menschlichen Kairos. In ihm erfahren wir alle eine Dynamik und Intelligenz, an die keine künstliche Intelligenz je hinreichen kann.

20 Jahre Forschungsarbeit von Dr. Karl Hofmann förderte diesen Erfolgsfaktor menschlichen Lebens zu Tage. Kairos ist eine Art humaner „Navigator", der unsere aktuelle Situation aus allen Zielen, Fähigkeiten und Hintergründen mit einem „inneren Steuerungssystem" verbindet, das so persönlich wie universal ist.

Heute wissen wir, dass für jeden Menschen, und demzufolge für jede menschliche Organisation, die Auseinandersetzung mit der eigenen Lebensdynamik ein ungeheuer großes Potenzial an Erkenntnissen in sich trägt. Es geht um nicht weniger als die Resonanz-, Selbst- und Lebensentfaltung, die sich im jeweiligen Kairos in ihrem Optimum zeigen. Und noch mehr: es geht auch um unseren historischen Kairos, unseren „Fluchtpunkt" in der geschichtlichen Gegenwart.

Wir wünschen Ihnen eine anregende Lektüre. Sie werden Denkanstöße und Handlungsimpulse erhalten. Am besten halten Sie das Buch griffbereit und nutzen es als Nachschlagewerk.

Alle Berufs- und Kundenbezeichnungen beziehen sich immer auf Frauen und Männer. Aus Gründen der besseren Lesbarkeit haben wir die männliche Anredeform gewählt. Die Leserinnen, die selbstverständlich gleichermaßen angesprochen sind, bitten wir hierfür um Verständnis.

Wenn Sie Fragen haben, sich für Keynote-Referate oder firmenspezifische Workshops und Kairos-Analysen interessieren, so können Sie uns gerne kontaktieren. Ebenso freuen wir uns über Ihre Anregungen.

An dieser Stelle bedanken wir uns auch bei allen Menschen, die uns mit ihren Erfahrungen, Anregungen, Tipps und in sonstiger Weise unterstützt haben.

im Januar 2018　　　　　　　　　　　　　　　　　　　　　　Dr. Karl Hofmann
　　　　　　　　　　　　　　　　　　　　　　　　　　　　　　Manfred Sieg

Inhaltsverzeichnis

1. **Mensch 5.0 – Einführung zu einem neuen Kairos-Bewusstsein** 1
   - 1.0.1 Der Koch und Restaurantbesitzer 1
   - 1.0.2 Der Mensch ist mehr, als man sich bisher vorgestellt hat 4
   - 1.0.3 Überblick 6
  - 1.1 Die Welt des In-Beziehung-seins 8
  - 1.2 Unsere Welt 2 11
    - 1.2.1 Was kennzeichnet Welt 2 und wie gewinnen wir Zugang? 11
    - 1.2.2 Wozu dient Welt 2? 14
  - 1.3 Kairos - unser menschliches Portal zu allem 16
    - 1.3.1 Was aber ist nun Kairos? 19
    - 1.3.2 Zur praktischen Bedeutung von Kairos 21
  - 1.4 Zeit-Geist - Fluchtpunkt menschlichen Lebens 23
    - 1.4.1 Zeitgeist und Zeit-Geist 24
    - 1.4.2 Berufung, Bewegung, Macht 27
    - 1.4.3 Der Dreiklang 29
  - 1.5 Das System der Kairos-Lebensphasen 32
    - 1.5.1 Die Entfaltungen des Menschen 35
    - 1.5.2 Die dreifache kairologische Lebenslinie 40
    - 1.5.3 Jeder Zeitpunkt im Leben eines Menschen bedeutet etwas anderes 43
    - 1.5.4 Unsere Aufgaben ändern sich im Laufe des Lebens 48
    - 1.5.5 Kairos-Momente 50
  - 1.6 Das System der Kairos-Generationen 51
    - 1.6.1 Wie sieht das Modell der Kairos-Generationen aus? 53
    - 1.6.2 abc-Generationsfelder 55
    - 1.6.3 Wer gehört zum okzidentalen Kultursystem? 58
    - 1.6.4 Wie verhält sich der Einzelne zu seinem Generationsfeld? 59
    - 1.6.5 Wie verhält sich ein Generationsfeld zum Einzelnen? 60
  - 1.7 Kairos-Wissenschaft 62
    - 1.7.1 Vom Wissen um Kairos zur Kairos-Wissenschaft 62
    - 1.7.2 Abgrenzung zu den anderen Humanwissenschaften 63
  - 1.8 Das Werkzeug der Kairos-Analyse 66
    - 1.8.1 Instrumente der Kairos-Analyse 67
    - 1.8.2 Wie arbeitet eine Kairos-Analyse? 67
  - 1.9 Der Nutzen für Berater und Coaches 69

1.10 Der Nutzen für Unternehmen 72
1.11 Ein Fazit in 13 Thesen 74

2. Kairos in der Selbstführung 75
2.1 Kairologische Führung 77
    2.1.1 Die Prinzipien der Kairos-Strategie 77
    2.1.2 Kairos-Konzentration vor Zeitmanagement 78
    2.1.3 Resonanzentfaltung vor Harmonisierung 80
    2.1.4 Selbstentfaltung vor Fremdbestimmung 81
    2.1.5 Lebenserfolg vor Nutzenmaximierung 82
    2.1.6 Mikro- und Makrohistorische Entfaltung der
           Kairos-Strategie 84
2.2 Das 6-Lebensphasen-Programm der Kairos-Strategie 86
    2.2.1 Missverständnisse 87
    2.2.2 Überblick über die Kairos-Lebensphasen 88
2.3 So lösen Sie Probleme wirksam und kairosgemäß 98
    2.3.1 Problemlösungskompetenz ist für jeden wichtig 99
    2.3.2 Problem annehmen, Botschaft hinter dem Problem erkennen 101
    2.3.3 Schritte zur Problemlösung 103
    2.3.4 Klärung des Kairos, der sich in einem Problem offenbart 104
    2.3.5 Problemlösungsverantwortlicher 107

3. Kairos in der Mitarbeiterführung 109
3.1 Das menschliche Betriebssystem des Unternehmens
    3.1.1 Die Menschen 113
    3.1.2 Die menschlichen Kräfte eines Unternehmens 117
    3.1.3 Mitarbeiter-Kompetenz und -Engagement 119
    3.1.4 Leistungsmotivation = Arbeitsmotivation 125
    3.1.5 Gefährdungsbeurteilung psychischer Belastungen
           am Arbeitsplatz 127
3.2 Lebensphasen- und lebensereignisgerechte Mitarbeiterführung 130
3.3 Demografiegerechte Personal- und Unternehmenspolitik 135
    3.3.1 Menschen verändern die Welt 136
    3.3.2 Generationen und Lebensphasen 143
3.4 Die kairologische Lebensphasen-Analyse
    3.4.1 Das kairologische Sechseck 148
    3.4.2 Die energetische Hierarchie im Unternehmen 151
3.5 Personalauswahl 156

    3.5.1 Grundlegende kairologische Aspekte der
          Personalrekrutierung 157
    3.5.2 Für Top-Positionen gibt es kairologisch weitere
          Voraussetzungen 162
    3.5.3 Kairologisch geführte Bewerberinterviews 163
    3.5.4 Fragen zur kairologischen Mitarbeiterrekrutierung 166
3.6 Führungskräfte- und Mitarbeiter-Entwicklung
    3.6.1 Mitarbeiter-Entwicklung 170
    3.6.2 Neue Führungseigenschaften sind gefragt 174

4. **Kairos in der Unternehmensführung** 178
4.1 In den Lebensphasen 1 bis 4 werden die Weichen für
    Unternehmer gestellt 185
4.2 Die kairologische Lebenslinie des Unternehmens 191
    4.2.1 Unternehmensgründung und -führung 192
    4.2.2 Kairologisches Standardmodell 197
4.3 Der historische Kairos für Unternehmen 201
    4.3.1 Merkmale und Bedeutung der aktuellen
          Kairos-Generationen 204
    4.3.2 Die vier Schichtungen 205
4.4 Zukunftsorientierte Unternehmensführung 214
    4.4.1 Zukunftsorientierte Unternehmensführung... 214
    4.4.2 Vision 218
4.5 Kairologische Voraussetzungen für potenzielle Marktführer 221
4.6 Die Kairologische Unternehmens-Entwicklungs-Analyse 226
    4.6.1 Unternehmens-Kairos-Analyse 231
    4.6.2 Zum Einsatz der neuen Methode der Unternehmens-
          Kairos-Analyse 233
4.7 Das magische Dreieck menschenorientierter Unternehmensführung
    4.7.1 Unternehmenserfolg verursachen 237
    4.7.2 In Beziehung sein 245
    4.7.3 Gelingende Führung 247
    4.7.4 Ohne Kommunikation keine Motivation 249

5. **Die Unternehmer-Nachfolgeregelung** 252
    5.0.1 Das Problem der Nachfolge im Spannungsfeld
          von Not und Kraft 252
    5.0.2 Nicht selten misslingt eine Nachfolgeregelung 257

            5.0.3   Die zwei Seiten eines Nachfolgeprojektes 258
            5.0.4   Die psychologischen Aspekte einer
                    Unternehmensnachfolge sind sehr bedeutsam 258
            5.0.5   Ein Notfallplan ist Pflicht 260
    5.1 Kairologische Aspekte zum Thema Nachfolge 262
            5.1.1   Das Thema Nachfolge betrifft den Menschen existenziell 264
            5.1.2   Nachfolge ist ein komplexes Thema 264
            5.1.3   Nachfolgelösungen 267
    5.2 Zukunftsfähigkeit und Unternehmensnachfolge 272
    5.3 Was bin ich und mein Unternehmen mir wert?
         Gründung und Nachfolge 276
            5.3.1   Lebenswert und Unternehmenswert 276
            5.3.2   Preisnachlässe vernichten Vermögen! 279
            5.3.3   Der Wert des Unternehmens in der Lebensentfaltung 282
    5.4 Wann übergeben? Der richtige Zeitpunkt für die Unternehmensnachfolge 286
    5.5 Wie übergeben? Der Fahrplan eines Nachfolgeprojektes 298
            5.5.1   Der innere Fahrplan 299
            5.5.2   Ein bewährtes Konzept 300

6.   Mensch 5.0 - was heißt das nun? 306

Kommentiertes Literaturverzeichnis 310

Kairos-Werkzeuge für Berater, Coaches und Trainer 311

Stichwortverzeichnis 312

Personenverzeichnis 316

Die Autoren 319

Notizen 320

Abbildungsverzeichnis

Abb. 1.1	Sache und Bedeutung	9
Abb. 1.2	Welt 1 und Welt 2	11
Abb. 1.3	Was ist die Zeit des Menschen?	17
Abb. 1.4	Zwei Energielinien – Ein Energiequadrat	28
Abb. 1.5	Stufenalter des Menschen	32
Abb. 1.6	Phasen und Rhythmen	34
Abb. 1.7	Die Resonanzentfaltung	36
Abb. 1.8	Die Selbstentfaltung	37
Abb. 1.9	Die Lebensentfaltung	38
Abb. 1.10	Das System der Lebensphasen	39
Abb. 1.11	Dreifache kairologische Lebenslinie	41
Abb. 1.12	Übergänge in der Lebensentfaltung	42
Abb. 1.13	Jeder Zeitpunkt bedeutet etwas anderes	44
Abb. 1.14	Lebensphasen – Charakteristik und Balance der Lebensbereiche	46
Abb. 1.15	Die Kairos-Lebensphasen im Beruf	49
Abb. 1.16	Kairos-Momente	50
Abb. 1.17	Überblick über die Selbstentfaltung des O.kzidentalen Systems	53
Abb. 1.18	Die aktuellen Kairos-Generationsfelder	56
Abb. 1.19	Energetische Generationshierarchie	58
Abb. 1.20	Auto & Verkehr : Ich & Kultursystem	59
Abb. 1.21	Historischer Kairos und persönlicher Lebensweg	60
Abb. 1.22	Der Nutzen kairologischer Erkenntnis	71
Abb. 2.1	Selbstführung zur Balance der Lebensbereiche	75
Abb. 2.2	Prinzipien der Kairos-Strategie	78
Abb. 2.3	Problemlösungen	105
Abb. 3.1	Betriebswirtschaftlich orientierte Führung	110
Abb. 3.2	Die neue kairologische Führung	111
Abb. 3.3	Die vier Ebenen des Menschen	114

Abb. 3.4	Ergebnisse als Resultat der Kreativkraft	115
Abb. 3.5	Die energetische Hierarchie	117
Abb. 3.6	Mitarbeiter-Bedürfnisse und deren Abdeckung im Betrieb	119
Abb. 3.7	Die Mitmacher-Verteilung	124
Abb. 3.8	Das 7-Mit-Prinzip guter Führung	127
Abb. 3.9	Die lebensphasen- und lebensereignisgerechte Führung	131
Abb. 3.10	Mehr Wertschöpfung durch Wertschätzung	135
Abb. 3.11	Generationen nach dem 2. Weltkrieg	138
Abb. 3.12	Die 42. Kulturgeneration	140
Abb. 3.13	Die 43. Kulturgeneration	142
Abb. 3.14	Herkömmliche und kairologische Einteilung der aktuellen Generationen	143
Abb. 3.15	Das kairologische Sechseck	148
Abb. 3.16	Die Energetische Hierarchie	151
Abb. 3.17	Generationen- und Lebensphasen-Mix	152
Abb. 3.18	Die Lebensphasenstruktur im Unternehmen	153
Abb. 3.19	Die Lebensphasenstruktur im Vertrieb	154
Abb. 3.20	Kairologisch geführte Bewerberinterviews	165
Abb. 3.21	Neue Führungseigenschaften	174
Abb. 3.22	Denker – Fühler – Macher	175
Abb. 4.1	Kairos → das richtige Timing	179
Abb. 4.2	Die energetische Hierarchie	180
Abb. 4.3	Die Beziehungen im Unternehmensalltag	182
Abb. 4.4	Die wichtigsten Merkmale unserer perfekten Firma	183
Abb. 4.5	Unternehmens-Entwicklungsphasen	191
Abb. 4.6	Kairologisches Standardmodell	198
Abb. 4.7	Zukunftsorientierte Unternehmensführung	214
Abb. 4.8	Besser vorbereitet sein	215
Abb. 4.9	In welcher Phase befindet sich Ihr Unternehmen?	216
Abb. 4.10	Opfer oder Schöpfer?	217
Abb. 4.11	Vision	218
Abb. 4.12	Ein Marktführer braucht	226

Abb. 4.13 Kairologische Unternehmensentwicklungs-Analyse 229
Abb. 4.14 Die Unternehmens-Vitalität 237
Abb. 4.15 Das magische Dreieck 238
Abb. 4.16 Führen und managen 241
Abb. 4.17 Parallele Faktoren von Menschen und Unternehmen 243
Abb. 4.18 In Beziehung sein 246

Abb. 5.1 Professionelle Beratung ist sinnvoll 259
Abb. 5.2 Ein Notfallplan ist Pflicht 261
Abb. 5.3 Kapitalverlust mangels Investitionen 274
Abb. 5.4 Kundennutzen 278
Abb. 5.5 Preisnachlässe vernichten Vermögen (1) 280
Abb. 5.6 Preisnachlässe vernichten Vermögen (2) 280
Abb. 5.7 Preisverfall führt zu Gewinnrückgang + Vermögensverlust 281
Abb. 5.8 Es ist nie zu früh, sich um die Nachfolge zu kümmern 283
Abb. 5.9 Welcher ist der richtige Zeitpunkt? 287
Abb. 5.10 Jeder Zeitpunkt bedeutet etwas anderes 289
Abb. 5.11 Günstige Lebensphasen für die Übergabe 290
Abb. 5.12 Der Fahrplan eines Nachfolgeprojektes (1) 298
Abb. 5.13 Der Fahrplan eines Nachfolgeprojektes (2) 303
Abb. 5.14 Eine erfolgreiche Nachfolgelösung jetzt beginnen 304

Abb. 6.1 Der Weg zu Mensch 5.0 307

Die Abbildungen 1.6, 1.7, 1.8, 1.9, 1.20, 1.22, 4.1, 4.11, 4.12, 5.1, 5.2, 5.8, 5.9, 5.11, 5.14 enthalten Bilder von shutterstock.com.

1. Mensch 5.0 – Einführung zu einem neuen Kairos-Bewusstsein

1.0.1 Der Koch und Restaurantbesitzer

Stellen Sie sich vor, Sie seien von Beruf Koch. Sie beherrschen Ihr Geschäft, legen Wert auf die besten Produkte, haben gelernt, wie man aus ihnen schmackhafte Speisen bereitet. Doch dann stellen Sie ein Problem fest: der Herd funktioniert nicht, wie erwartet. Die eine Herdplatte wird nicht heiß, die andere glüht, obwohl sie gar nicht im Einsatz ist. Der Backofen hält die eingestellte Hitze nicht. Sie müssen sich umstellen, fangen wieder von vorne an, werden zu spät fertig. Sobald sie glauben, die Sache wieder im Griff zu haben, ändert sich erneut die Logik, nach der der Herd arbeitet.

In diesem Bild sind Fleisch und Gemüse, ihr Fachwissen und Werkzeug der Input, das servierte Essen der Output. Dazwischen aber geschieht das Eigentliche. Es muss in einer bestimmten Weise Energie zugeführt werden. Ein Schnitzel braucht eine bestimmte Zeit, Kraft und Bearbeitung, damit es wirklich schmeckt. Fällt die Energie ab oder ganz aus, hilft das beste Material und die beste Aufbereitung nichts. Sie mögen als Koch also noch so gut ausgebildet und mit Talenten gesegnet sein. Ihre Wirksamkeit hängt praktisch davon ab, wie ihre Energiequellen funktionieren.

Führen wir das Bild noch weiter:

Nun sind Sie auch noch der Besitzer des Restaurants. Es haben sich viele Gäste angemeldet, aber seltsamerweise bleiben sie fast alle aus. Ein Sturm wird befürchtet, die Ampeln fallen aus, der Verkehr kommt zum Erliegen. Passiert das öfter, hilft Ihnen die beste Küche nicht mehr. Ohne Kunden bleibt alle Mühe fruchtlos. Sie müssen schließen.

Um was geht es in dieser Geschichte?

Zunächst um die Energie, die der Koch benötigt. Früher hätte man vom Feuer geredet. Bei Feuer haben viele konkrete Bilder von Licht, Wärme und glühenden Holzscheiten vor Augen. Aber dieses Feuer meinen wir nicht. Heute sprechen wir meistens vom Elektroherd. Elektrizität ist nicht unmittelbar mit den Sinnen zu fassen.

Ihr Kern ist Kraft. Allerdings ist nicht jene Art von Kraft gemeint, die wir zum Beispiel als Muskelkraft oder Kraftstoff bezeichnen. Die hier gemeinte Kraft ist reine Beziehungskraft zwischen den Atomen bzw. Elektronen. Wer sie fassen will, stellt fest, dass er sie nur als Welle oder Korpuskel (kleinste Masseteilchen) erfassen kann. Die Beziehungskraft als solche ist real, aber unfassbar.

Was das Kochen betrifft, wissen wir durchaus, welche Bedeutung der Herd hat und dass der Koch von dessen Funktionieren abhängt.

Und bei uns selbst? Ist nicht jeder von uns ein solcher Koch? Alles, was wir mit unseren Sinnen aufnehmen, ist der Input. Wie wir damit umgehen, ist unser Output. Entscheidend ist, was dazwischen geschieht. Hier wird die Beziehung zwischen beiden Seiten hergestellt. Wissen wir bisher wirklich darum?

Über die Neurobiologie wissen wir inzwischen recht gut, wie die Küche unseres Gehirns aussieht, was wo steht und was wie gewöhnlich verarbeitet wird. Wir wissen viel über den Zusammenhang von Ursache und Wirkung in unserem Leben. Wir wissen auch viel über all das, was uns oft hindert, an unseren Herd zu kommen. Auch kennen wir viele Rezepte für alle möglichen Arten von Lebensmenü. Wir sehen auch, dass manche es irgendwie im Gefühl haben, wie sie mit ihrem „Strom" umzugehen haben. Wir bewundern ihre Intuition und ihre großartigen Ergebnisse. Selbst aber arbeiten wir uns oft mühsam über Versuch und Irrtum voran.

Eine weitere Erkenntnis drängt sich auf. Als Gast sehen wir gewöhnlich den Koch nicht. Wie erkennen wir, dass der Herd funktioniert hat? Offenbar nur indirekt. Das Essen entspricht unseren Erwartungen. Es schmeckt. Es erweist sich als bekömmlich. Wir loben. Wir zahlen gern.

Und im menschlichen Leben? Auch da können wir bewusst nur wahrnehmen, was über unsere Sinne läuft. Wir haben im Bewusstsein keinen unmittelbaren Zugang zu jener menschlichen Kraft, die unsere Vergangenheit mit unserer Gegenwart und Zukunft in Beziehung setzt. Wir müssen sie uns immer auf einer sinnlichen oder begrifflichen Ebene bewusst machen. So verwandeln wir diese Kraft des In-Beziehung-seins genauso in alle möglichen Bilder, Texte, Reden, Fakten, wie wir am Handy die elektronische Welt als sinnlich fassbare Abbilder wahrnehmen.

Wir denken diese Kraft zum Beispiel als Sinn, den wir glauben. Wir fühlen sie als Liebe, die uns beglückt. Wir setzen sie als Wille, der uns (und andere) treibt. Wir halten dies für vernünftig und jenes für unvernünftig, dies für objektiv, jenes für subjektiv. Dieses macht uns aufmerksam, jenes nehmen wir gar nicht wahr. Wir werten ständig.

Wenn wir über dieses Bild nachdenken, kommen uns einige Fragen.

Was ist das für eine Beziehungskraft, die in uns wirkt? Wie entsteht sie? Ist sie identisch mit unseren biologischen Kräften oder mit den Kräften unserer Intelligenz? Wozu dient sie? Wie verändert sie sich? Wie erfahren wir sie? Wie also genau funktioniert der eigene Lebensherd? Wie ist er verbunden mit anderen? Wie lange haben wir wofür Zeit? Wann genau haben wir was ins Spiel zu bringen, damit unser Leben möglichst gut gelingt?

Und dann stellen sich auch Fragen zu unseren Wertungen. Was ist für uns bedeutsam? Wie und wann verändert sich die Bedeutung von Menschen, Dingen, Zielen, Sichtweisen? Wie zeigt sich all das auf der Ebene des Beruflichen, der Karriere, der Unternehmensführung? Und warum ist das so und nicht anders?

Unsere Geschichte führt also zu einer Fülle von Fragen. Aber wir sind noch nicht fertig.

Da ist noch ein zweiter Aspekt: der Restaurantbesitzer.

Mit der Geschichte des Restaurantbesitzers sind wir auf einer ganz anderen Ebene gelandet. Das Kochen hat direkt nichts mit Gästen zu tun. Aber es bleibt sinnlos ohne Bezug zu denen, für die gekocht wird.

Die Beziehung zwischen Koch/Küche/Restaurant und dem Gast beginnt heute meistens im Internet. Wer heute ein Unternehmen hat oder führt, braucht einen Internetzugang, auch wenn seine Vorfahren ohne einen solchen auskamen.

Auch hier stellen sich Fragen: Existiert so etwas wie ein menschliches Internet? Wie funktioniert es? Wie bestimmt es die Sinnhaftigkeit menschlichen Lebens? Was hat es mit Generationen, Epochen, Kulturen, ja mit der Menschheit zu tun? Wie haben wir Zugang zu ihm? Wenn es ein solches Beziehungsnetz gibt, wie hat man es herausgefunden? Wozu dient es? Was bringt es konkret, darum zu wissen?

Eines ist offensichtlich: Sollten sich diese Fragen vernünftig beantworten lassen, folgt daraus eine radikal neue Einsicht:

1.0.2 Der Mensch ist mehr, als man sich bisher vorgestellt hat.

Was wir in unendlich vielen Formen wahrnehmen und was wir wissenschaftlich untersucht haben, ist auf eine genauso tiefe energetische Grundlage zu stellen, wie es Kernphysik und Astrophysik für den Kosmos geleistet haben.

Aus der dynamischen Mechanik des 19. Jahrhunderts ist im 20. Jahrhundert ein radikaleres Verständnis von Kraft und Energie hervorgegangen – und schließlich eine Elektronik, in der alles aus 0 und 1 oder Ja und Nein besteht. So kann der schnellste Computer in China derzeit 300 Milliarden solcher Entscheidungen in der Sekunde durchführen.

Der Kern der modernen Technologie besteht nicht mehr aus Dingen, sondern Beziehungen. Die Beziehungen sind – auch im weitesten Sinne – nicht mehr greifbar. Die digitale Welt ist eine Welt von Kommunikationsfeldern. Wir begreifen sie als Netzwerke. Doch was wir mit unseren Sinnen wahrnehmen können, ist immer nur Vergegenwärtigung einer wesentlich unsichtbaren und quasi ewigen Welt.

Die auf dieser Basis entwickelten Programme erfassen schneller und umfassender als wir Menschen viele Vorgänge. Ein solches Programm kann allerdings nicht mehr leisten, als was der menschliche Programmierer in dieses hineingelegt hat.

Das beruhigt manche. Nicht wenige aber empfinden auch das schon als bedrohlich. Unser Gehirn arbeitet zu langsam. Es ist viel zu sehr bestimmten Vorstellungen verhaftet, die seine Bewegung stören. Je mehr dies der Fall ist, desto leichter können künftig Apps auf den Menschen zugreifen. Er hat mit Recht Angst, zum gläsernen Menschen zu werden. Er wird gleichsam nackt ausgezogen. Seine Bankkarte kennt seine finanziellen Geheimnisse, seine Gesundheitskarte seine gesundheitlichen Verhältnisse, sein Amazon-Account seine konsumpsychologischen Bedürfnisse.

Nun kommt ein Faktor hinzu, der für uns noch bedrohlicher zu werden beginnt: die Entwicklung der künstlichen Intelligenz.

Sie ermöglicht künftig ein autonomes Weiterdenken unserer Maschinen. Sie lernen selbstständig und auch das wesentlich schneller als Menschen. Wir wissen nicht mehr genau, was dabei herauskommen wird, sondern wir wissen nur noch Wahrscheinlichkeiten darüber.

Unsere Rede von HR 4.0 oder Arbeit 4.0 ist keine wirkliche Antwort darauf. Denn sie handelt davon, dass wir uns möglichst rasch der technologischen Ebene der Digitalisierung (Industrie 4.0) anzugleichen haben.

Die große Frage ist: Hat der Mensch angesichts dieser Entwicklung überhaupt noch etwas, was ihn zu etwas Einmaligem, nicht wirklich Erfassbarem macht? Gibt es eine Art natürliche Intelligenz des Menschen, die der künstlichen grundsätzlich überlegen ist und bleibt?

Und, gesetzt den Fall, es gibt sie, - können wir mit ihr so arbeiten, dass sie uns mehr Freiheit und Unabhängigkeit schenkt, als wir jetzt haben?

Ja, antwortet die Kairologie. Wir werden zu einem neuen Bewusstsein von uns selbst und unserem Wirken vorstoßen.

Wir werden erkennen: Der Mensch ist in einer Weise schöpferisch, wie es keine Maschine erreichen kann. Unser Leben hat nicht nur eine gewisse Dynamik, es ist Dynamik. Wir haben keine Zeit, sondern wir sind Zeit. Diese Zeit ist unser eigentliches Leben und seine Kräfte bestimmen, wann was für uns wie bedeutsam ist.

Unser Begriff dafür ist: Mensch 5.0

Zunächst wollen wir einige Fragen beantworten, die das Bild vom Koch und dem Restaurantbesitzer aufgeworfen hat. Wie nützlich ein erstes Verständnis des kairologischen Modells für die Praxis von Führungskräften und Unternehmen ist, werden die weiteren Kapitel entfalten.

1.0.3 Überblick

Unser Ausgangspunkt ist die Tatsache, dass alles, was wir wahrnehmen oder tun, zwei Aspekte enthält: die Sache selbst und unsere Beziehung dazu.

Davon ausgehend, kommen wir zur Grundlage aller Reflexionen dieses Buches. Sie besteht in einem ersten Verständnis der dreifachen Wirklichkeit, die die menschliche Dynamik begründet: Kreativsein, Kairos, Zeit-Geist.

„Kreativsein" ist der Fachausdruck für das menschliche Beziehungsfeuer und seine schöpferische Welt (Welt 2).

Im Kairos nehmen wir unser Feuer wahr. Kairos stellt die Beziehung zwischen der Welt des Kreativ-seins (Welt 2) und der bewusst erfahrbaren Welt des Menschen (Welt 1) her.

Der Zeit-Geist ist das mehrdimensionale Beziehungsfeld, in dem sich die Veränderung geschichtlicher Bedeutungen vollzieht.

Zunächst geht es um die Beziehungsfelder, die sich aus dem menschlichen Beziehungsfeuer ergeben. Wie sich die Energie des Universums in atomaren und kosmischen Feldern manifestiert, so auch das menschliche Kreativsein in einem System mikro- und makrohistorischer Kreativfelder.

Jeder Mensch durchläuft Kairos-Lebensphasen. Sein Sinn aber ergibt sich aus der Teilhabe am größeren Ganzen. Darin hat jeder seinen bestimmbaren Platz, wie die Sonne in der Milchstraße.

Wir müssen auch kurz auf die Wissenschaft vom Kairos, die Kairologie, ihren Nutzen und die Arbeit mit der Kairos Analyse eingehen.

Wer sich ausführlicher für die Darstellung des ganzen kairologischen Modells, seiner Entstehung und Ausfaltung interessiert, sei auf die Literaturhinweise am Ende des Buchs verwiesen.

„Nichts ist praktischer als eine gute Theorie." So schrieb schon Immanuel Kant. In diesem Sinne geht es in diesem Buch vor allem um den praktischen Nutzen, den das neue Wissen um Kairos für Führungskräfte und Unternehmen haben kann.

Wir vertreten die begründete Auffassung, dass jeder Mensch und jedes Unternehmen, das sich auf seinen Kairos ausrichtet, eine außerordentliche Steigerung seiner Kräfte erfährt. Beim einzelnen zeigt sich das in einem gleichsam „runden" Leben, bei Unternehmen in ihrer ganzheitlichen Erfolgskraft.

Diese Thesen wollen wir nun schrittweise erläutern.

1.1 Die Welt des In-Beziehung-seins

Wer Auto fährt und ein Navi eingeschaltet hat, hat sich eingeloggt in ein Navigationssystem. Es ändert nichts an den Zielen, die er verfolgt, noch an seinem Auto. Es vergegenwärtigt ihm seine Verkehrswelt hinsichtlich der Beziehungen, die für ihn wichtig sind. Es führt ihn so durch das Straßennetz, wie es für den Fahrer optimal ist. Auf den ersten Blick mag es von außen nicht erkennbar sein, welches Auto im Straßenverkehr nur den anderen folgt oder gar völlig orientierungslos herumkurvt, und welches mit einem unsichtbaren Navigationssystem verbunden ist. Auf Dauer ist es wohl zu unterscheiden. Wer ohne Navi fährt, vergeudet Energie und Lebenszeit, fühlt sich unsicher und gestresst.

Was wir im Auto heute mit einer gewissen Selbstverständlichkeit nutzen (und genießen), erscheint uns im menschlichen Leben immer mehr zu fehlen. Wie gern würden wir hier genauso entspannt, Energie sparend und sicher durch das Leben fahren.

Man sieht es einem Menschen nicht einfach an, wie er wirklich in Beziehung zu sich, seinen Mitmenschen, seiner Arbeit, seiner Welt insgesamt steht, welches Gewicht das genau hat, was er denkt, sagt, fühlt, tut, welche echten Kräfte in ihm wirken.

Das hat für jeden auch im Alltag höchste Bedeutung. Denken Sie nur an folgende Erfahrungen: Zwei Leute teilen das Gleiche mit. Der eine macht uns aggressiv, dem andern stimmen wir sofort zu. Auf die gleiche Schreckensbotschaft reagieren alle etwas unterschiedlich. Ein Kuss kann völlig erfüllend oder absolut blutleer sein. Ein Buch ändert das Leben des einen und wird von andern sofort wieder vergessen.

Es hat auch Bedeutung für Führungskräfte und Unternehmen. Ein Mitarbeiter wird mit besten Zeugnissen und Referenzen eingestellt, und wenig später ist er gescheitert oder abgesprungen. Ein anderer ist schon in der Schule durchgefallen, und auf einmal taucht er als erfolgreicher Geschäftsführer wieder auf. Ein Sohn erklärt, er werde das Unternehmen im Sinne des Vaters weiterführen, und wenig später verkauft er es.

1.1 Die Welt des In-Beziehung-seins

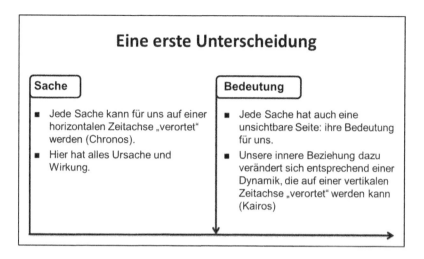

Abb. 1.1 Sache und Bedeutung

Bei Kindern ist noch leicht zu erkennen, wie sich innerhalb kurzer Zeit ihre Beziehung zu sich selbst und ihrer Wirklichkeit verändert. Was gestern spannend war, ist es heute nicht mehr. Der Jugendliche erlebt, wie Lehrer oder Mitschüler auf einmal erotisch wirken können, wie umgekehrt vorher geliebte Eltern oder andere Autoritäten „entzaubert" werden. Auch bei Erwachsenen verändert sich die Kraft von Begriffen und Entscheidungen, das Verhältnis zu Partner, Familie, Beruf.

Das ist an sich nichts Neues. Alle Humanwissenschaften versuchen zu begründen, was da abläuft. Was wir wirklich sehen, hängt davon ab, so sagen sie,

- wie wir in der Kindheit geprägt wurden,
- vom sozialen Umfeld,
- vom historischen Zeitgeist,
- von den Vorgängen im Gehirn,
- von unseren Vorstellungen usf.

All diese Erklärungen haben ihre unbestreitbare Wahrheit. Treffen sie aber den Kern des Menschen? Ist die Erfahrung, etwas gerade so und nicht anders zu verstehen, nur die Folge all der vorhandenen (und vielfach noch gar nicht entdeckten) Kausalitäten?

Erklärt die Summe des Früheren wirklich das Spätere? Oder fehlt da nicht ein wesentlicher Faktor?

Ja, es fehlt das Wissen um eine spezifisch menschliche Kraft: Das In-Beziehung-sein. Erst diese Kraft gibt unserer Wahrnehmung die Gewissheit und Entschiedenheit, auf die es ankommt.

1.2 Unsere Welt 2

Was ist das für eine Kraft? Dieser Frage müssen wir kurz nachgehen. Zu schnell wird diese Kraft nämlich mit bestimmten Vorstellungen assoziiert. Und damit in Werte verwandelt. Die Kairologie will sie jedoch nicht werten, sondern als Kraft in ihrer Wirksamkeit verstehen. Wir sehen in ihr eine eigene menschliche Welt. Wir nennen sie Welt 2 – in Abgrenzung zu allem, was wir im Bewusstsein als Welt 1 erfassen können.

Welt 1 und Welt 2

	Welt 1: Faktizität		Welt 2: In-Beziehung-sein	
Welt 1	Evolutive Bewegung (Kosmos)		Welt 2	Kreativsein (Global Human Timing System)
Welt 1 : Welt 1	Chronos	Kalender / Uhr	Welt 2 : Welt 1	Kairos — historisch / persönlich
Welt 1 in Welt 1	Zeitgeist als Geschichte (Fakten)		Welt 2 in Welt 1	Zeit-Geist als Geschichte (Bedeutung)

Abb. 1.2 Welt 1 und Welt 2

1.2.1 Was kennzeichnet Welt 2 und wie gewinnen wir Zugang?

Welt 2 dürfen wir uns nicht als eine metaphysische Welt von Ideen oder als ein transzendentes Jenseits oder als ein höheres Bewusstsein vorstellen. Sie ähnelt in ihrer Art eher der Welt der Elektronik und dem Internet.

Auf der modernen Ebene von Kommunikation existiert alles nur in der Form energetischer Beziehungen. Ein Dokument auf einer Festplatte hat keine Ausdehnung, sondern einen Beziehungsort. Es ist deshalb für die Sinne ungreifbar und für unser Bewusstsein unbegreifbar. So unvorstellbar der eigentliche Vorgang ist, so wenig käme einer auf die Idee, das alles für eine subjektive Einbildung zu halten. Laden wir es nämlich, erscheint es uns in Schrift, Bild oder Ton.

Welt 2 besteht aus einem System von Beziehungskräften. Von ihm hängt wesentlich ab, wie wir zu unserer Wirklichkeit in Beziehung gehen.

Manchmal heißt es, jede Änderung in unserem Leben beginne mit einem neuen Denken, einem Wechsel der Perspektive, aus der wir auf die Welt, auf uns und unsere Mitmenschen schauen. Das ist für unser Bewusstsein sicher richtig. Kairologisch aber sind all diese Anfänge schon Ausdrucksformen für Änderungen, die sich in Welt 2 abspielen. Erst auf dieser Ebene erklärt sich, welche Bedeutung im Ganzen der Perspektivwechsel hat.

Unsere moderne Kommunikations- und Informationswelt bildet ein Riesensystem, das sich in beliebig kleinere Systeme gliedert. So ähnlich ist auch die menschliche Welt 2 organisiert.

Die Kräfte des Geistes und die der Evolution sind in dieser zweiten Welt so geeint, dass sie eine ureigene menschliche Dynamik mit einer objektiv bedeutungsvollen Zeit bilden können. Es ist die eigentliche Zeit des Menschen.

Sie funktioniert nicht statisch, sondern dynamisch, nicht mechanisch, sondern energetisch, nicht auf einer sinnlichen, sondern auf einer imaginären Ebene. Hier entscheidet sich die Bedeutung von etwas.

Was wir wann für wirklich bedeutungsvoll halten, ist also kein bloß subjektiver oder kausal begründbarer Prozess. Wir sind nicht einfach eine Funktion dessen, was der Geist an Formen des Bewusstseins hervorbringt oder unserer Lebenserfahrungen. Dahinter steht eine Welt, die rein energetisch funktioniert, mathematisch geordnet ist und gleichsam das maximale Beziehungspotenzial zur Verfügung stellt.

Sie begründet, wie unsere eigentliche Lebensdynamik aussieht, welcher Dynamik die persönliche oder makrohistorische Geschichte folgt, wie wir mit unserem Input umgehen.

Unser wissenschaftlicher Konsens ist heute, dass gewisse evolutive Selektionsprozesse die Länge von Kindheit und Jugend so eingerichtet haben, wie wir es beobachten. Weil das von sich aus keinen tieferen Sinn hat, können wir die Prozesse auch nach Gutdünken verändern, verbessern.

In Wirklichkeit hat alles auf der tieferen Beziehungsebene einen ganz bestimmten Sinn, den wir durchaus auch erspüren können. Wir können jederzeit davon abweichen, aber es hat Folgen im Ganzen. Das mag im kleinen Maßstab nicht weiter bewusst werden, aber im Größeren fallen die Folgen bereits auf. Untersuchungen haben z.B. gezeigt: Wer zu lange studiert, hat gewöhnlich nach zehn Jahren faktisch keine Nachteile mehr. Aber er fühlt oft, zu spät dran zu sein.

Die geistigen Räume des Menschen und seine evolutiven Zeitkräfte verbinden sich zu einfachen und zugleich komplex organisierten menschlichen Feldern, die die Selbstentfaltung, das Miteinander, die Lebensgestaltung so steuern, dass alles auf alles auf einer tieferen Ebene bezogen ist. Jeder von uns hat mit diesen Feldern zu tun. Daher ist es sehr nützlich, darüber genauer Bescheid zu wissen. Aber genügt das?

Stellen Sie sich vor, Sie hätten vier gut aufgepumpte Reifen. Sie könnten mit ihnen spielen, sie den Berg hinunterrollen lassen. Dennoch bliebe zuletzt ihre Elastizität und Kraft nutzlos. Erst wenn sie mit einem Fahrzeug verbunden werden und dieses am Verkehr teilnimmt, erfüllen sie ihren Zweck.

Genauso wäre die Welt 2 des Menschen unvollständig, wenn unsere Entfaltungskräfte nicht als „Fluchtpunkt" ein größeres Ganzes hätten, das sie erst sinnvoll ausrichtet. Aus dieser Beziehung fließt für uns alle jede tiefere Gewissheit von Sinnerfüllung – ganz gleich, in welchen Bewusstseinsformen sie sich festmacht.

Jeder von uns ist also wie eine Sonne, die ihr eigenes Kraftfeld darstellt, und gleichzeitig ihren genau bestimmbaren Platz in einem größeren System hat, das wir auf der kosmischen Ebene „Milchstraße" nennen und das wir auf der Ebene der Menschheit „Okzidentales Kultursystem" nennen wollen. Auch dieses besteht aus verschiedenen Beziehungskräften und Feldern wie etwa die Kairos-Generationen.

Von den Wandlungen all dieser Kreativfelder hängt es ab, welche Bedeutung etwas für uns in der Realität hat, mit welchem Ernst und Eifer wir Vorstellungen leben, Ziele verfolgen, Neues angehen, wie sich das Ganze der Prozesse ändert.

1.2.2 Wozu dient Welt 2?

Wir können ganz einfach antworten: Um uns das zu ermöglichen, was jedes sonstige Lebewesen einfachhin hat und tut: uns ganzheitlich zu entfalten.

Jedes Tier weiß, was es zu tun hat. Bei einer Katze sind ihr Potenzial und ihre Wirklichkeit nahezu identisch. Sie muss als Hauskatze ihr Potenzial vielleicht stark eingeschränkt leben und erhält keine Maus zu Gesicht, aber sie ist auch hier als Katze jederzeit unverkennbar – und sähe sie eine Maus, wüsste sie sofort, was zu tun ist.

Wir dagegen wissen nicht einfach, wer wir sind und was zu tun ist. Wir erhalten zwar unser „Lebensmaterial" aus Erbe und Umwelt, aber wie wir damit umgehen, lässt sich nur energetisch erhellen.

Wir leben dafür, eins zu sein mit uns und unserer Welt.

Wie die Bienen ihren Nektar, so suchen wir in aller Erfahrung und Begegnung die Kraft des In-Beziehung-seins.

Das Baby schaut die Mutter an, das Kind den Lehrer, der Jugendliche das andere Geschlecht, der junge Erwachsene die Welt: Werde ich angenommen, anerkannt, geliebt, einer sinnvollen Welt übergeben?

Wir speichern die Kraft des Liebens, Glaubens, Hoffens und der Sinnhaftigkeit.

Wir empfangen diese Kräfte als Kinder, Jugendliche und junge Erwachsene aber selten in Reinform. Sie sind verknüpft mit Mustern der Wahrnehmung und mit festen Vorstellungen. Sie sind meist auch vermengt mit lebensverneinenden Kräften und einem fehlenden Gefühl für die rechte Zeit.

So erhält jeder seine spezielle Speicherfüllung. Damit arbeiten wir. Das Empfangene geben wir weiter, dass Nichtempfangene suchen wir weiter. Wir sind uns selbst eine lebenslange Aufgabe.

Wie wir im Endeffekt in Beziehung zu unserer Welt gehen, ist völlig offen.

Wir können an unserem Leben und an unseren Träumen trotz bester äußerer Verhältnisse scheitern. Umgekehrt kann ein Mensch im beschränktesten Horizont einer Kloster- oder Gefängniszelle Sinn und Glück erfahren.

Es hängt wesentlich von der Bewegung in Welt 2 ab, wie wir im Hier und Jetzt zu uns selbst, zu anderen, zu unserer konkreten Welt in Beziehung sind. Aus seiner Dynamik fließen unsere eigentlichen Lebensenergien.

1.3 Kairos – unser menschliches Portal zu allem

Wie erfahren wir von dieser zweiten Welt? Gewöhnlich durch das, was wir zumeist „Intuition" nennen. Sie setzt eine mehr oder weniger bewusste innere Aufmerksamkeit für den Augenblick voraus. Diese zeigt sich in allen Formen eines zeitgerecht optimalen Handelns. Sie erweist sich im Nachhinein als das dem Ganzen gegenüber vernünftigste Handeln.

Wie ist diese Art von Zeiterfahrung von jener abzugrenzen, die wir aus unserem Alltag kennen? Wir können das klären, indem wir einfach einen genialen Werbetext interpretieren, mit dem die Schweizer Uhrenfirma TISSOT für ihre edle Geschäftsarmbanduhr wirbt. Der Satz lautet: „In touch with your time". Die Aussage spricht kurz und bündig die vierfache Zeiterfahrung der Kunden an und damit den Menschen in seiner Ganzheit.

„In touch"

Natürlich ist zuerst die sinnliche Erfahrung gemeint: die Uhr als Gegenstand, den Sie berühren und fühlen können. Eine Uhr ist Zeitbewusstsein, das zu einem mechanischen oder digitalen Gegenstand geworden ist. Die unfassbare Zeit begegnet in der Uhr als sein Gegenteil, als verdichtete Form präzisen Handelns.

„with time"

Der Text spricht nicht von der Uhr, sondern von der „Zeit" als rational fassbarer Zeit, als Chronos. Zweck der Uhr ist, dass wir unseren Ort in einem Zeit-Raum wahrnehmen. Chronos bezeichnet einen leeren Zeitraum. In dieser Leere liegt unsere Chance. Wir haben Handlungsfreiheit. Wir können die leeren Zeit-Räume beliebig füllen mit Aktivitäten.

Zugleich führt uns die Uhr den präzisen Takt vor Augen, in dem sich unser Chronos verändert. Der Takt lässt uns nur eine exakt begrenzte Zeit. Uhren und Kalender erinnern daran, dass alles, was wir tun, Zeiträumen unterliegt, die streng chronologisch getaktet sind.

Je mehr wir in diesen beschränkten Zeiträumen an Aktion, Struktur, Erleben unterbringen, desto mehr scheinen wir gelebt zu haben. Die daraus abgeleitete Rationalisierung nehmen wir als Beschleunigung wahr. Diese Sichtweise erzeugt bei vielen Menschen einen inneren Druck. Unsere Vorstellungen sind meist größer als das, was in solchen Zeiträumen Platz hat.

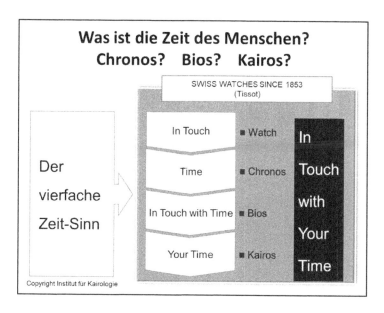

Abb. 1.3 Was ist die Zeit des Menschen?

„In touch with time"

In dieser Formulierung klingt an, dass Zeit auch etwas ist, was wir fühlen und erleben können. Es ist Bios, Leben. Wir erfahren die Zeit in den Rhythmen unseres Lebens. Sie wiederholen sich für uns wie das Jahr, der Tag, der Herzschlag. Dieses Erleben des Jetzt sollen wir genießen.

Andererseits erleben wir die Unwiederholbarkeit des Augenblicks. Ein deutsches Sprichwort sagt: „Das Wasser rinnt ins Meer zurück, doch kehrt zurück kein Augenblick." Es ist der evolutive Zeitpfeil, der bei allen unwiederbringlich vorwärts fliegt.

Die Energie, die alles zusammenhält, nimmt ab. So sind wir aufgefordert, Energie von außen zuzuführen.

„In touch with your time"

Hier wird die höchste Ebene menschlicher Zeiterfahrung erreicht, die Ebene des Kairos. Jeder von uns erfährt die Zeit als seine einmalige Lebensenergie. Es könnte also auch heißen: In touch with your life energy. Der eigentliche Wert der Geschäftsarmbanduhr liegt in dieser Botschaft: energiebewusst leben und führen heißt kairosbewusst leben und führen. Wer dies tut, dessen Leben wird zum Erfolg, ganz gleich, was passiert.

Die wertvolle Uhr erinnert ständig an den je eigenen wertvollen Kairos. Kairos ist jederzeit. Jeder hat seine einmalige Zeit. Jedes Hier und Jetzt hat seine besondere Bedeutung. Menschliche Zeit enthält eine eigene Dynamik, mit der wir alle mehr oder weniger in Berührung kommen können.

Kairos ist hier die Spitze der Zeitpyramide. Die Breite und Länge einer Pyramide erhält ihren Sinn von der Spitze her. Die Pyramidenspitze war einst aus purem Gold. Sie stellte die Verbindung zum Himmel, zur Sonne her. Was am wenigsten sichtbar war, war am bedeutsamsten. Diese Spitze ist der Kairos.

Die Werbung für diese Uhr ist genial. In einem einzigen Satz vermag sie die die vierfache Zeiterfahrung des Menschen anzusprechen: Körper (Uhr) – Verstand (Chronos) – Erleben (Bios) – Intuition (Kairos). Die Uhr lässt sich konstruieren, die Chronologie rational erklären, die Rhythmen statistisch erfassen – was aber ist genau mit „your time" gemeint?

Viele verstehen unter Kairos die günstige Gelegenheit, die beim Schopfe zu fassen ist, ehe sie verschwindet. Andere sehen darin die Aufforderung, auf die innere Stimme zu hören. Fast alle sind sich darin einig, dass zwischen Chronos und Bios (Leben) auf der einen und Kairos auf der anderen Seite ein wesentlicher Unterschied besteht. Jene seien objektiv gegeben, Kairos dagegen sei die subjektive Erfahrung jedes einzelnen.

In der griechischen Mythologie war Kairos immer schon mehr als eine günstige Gelegenheit. Er stand in der Antike für den göttlich-günstigen Augenblick und in der Bibel für die von Gott her bedeutsame Zeit. Was aber mit „Gott" verbunden wurde, stand immer für etwas, was für den Menschen wesentlich war.

Wir kennen große Kulturen, in denen Uhrzeiten kaum eine Rolle für eine sinnvolle Selbstorganisation spielten. Und selbst in unserer Kultur wurde Chronos als Basis jeder Geschichte erst im 18. Jahrhundert maßgeblich. Im 19. und 20. Jahrhundert kam der Erkenntniswille hinzu, dass jeder Zeitpunkt durchdrungen sei von „Evolution", von der Logik zeitlichen Werdens, von Geschichtlichkeit.

Kairos ist ursprünglicher. Wenn es um wichtige Entscheidungen ging, hat sich der Mensch genauso wie ganze Völker immer schon gefragt, wann dafür der richtige und günstigste Zeitpunkt wäre. Was aber früher galt, gilt auch heute. Angela Merkel, gefragt nach der Bedeutung des richtigen Zeitpunkts, antwortete: für politische Entscheidungen sei er existenziell. Nicht weniger gilt das in der Wirtschaft für die richtige Führung und Unternehmenssteuerung.

1.3.1 Was aber ist nun Kairos?

Kairos stellt die Verbindung zwischen Welt 1 und Welt 2 her. Er stellt eine bestimmte Konstellation von sogenannten „Kreativfeldern" dar, die für den Menschen das maximale Entfaltungspotenzial begründen. Nur durch den Kairos haben wir Menschen Zugang zu unserem Kreativsein. „Über den Kairos kann der Mensch jene Objektivität, Gewissheit oder gar Seligkeit erlangen, die er sich in Freiheit ersehnt. Und über denselben Kairos gewinnt das ansonsten subjektive, kurzsichtige, stets auf den eigenen Vorteil bedachte Handeln eine verlässliche Sinnqualität." (Hofmann, Kairos, 138)

Wieder baut uns die moderne Kommunikation eine leicht nachvollziehbare Brücke. Zwischen der Elektronik und dem Internet auf der einen Seite, und unserem konkreten Leben auf der anderen Seite braucht es eine Relaisstation. Als Relaisstation fungiert aktuell oft ein PC oder Smartphone.

So auch zwischen der realen Welt dessen, was wir als Menschen in irgendeiner Weise uns vorstellen oder erfahren können, und jener zweiten Welt, die die Kairologie „Kreativsein" nennt. Diese Relaisstation ist der Kairos, das bedeutungsvolle Hier und Jetzt.

Kairos ist also nicht „etwas". Er bezeichnet den Wandel der Beziehung, die wir zu etwas – zu unserer „Realität" - haben.

Kairos ist auch nicht bloß ein besonderer Kairosmoment. Kairos ist jederzeit und berührt jeden. Kairos ist die wahre Dynamik, in welcher der Mensch lebt. Jeder Zeitpunkt im Leben eines Menschen und der Menschheit hat für das Individuum und die Gesellschaft eine Bedeutung.

Kairos kann sehr vielfältig erfahren werden. Man kann ihn als unmittelbar schöpferischen Anspruch erleben, als „Sternstunde", zu der sich manchmal die Kraft und Bedeutung eines ganzen Lebens oder einer Epoche zusammenballt. Kairos kann als Harmonie schöpferischer Schwingungen von Menschen, Gruppen, Völkern wahrgenommen werden.

Kairos wird auch als Einheit eines geistigen Raumes erfahren. Gedanken, Bücher, die Organisation einer Firma können einen Kairos ausdrücken, sofern all dies optimal gelungen, maximal auf ein Ziel hin geordnet ist.

Zuletzt erweist der Kairos seine Wirklichkeit in dem, was als Objektivität der Welt wahrgenommen wird. Hier erscheint er nicht mehr als flüchtiger Augenblick, sondern als sein Gegenteil, als unveränderbare Dauer.

Wir können unsere Ausführungen so zusammenfassen:

Ein Kairos ist die für eine Sache oder Angelegenheit optimale Zeit-Konstellation der schöpferischen Kräfte auf der geistigen, emotionalen, rationalen und faktisch-geschichtlichen Ebene des Menschen. Er ist die Quelle jedes echten Erfolgs und macht den Augenblick bedeutsam. Energiebewusst leben und führen heißt kairosbewusst leben und führen.

1.3.2 Zur praktischen Bedeutung von Kairos

Sofern wir dieses dynamische System und seinen Boten, den Kairos, kennen, wissen wir genauer Bescheid über das, was in unserem Geist, in unseren Beziehungen, in der Gesellschaft sinnvollerweise laufen kann.

Und dieses Wissen wird gebraucht. Die Selbstverständlichkeit des Kairos geht uns heute immer mehr verloren. Auf uns prasseln täglich tausende von Impulsen ein. In den Nachrichten werden uns alle Katastrophen und sonstigen Probleme unserer Welt bewusst gemacht. Und nur einen Sendeplatz weiter wird uns in Soaps die heile Welt vorgeführt. Viele fühlen sich unsicher, verwirrt, misstrauen ihren Gefühlen und ihrer Intuition.

Auch in der Gesellschaft insgesamt nimmt der Konsens über die gemeinsamen Gewissheiten massiv ab. Grundbegriffe werden fragwürdig. Was ist richtig, was vernünftig, was ist im Moment das Beste, fragen sich jene unsicher, die das Boot steuern sollen.

So wollen wir bewusst an etwas erinnern, was manchen früheren Zeiten noch unmittelbarer zugänglich war. In Welt 1 kann nur wirklich führen, wer sich von Welt 2 über seinen Kairos führen lässt. So sehr Menschen und Strukturen danach streben, Führung zu erzwingen oder sie mit Gewalt zu erhalten, so wenig können sie auf Dauer jener unsichtbaren und für sie unfassbaren Macht widerstehen, die von Welt 2 ausgeht und sich im Kairos zeigt.

Wer seinem Kairos folgt, kann sich unerschrocken auf seinen Weg konzentrieren – auch wenn es gegen die Mehrheit geht. Er kann authentisch nach außen auftreten. Wer in seinem Kairos ist, kann auch Kritik in Kauf nehmen, ja selbst mit einem „shitstorm" souverän umgehen. Denn er gehört zu denen, die für die tieferen Veränderungen der Gesellschaft offen sind und versuchen, ihnen zu entsprechen. Er verhält sich wie ein Autofahrer, der sich von seinem Navi führen lässt.

Das mag gut klingen. Allerdings ist es in der Praxis nicht ganz so einfach, das Kairosgemäße von dem Kairosfernen zu unterscheiden.

Von außen ist es schwer, auseinanderzuhalten, was echter innerer Impuls ist und was Einbildung, Verbohrtheit, bloßes Wollen, Egoismus, Scharlatanerie. Oft zeigt sich erst längerfristig, was kairosgemäß war und was Wunschdenken oder zwanghafte Vorstellung.

Sich am Kairos zu orientieren, bedarf der ständigen Bereitschaft, hinzuhören und sich und andere auch zu hinterfragen.

1.4 Zeit-Geist – Fluchtpunkt menschlichen Lebens

Neben Kreativsein und Kairos ist es unverzichtbar, einen dritten energetischen Faktor genauer zu verstehen: den Zeit-Geist.

In unserem Alltag beschäftigen uns weniger Kairosmomente, als vielmehr lauter Dinge, die für uns mehr oder weniger bedeutungsvoll sind. Vieles wird uns aber in seiner Bedeutung nie bewusst. Es ist einfach da, wie unser Vor- und Nachname, unsere Lebensdaten, unsere Familie, die Arbeitsstelle, das Unternehmen, der Staat, die Welt.

Nur manchmal, wenn sich etwas Gravierendes verändert oder wir etwas nicht verstehen, fragen wir: was heißt das (jetzt)? Und irgendjemand sagt dann: „Das heißt..." oder „Das ist so oder so zu erklären" und nennt dann eine andere Realität.

Wenn unsere Augen etwas sehen, was wir nicht wahrnehmen oder gelten lassen wollen, dann sagen wir gern: „Das gibt es nicht wirklich" oder „Das glaube ich nicht" oder „Das lässt sich sicher (weg-)erklären."

Dass bei uns alles davon abhängt, wie der Mensch dazu in Beziehung tritt, das wird uns am ehesten im Extremfall bewusst.

Kann jemand jahrelang allein von „Lichtnahrung" leben, ohne zu essen und zu trinken? Für den Jainismus, eine Religion in Indien, ist es das höchste Ziel - und es geht. Wie es auch ging, dass ein Franziskus die „Wundmale Christi" empfing, Fakire sich jahrelang in einen hermetisch abgeschlossenen, abgedichteten Sarg einschließen lassen konnten. Und sind die negativen Extreme nicht noch zahlreicher? Gibt es ein Wesen, das kälter, grausamer, hinterlistiger, bösartiger agieren kann als der Mensch – und dabei lächeln?

Die meisten von uns erwecken im Alltag durchaus den Eindruck, berechenbar zu sein. Wir pendeln nahe der Mitte zwischen Extremen. Und so glauben wir gern, dass unser Verhalten „objektive" Ursachen habe wie Charakter, Instinkte, Prägungen, Wissen, Fakten, Werte usf. Und wir glauben tatsächlich, dass etwas „schwerwiegend" ist, weil es „richtig" oder „wahr" oder „vernünftig" ist. An die Kraft des In-Beziehung-seins, das dem zugrunde liegt, denken wir so wenig wie an die Schwerkraft, wenn wir auf der Erde gehen. Nicht wenige lachten daher, als Newton sich fragte, warum ein Apfel zu Boden und nicht nach oben falle.

Diese Beziehungskraft aber bestimmt unsere Wahrscheinlichkeiten. Und diese begründen, was uns selbstverständlich erscheint, genauso aber auch, warum etwas, was immer so war, auf einmal nicht mehr gilt. Warum z.B. ein netter Student sich auf einmal als Terrorist erweisen kann. Warum ein Familienvater wie jeden Morgen zur Arbeit aus dem Haus zu gehen scheint – und nie mehr auftaucht. Aber auch, warum manche plötzlich ihren ganzen Reichtum verschenken.

Ihr Leben kommt vielen vor wie die Mitarbeit an einem komplexen undurchschaubaren geschichtlichen Puzzle. Niemand könnte den oft riesigen und lebenslangen engagierten Einsatz dafür als Führungskraft oder Unternehmer bringen, ohne glauben zu können, dass dieser Energieaufwand sinnvoll sei. Allerdings ist diese Gewissheit oft nicht so fest und sicher, wie man glaubt. Das zeigt sich in Krisen. Misserfolge, Degradierung, Entlassung, Krankheit, Unglücke oder Unternehmensinsolvenz erschüttern das Lebenskonzept.

Dann beschleicht einen manchmal ein dumpfer Zweifel. Gibt es diese „Gesellschaft" und diese sinnvolle Geschichte überhaupt? Sind wir nicht alle Teile eines großen Chaos, das wir uns schön reden? Vielleicht ist das Ganze wie ein Riesen-Unternehmen, in dem mit Eifer und immer höherer Effizienz Dinge produziert werden. Und plötzlich stellt man fest: Sobald all das die Fabrik verlassen hat, landet es auf der Müllkippe. Im Detail perfekt, im Ganzen sinnlos.

1.4.1 Zeitgeist und Zeit-Geist

„Grüße vom Zeitgeist" – so war kürzlich ein Zeitungsartikel überschrieben, in dem es darum ging, wer oder was wohl als „europäische Wetterstation" am besten geeignet sei, „die Winde des Zeitgeists zu messen".

So ähnlich stellen sich wohl viele den Zeitgeist vor. Angesichts solcher schwer zu fassenden „Winde" glauben sie, eine mehr oder weniger resignierte Haltung sei das

Beste, was man sich im Bewusstsein zulegen kann, solange niemand genau weiß, wie das kleine Lebensrad mit dem großen zusammenhängt.

Schon Goethe lässt seinen Faust diese Skepsis auf unübertreffliche Weise zum Ausdruck bringen:

> „Was ihr den Geist der Zeiten heißt,
> das ist der Herren eigner Geist,
> in dem die Zeiten sich bespiegeln."

Vor diesem Hintergrund sehen die einen ihre Aufgabe darin, den Zeitgeist zu messen, zu fixieren; andere bekämpfen oder ignorieren ihn.

Führungskräfte und Unternehmer starren ebenfalls auf den Zeitgeist. Sie wollen auf der Höhe der Zeit sein oder ihr sogar voraus sein. Sie fragen Marktforscher danach, wie sich die Konsumenten vor allem in der Zukunft verhalten.

Die Zukunftsforscher sammeln immens viele Daten, aber ihre „Zahlenorakel" haben es nicht leicht. Der Zeitgeist, mit dem sie arbeiten, ist so schwer zu packen. Er scheint zu wehen, wo und wie er will. Was ist Zufall oder Unfall, was Trend, was Kultur? Was kommt aus dem Menschen, was ist gesteuert? Man vermutet. Man rät. Man leitet aus Daten kausal ab.

Der Zeitgeist folgt hier keiner tieferen Logik, sondern man versteht darunter die Einstellung der meisten Leute einer bestimmten Gesellschaft zu einer bestimmten Zeit.

Der Zeitgeist bleibt so ein nebelhaftes unbestimmtes Gebilde. Er hat gesellschaftlich in etwa die Funktion, die im 19. Jahrhundert für die Physik der Äther besaß. Wellen bedurften eines Mediums, um durch den Raum transportiert zu werden. Dieses Medium hieß eben Äther.

Die Lösung kann nicht durch „Sterndeuter", Theologen, Philosophen, Ideologen, Volkswirtschaftler oder Zukunftsforscher kommen. Jeder von uns ist ein Teil des Problems. Jeder kann nur von dem zufälligen Standort aus, den er einnimmt, die Geschichte interpretieren. Er kann wie ein Astronom sein „Fernrohr" mehr oder weniger scharf einstellen. Aber solange er nichts weiß von der Sinnkrümmung des geschichtlichen Raums und seiner objektiven Größe, bleibt alle Detailkenntnis und -bearbeitung vorläufig.

Im Übrigen verdeckt der Begriff gerade das Problem, das erst zu lösen wäre: Wie können die Gegensätze Zeit und Geist überhaupt eine Verbindung eingehen?

Wir haben nämlich zwei wesentlich verschiedene Wirklichkeiten vor uns. Zeit ist zunächst das Produkt aller Bewegungen, die sich in der Evolution so und nicht anders finden. Ein Kind wird nach 9 Monaten geboren, die Zellen nach knapp 7 Jahren durch neue ersetzt, die einmalige Erddrehung gegenüber der Sonne nennen wir Tag und teilen diese Zeiteinheit in 24 Stunden ein.

Der Geist ist das Gegenteil zu diesen realen Rhythmen und Zyklen. Er ist da in der Weise, dass er Einheit schafft. Alles, was wir begreifen können, begreifen wir als eine Einheit: Biene, Schraube, Kirche – ein Begriff definiert immer ein Etwas, sofern es Einheit ist. Uhren und Kalender sind Konstruktionen des Geistes, die ursprünglich mit „Zeit" nichts zu tun haben.

Zwischen Zeit und Geist kann es keine direkte Verbindung geben. Es gibt in der Realität keinen bedeutsamen Zeitpunkt.

Ohne die Existenz einer zweiten Ebene, auf der Geist (Bedeutung) und Zeit (Rhythmus) nur in ihrer Beziehung zueinander bestehen, ist diese Erfahrung nicht möglich.

„Die Zeit ändert sich" heißt: die Bedeutung der Wirklichkeit, die Sicht auf Vergangenheit, Gegenwart, Zukunft ändert sich.

Heute spricht in der Physik keiner mehr vom Äther. Einstein konnte den Wellentransport mittels seiner Relativitätstheorie so erklären, dass die Hypothese des unsichtbaren Fluidums Äther überflüssig wurde.

In ähnlicher Weise verabschiedet die Kairologie das Medium Zeitgeist. Nicht eine unsichtbare Substanz bestimmt die geschichtlichen Trends und Stile, sondern eine schöpferische Kraft, die sinnorientierte Bewegung schafft. Wir nennen sie in der Kairologie Zeit-Geist, mit Bindestrich. Mit anderen Worten: Der Zeit-Geist ist die Art und Weise, wie die Welt 2 in der Welt 1 da ist.

Der Zeit-Geist richtet als historischer Kairos unser Leben auf die größere geschichtliche Bewegung aus und verleiht der Faktizität unseres Lebens, Liebens und Arbeitens Sinnhaftigkeit.

1.4.2 Berufung, Bewegung, Macht

Es gibt verschiedene Weisen, diesen Zeit-Geist zu erfahren.

Wir erfahren den Drang, diese oder jene Gegebenheit – ein Haus, ein geistiges Problem, das Verhältnis zu einer Gemeinschaft, in die berufliche Rolle, die Verantwortung für ein Unternehmen – so und nicht anders verstehen und gestalten zu sollen.

Als Teil einer Stadt, eines Staates, eines großen Unternehmens oder eines bestimmten Abschnitts der geschichtlichen Bewegung erfahren wir es, in einem Strom mitzuschwimmen, dem wir uns bestimmten Neuerungen (z. B. Smartphone, Familienverständnis, Europa, Digitalisierung) nicht entziehen können.

Im Kampf um die Bewahrung oder Durchsetzung der eigenen Lebens- oder Unternehmensidee erfahren wir uns als Täter und Opfer, betroffen von einem mehr oder weniger offenen Ringen von Kräften. Diese Kräfte können die Form von Konkurrenten, Arbeitskräften, politischem Druck, Bürokratien… annehmen.

Der Zeit-Geist wird somit auf dreierlei Weise wahrgenommen:

- **individuell als Erfahrung von Berufung,**
- **kollektiv als Bewegung,**
- **geschichtlich als Veränderung von Machtverhältnissen.**

Jeder von uns wirkt in einmaliger Weise mit an der Entfaltung des Zeit-Geists, indem er sich darauf einlässt, und er empfängt auf der anderen Seite die Gewissheit, sinnvoll zum Ganzen beizutragen.

Die gemeinsame Bewegung zeigt sich in den Kairos-Generationen und ihren ständigen Überlagerungen und Schwerpunktverlagerungen. Das Wissen um Kairos-Generationen ist daher ein wichtiges Hilfsmittel, um den Zeit-Geist zu analysieren. So stellt sich für jeden Jahrgang das Grundmuster seiner Kairos-Generation etwas anders dar.

Viele Menschen schwimmen in all dem, wie ein Fisch im Wasser. Es geht Ihnen wie den beiden jungen Fischen, an denen ein älterer vorbei schwimmt und ihnen zuruft: How´s the water? Die jungen Fische schwimmen schweigend weiter, bis der eine den anderen fragt: What the hell is water?

Der Zeit-Geist ist in unserer Lebensgeschichte so anwesend wie ein Fluchtpunkt in einem Bild. Erst der Fluchtpunkt ordnet alle Elemente eines klassischen Bildes so zueinander, dass es ein sinnvoll geordnetes Ganzes ergibt. (Die moderne Malerei drückt in der Ablehnung solcher Fluchtpunkte die Orientierungslosigkeit unserer Zeit bildhaft aus.)

Der historische Kairos ist für den Einzelnen aber nicht nur ein passiver Fluchtpunkt. Wo sich seine geschichtliche Sinnlinie mit der Lebenslinie seiner Kairos-Lebensphasen zu gelebter Berufung verbindet, „quadriert" sich die menschliche Energie.

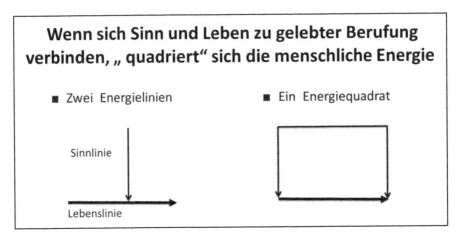

Abb. 1.4 Zwei Energielinien – Ein Energiequadrat

Ein solches WOFÜR ist mehr, als was durch Sekundärleistungen zu erreichen ist. Über Geld, Arbeitszeiten, Urlaub lässt sich rational verhandeln (und manche Unternehmen meinen immer noch, der homo oekonomicus sei ein rationales Wesen), aber sie wecken nicht den vollen Einsatz. Man nimmt, was bequem und vorteilhaft ist. Das führt jedoch bei niemandem zur inneren Identifizierung mit der Aufgabe.

Steve Jobs, Gründer von Apple, war kein einfacher Mensch. Doch er vermittelte das Gefühl, an einer großen Idee zu arbeiten. Die Menschen um ihn herum spürten den Unterschied und das zog die besten an. So ähnlich war das mit allen großen Wissenschaftlern, politischen Führern, erfolgreichen Unternehmern aller Zeiten.

Jedes Unternehmen sollte Mitarbeiter, die einen Sinn für den historischen Kairos haben, schätzen wie kostbare Juwelen.

Unternehmerisch zeigt sich der geschichtliche Fluchtpunkt zum einen in Mitarbeitern, die kreativ an den Unternehmensprozessen beteiligt sind, zum anderen, in dem gemeinsamen Bewusstsein, auf der Höhe der Zeit zu sein, zum dritten, im unternehmerischen Erfolg.

Wir können diesen Zeit-Geist nicht durch gezielte Infostreuung oder die Kontrolle der öffentlichen Meinung steuern. Auch wird etwas nicht dadurch Ausdruck des Zeit-Geists, weil wir stark an unser Produkt glauben. Wer seine Freunde überzeugt und von seinen Beratern bestätigt wird, hat deshalb noch nicht notwendig den Zeit-Geist erfasst.

Überhaupt dauert es oft bis in die 50er Jahre, ehe ein historischer Kairos sich im eigenen Leben klar zeigt. Gerade weil es sich um eine tiefe Dynamik handelt und nicht um ein bestimmtes Bewusstsein, ist es die Ganzheit des Lebens, die den historischen Kairos offenbart.

1.4.3 Der Dreiklang

Ein Dreifaches ist es, was wir im Blick zu behalten haben:

- die Welt der Kreativkräfte (Welt 2),
- den Kairos und seine Anwesenheit in der konkreten Wirklichkeit,
- den Zeit-Geist.

Jeden Aspekt können wir zunächst für sich wahrnehmen.

Jeder von uns kennt Kairosmomente, Zeitpunkte, in denen man das Gefühl hat, alles richtig gemacht zu haben. Man denke an manche Prüfungen, Begegnungen, Geschäftsabschlüsse. Manchmal merkt man auch, dass solche Erlebnisse etwas viel Grundsätzlicheres fühlen oder bewusst werden lassen. Da ist eine Kraft, die mich und mein Handeln trägt. Sie übersteigt meine Subjektivität.

Trotzdem hebt sie die Einmaligkeit meiner Verantwortung und Entscheidungen nicht auf. Im Gegenteil: Sie begründet vielmehr, dass ich mein Handeln jetzt so und nicht anders auszurichten habe. Denn nur so kann ich es als vernünftig und sinnvoll erkennen. Diese Erfahrung kann mich so auch in schweren Situationen tragen und mit großen Fehlern versöhnen.

Wer nun aber in der Welt unterwegs ist, ist konfrontiert mit unzähligen Realitäten. Jeden Tag neu geht jeder von uns dazu in Beziehung. Er greift zur Zahnbürste, behält seine Wohnung, kümmert sich um Familie und Geschäft, steht zu früher gefällten Entscheidungen. Durch dieses In-Beziehung-treten erhalten alle Vorgänge ihre Bedeutung.

Millionen tun es. Und gleichzeitig wirken diese Millionen daran mit, dass sich die Bedeutung von vielem verändert. Irgendwann hat jeder sich einen Computer gekauft, kannte Coca-Cola, Microsoft und Apple oder war sich bewusst, dass es Probleme gibt, die alle angehen, wie etwa Klimaschutz und Atomwaffen.

All das ist nicht nur das Produkt komplexer Ursachen. Das Wissen um den Zeit-Geist sagt: Es ist mehr. Heisenberg hat einmal geschrieben: das Atom ist kein Ding. Wir wissen heute physikalisch, dass alle materiellen Vorgänge mit immateriellen Feldern zu tun haben.

Dem entspricht die kairologische Aussage: der Mensch ist nicht das, was er sich vorstellt. Er ist zuerst Beziehungskraft. Alles für den Menschen Begreifbare hat mit seinen Beziehungsfeldern zu tun. Von ihnen hängt letztlich ab, was wir authentisch tun, wie lange wir Altes erhalten und wann die Zeit reif ist für Neuaufbrüche.

Kreativsein, Kairos und Zeit-Geist gehören gleichzeitig innigst zusammen. Der Zeit-Geist braucht Menschen, die ihren Kairos leben. Und der Kairos empfängt seine Kraft und seine Sinnhaftigkeit aus Welt 2. Umgekehrt wüssten wir nichts von der Existenz eines Kreativseins, wenn unser Fühlen, Denken und Handeln nicht so wäre, wie es eben ist und wie es sich wandelt.

Ein Wissen um diese dreifache menschliche Kraft- und Beziehungseinheit lässt uns anders auf unsere Wirklichkeit blicken. Es gibt ein menschliches Maß für alles. Von ihm hängt ab, wann welche Entwicklungen ihre Wahrscheinlichkeiten haben, wann ihre Bedeutung zu- oder abnimmt. Jedes Unternehmen ist eine Schöpfung von und für Menschen, deren Beziehungskräfte sich jederzeit ein wenig ändern. Die Änderung folgt einer bestimmten Kraftkurve.

Die große Chance für alle, die hier mitwirken (wollen), liegt in dem Wissen, dass das nicht beliebig geschieht, sondern einer energetischen menschlichen Logik folgt. Diese ist jetzt nicht mehr nur intuitiv, sondern auch rational erkennbar. Wer um sie weiß, kann sie in seine Planungen und Aktionen einbeziehen. Er wird auf technologische oder auch betriebliche Entwicklungen nicht mehr starren wie das Kaninchen auf die Schlange, sondern sie nüchtern geschichtlich einordnen. Damit aber verwandelt sich unser HR 4.0 in ein HR 5.0.

1.5 Das System der Kairos-Lebensphasen

In unserem Kosmos finden wir überall Schwingungen und Rhythmen. So, wie wir mit den Jahreszeiten Frühjahr, Sommer, Herbst und Winter ein Jahr beschreiben, können wir hierfür auch die darunterliegenden zwölf Monate nehmen.

Die Jahreszeiten und die zwölf Monate eines Jahres sind schöne Bilder für die Einteilung unseres Lebens in Entwicklungs- und Lebensphasen.

Im Westfälischen Landesmuseum für Kunst und Kunstgeschichte, Münster findet sich ein Bild aus dem 19. Jahrhundert mit einer zehnstufigen Lebenstreppe und folgendem Text:

1. Zehn Jahr ein Kind
2. Zwanzig Jahr ein Jüngling
3. Dreißig Jahr ein Mann
4. Vierzig Jahre wohlgetan
5. Fünfzig Jahre Stillstand
6. Sechzig Jahr gehts Alter an
7. Siebzig Jahr ein Greis
8. Achtzig Jahre weiß
9. Neunzig Jahr ein Kinder Spott
10. Hundert Jahre Gnad von Gott

In der unteren Hälfte des Bildes ist Chronos mit Sanduhr und Sense als den Symbolen für Lebenszeit und Lebensende dargestellt.

Auf den ersten Blick können wir die Charakterisierung als zeitlos - also wahrscheinlich auch in Zukunft prinzipiell gültig – betrachten.

Abb. 1.5 Das Stufenalter des Menschen, um 1840 (Wikimedia Commons)

Auf den zweiten Blick, der die heutige Erfahrung mit einbezieht, sehen wir in den letzten Jahrzehnten durchaus Veränderungen. Für die Vitalität heute Siebzigjähriger passt die Rede vom „Greis" sicher nicht mehr. Überhaupt ist die Einteilung in Zehnjahres-Stufen nach heutigen Erkenntnissen zu grob.

Heute finden sich üblicherweise zwei Zugänge zum Thema der Lebensphasen:

A) von oben – Anthroposophie. Lebensphasen beginnen mit der Geburt und werden nach der heiligen Zahl 7 der Pythagoräer geordnet und durch Gestirnskonstellationen ergänzt.

B) von unten – evolutives Verständnis. Menschen entwickeln sich im dynamischen Zusammenspiel von Anlagen und Umwelteinflüssen.

Von beiden Sichtweisen grenzt sich das kairologische Modell ab. Menschlicher Entwicklung liegen sogenannte „Kreativzeiten" zugrunde. Eine Kreativzeit ist als eine spezifisch menschliche Zeiteinheit zu verstehen. Sie ist ein für den Menschen geltendes Energiesystem, das für das In-Beziehung-sein des Menschen zu seiner Welt wesentlich ist. So unsichtbar Kreativzeiten sind, so sehr bestimmen sie doch für uns den Lebenswert unseres Lebens.

Gleichzeitig sind sie weder real messbar wie ein biologischer Rhythmus noch geistig aus Prinzipien ableitbar.

Ausgangspunkt ist die Realität generativer menschlicher Rhythmen. Es ist zu beobachten, dass diese sich real, sehr elastisch verhalten und entsprechend den gegebenen Einflüssen ein Stück weit nach oben oder unten abweichen können. Dies zeigt sich deutlich an den Schwankungen des Menstruationszyklus der Frau oder Angebotsterminen.

So pendeln Schwangerschaften um den Richtwert der neun Monate. Es ist im unbedenklichen Rahmen, wenn ein Kind zwei Wochen vor oder nach dem errechneten Geburtstermin kommt. Der statistische Mittelwert liegt bei 266 Tagen. Das entspricht dem Neunfachen des synodischen Mondmonats. Die Kairologie nimmt die Dauer der Schwangerschaft in ihrem statistischen Mittelwert.

Fortpflanzungs-rhythmen	Kreativzeiten

1. Empfängnisbereitschaft	1. 1/81 Mondmonat (8,74 Std.)
2. Zeugungszeit	2. 1/9 Mondmonat (3,28 Tage)
3. Menstruationszeit	3. 1 Mondmonat (29,53 Tage)
4. Schwangerschaft	4. 9 Mondmonate (265,8 Tage)
5. Lebensphase	5. 9x9 Mondmonate (ca. 6,55 Jahre)
6. Personalisationszeit	6. 9x9x9 Mondmonate (ca. 58 Jahre)
7. Kulturation	7. Ab ca. 58 Jahre

Abb. 1.6 Phasen und Rhythmen

Ein Zyklus steht aber nicht einfach für sich. Er ist Teil eines Gesamtsystems menschlicher Schwingungen. Die kleinste für die Fortpflanzung maßgebliche Zeiteinheit ist der Zyklus der Empfängniszeit der Frau.

Die am besten beobachtbare Grundeinheit ist der synodische Mondmonat. Die übrigen Einheiten sind ein Bruchteil oder ein Mehrfaches davon. Als Divisor bzw. Multiplikator erweist sich die Zahl 9.

Die Einheit von neun Mondmonaten, identisch mit der durchschnittlichen Länge einer menschlichen Schwangerschaft, nennt die Kairologie Lebensquant.

Die Einheit einer Kairos-Lebensphase umfasst 9x9 Mondmonate bzw. neun Lebensquanten oder auf einer chronologischen Skala 6,55 Jahre.

Die volle Ausreifung einer menschlichen Persönlichkeit (Personalisationszeit) benötigt neun Kairos-Lebensphasen der Selbstentfaltung, dauert also bis ins 59. Lebensjahr. Erst dann wurde man idealerweise früher in den Senat (römisch: senatus) berufen. So erklärt sich auch bequem die besondere Stellung der Zahl 60 in manchen Kulturen.

1.5.1 Die Entfaltungen des Menschen

Auf jeder Stufe dieses Systems von Kreativzeiten entfaltet sich der Mensch auf drei Ebenen. Jede Ebene entwickelt ihre eigenen zeitlichen Beziehungen.

Jeder Mensch erfährt sich in Beziehung zu seinem Geist, durch den er seine Wirklichkeit begreift (Sprache, Vernunft). Er erlebt sich körperlich als eine Welt, die durch die Evolution rhythmisch geprägt ist (Herzschlag, Atem…). Alles schwingt mehr oder weniger stark miteinander. Er ist als Mensch aber immer Einheit von Geist und evolutiver Verfasstheit und strebt so nach einer ganzheitlichen Lebensentfaltung.

Die drei Ebenen sind die

- Resonanzentfaltung = Beziehung zu anderen Menschen
- Selbstentfaltung = Entwicklung der eigenen Persönlichkeit
- Lebensentfaltung = Gestaltung seines Lebens.

Jede dieser Entfaltungen folgt ihrer eigenen Logik. Der Weg des Geistes wird also weder als Funktion der Evolution verstanden (was heute häufig anzutreffen ist) noch die Evolution als Funktion des Geistes (was früher oft anzutreffen war). Zugleich sind alle drei Entfaltungen auf eine bestimmte Weise miteinander verzahnt.

Die **Resonanzentfaltung** findet in drei Stufen mit jeweils vier Lebensphasen statt. Wir sprechen von den Resonanzstufen des Werdens (Empfangen), des Gestaltens

(Weitergeben) und Bewahrens. Auf jeder Stufe treten bestimmte Schwingungsverhältnisse auf, die für unser Miteinander bedeutsam sind.

Abb. 1.7 Die Resonanzentfaltung

Die **Selbstentfaltung** (Personalisation) verläuft über die ersten neun Lebensphasen (also bis zum 59. Lebensjahr) und setzt sich dann in der sogenannten Kulturation fort. In der Zeit bis ca. 78 Jahren soll die ausgereifte Persönlichkeit sich integrieren in das größere Ganze des jeweiligen Kultursystems.

Das Selbst entfaltet seine Ganzheit auf einem Weg, der vom getragenen Sein in einem Wir (Familie), über die Ausprägung eines Ich-Bewusstseins, bis zur Entwicklung einer eigenen Welt-Vernunft führt.

Auf jeder Ebene findet ein kontinuierlicher Prozess von sich jeweils drei abwechselnden Lebensphasen (Aufbau von Vertrauen, Wissen, Beziehung) statt.

1.5 Das System der Kairos-Lebensphasen

Die Grundmuster der Selbstentfaltung wiederholen sich nach jeweils drei Lebensphasen (L). Beispiel: Vertrauen L1 - L4 - L7 - L10; Ordnung L2 – L5 –L8 – L11; Beziehung L3 – L6 – L9 – L12.

Abb. 1.8 Die Selbstentfaltung

In der **Lebensentfaltung** verbinden sich Selbst- und Resonanzentfaltung zu etwas Neuem, das sich seinen eigenen Lebensraum schaffen will. Jede Kairos-Lebensphase hat diesbezüglich seine eigene Art von Spannung und diese ist in fünf Spannungsstufen zu unterteilen. Sie verbinden sich in der Kairologie mit den Begriffen Geist – Polarität – Struktur – Handeln – Synthese.

Der Schwerpunkt der Lebensphasen 1-4 (25/26 Jahre) liegt in unserer ureigenen Menschwerdung. Wir empfangen unsere wesentlichen schöpferischen Kräfte und Gestaltungsmuster. In den Lebensphasen 5-8 (bis 51/52) ist die Gestaltungs- und Durchsetzungskraft der eigenen Vorstellungen am größten. Danach geht es um das Bewahren des schöpferisch Gestalteten.

So, wie wir an der Ausprägung der Jahresringe eines Baumstammes auf Klimaveränderungen und Wachstumsstörungen schließen, können wir - aufgrund von einschneidenden Ereignissen und Brüchen sowie dem Bezug zur jeweiligen Lebensphase - den heutigen Standort im Leben eines Menschen nicht nur erklären, sondern auch wichtige Aspekte für die nähere Zukunft begründen. Das Werkzeug hierfür ist eine sogenannte Kairos-Analyse (siehe Kapitel 1.10).

Abb. 1.9 Die Lebensentfaltung

In der folgenden Tabelle Abb. 1.10 sind die Selbst-, Resonanz- und Lebensentfaltung auf die einzelnen Lebensphasen bezogen kurz charakterisiert. Dabei können Sie erkennen, wie sich die Grundmuster der Selbstentfaltung (Vertrauen, Wissen, Beziehung) in jeder vierten Lebensphase (z.B. Vertrauen 1-4-7-10) wiederholen.

1.5 Das System der Kairos-Lebensphasen

Lebensphase	Alter	Selbstentfaltung	Resonanzentfaltung	Lebensentfaltung
L1	0 – 5.10	Ur-Vertrauen: Lieben lernen	intuitive Resonanz: Unmittelbare Beziehung	Wie erfolgreich erlange ich liebevolle Zuwendung?
L2	5.11 – 12.4	Ur-Wissen: Glauben lernen	personale Resonanz: Persönliche Beziehung	Wie erfolgreich empfange ich Anerkennung?
L3	12.5 – 18.11	Ur-Beziehung: Hoffen lernen	rationale Resonanz: Soziale Beziehung	Wie erfolgreich erfahre ich meine Vernunft?
L4	18.12 – 25.6	Ich-Vertrauen: Sein Ich lieben lernen	sachliche Resonanz: Faktische Beziehung	Wie erfolgreich bin ich mit welchem Handeln?
L5	25.7 – 32.0	Ich-Wissen: An sich selbst glauben lernen	intuitive Resonanz: Begeisterte Beziehung	Bewusste Entwicklung des Gestaltungshorizonts
L6	32.1 – 38.7	Ich-Beziehung: Auf Ich-Ich-Einheit hoffen lernen	personale Resonanz: Familie, Team	Ausbildung des eigenen Gestaltungswegs
L7	38.8 – 45.1	Welt-Vertrauen: Seine Welt lieben lernen	rationale Resonanz: Vernunft-Beziehung	rational gefestigtes Gestalten
L8	45.2 – 51.8	Welt-Wissen: An seine Welt glauben lernen	sachliche Resonanz: Beziehung vom Handeln her	faktische Durchsetzung des eigenen Gestaltens

(L1–L4: Werden; L5–L8: Gestalten)

Lebensphase	Alter	Selbstentfaltung	Resonanzentfaltung	Lebensentfaltung
L9	51.9 - 58.3	Welt-Beziehung: Auf Ich-Welt-Einheit hoffen lernen	intuitive Resonanz: Neue geistige Beziehungssuche	In welchem Horizont soll das von mir Gestaltete bewahrt werden?
L10	58.4 - 64.10	Kultur-Vertrauen: Seine Kultur-Welt lieben lernen	personale Resonanz: Nachfolge, Tradition	Wie überzeugend wirkt meine Lebensleistung auf andere?
L11	64.11 - 71.4	Kultur-Wissen: An seine Kultur-Welt glauben lernen	rationale Resonanz: Gemeinsame Weltvernunft	Als wie vernünftig erweisen sich meine Maßstäbe?
L12	71.5 - 77.11	Kultur-Beziehung: Auf Ich-Kultur-Welt-Einheit hoffen lernen	sachliche Resonanz: Gemeinsame faktische Beziehung	Als wie dauerhaft erweist sich das von mir Geschaffene?

(Bewahren)

Abb. 1.10 Das System der Lebensphasen

1.5.2 Die dreifache kairologische Lebenslinie

Die Lebensphasen bilden sowohl im Einzelnen wie im Ganzen ein System von Schwingungen. Es ist Grundlage der **Resonanz**entfaltung. Jede Schwingung hat eine ‚Hebung' und ‚Senkung' - vergleichbar dem Einatmen und Ausatmen – ist ‚weiblich' oder ‚männlich'. Die Schwingungen folgen gemäß der folgenden Abb. 1.11 dem Muster, 1, 2, 4, 8.

1.5 Das System der Kairos-Lebensphasen

Auf unterschiedlichen Ebenen kann sich daher ein Miteinanderschwingen, ein Verstärken oder Überlagern vollziehen. So sind der drei-Jahresabstand für Paare oder Generationsabstand (vier Lebensphasen) für das Eltern-Kinder-Verhältnis bedeutsam.

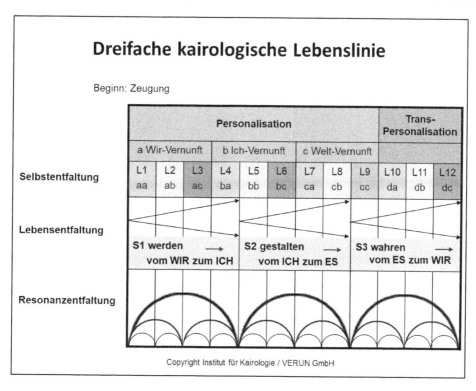

Abb. 1.11 Dreifache kairologische Lebenslinie

Der Verlauf des Lebens lässt sich nicht nur in einzelnen Phasen beschreiben, sondern die Lebensphasen selbst folgen gewissen Gesetzmäßigkeiten und sind in bestimmter Weise miteinander verknüpft.

Die Kairos-Lebensphasen L1 bis L4 (25 Jahre) umfassen den Zeitraum, in dem der Mensch in seiner Sozialisation „empfängt und wird". In den Kairos-Lebensphasen L5 bis L8 (26-52 Jahre) liegt der Schwerpunkt im „Weitergeben und Gestalten" und mit der Kairos-Lebensphase L9 (51/52) beginnt das „Bewahren".

L1, 4, 7 und 10 sind miteinander verknüpft und stehen für „Aufbruch". Das heißt, jede dieser Phasen enthält klare Elemente des Aufbruchs – zu neuen „Ufern", Aufgaben oder Herausforderungen.

Ebenso sind L2, 5, 8 und 11 miteinander verknüpft und stehen für „Wissen" bzw. Neues lernen und gestalten, das sich besonders in diesen Phasen kristallisiert.

Die miteinander verknüpften Phasen L3, 6, 9 und 12 stehen für „Beziehung" zu sich und anderen.

In der Lebensentfaltung erfolgt der Übergang von der ersten Stufe der Sozialisation (S1 - L1 – L4) zur zweiten (S2 - .L5 – L8) bzw. zur dritten (S3 - L9 - L12) weich.

Sie können dies in der folgenden Grafik am Beispiel der Lebensphasen 5-8 erkennen: während das Alte von L5 bis L8 kontinuierlich an Bedeutung verliert (durchgezogene Linie), schaffen die Kreativkräfte von L5 bis L8 etwas Neues (gestrichelte Linie). Das Gleichgewicht zwischen dem Alten und dem Neuen liegt im Übergang von L6 zu L7.

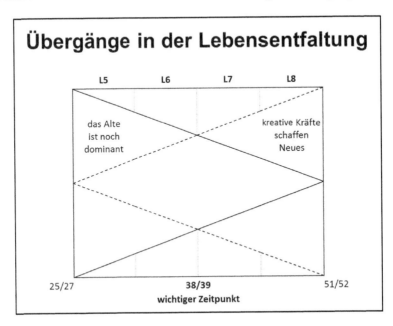

Abb. 1.12 Übergänge in der Lebensentfaltung

Mittels der **Kairos-Analyse** können wir die Dynamik der bisherigen Kairos-Lebensphasen in ihrer Selbst-, Resonanz- und Lebensentfaltung sowie in den tatsächlich entstandenen Lebensformen erkennen.

In der Analyse geht es unter anderem darum, die Brüche und Wendepunkte sowie einschneidende Ereignisse zu erkennen. Typische Fragen sind

- „Wie war das in L ….?"
- „Wo kam die Initiative her?"
- „Wann war der erste Impuls?"
- „Was war der Grund für …?"
- „Wann kam es zur Entscheidung?"
- „Was entstand daraus?"
- „Was war Ihnen wichtig?"
- „Was ist Ihnen heute wichtig?"

Wir werden damit sensitiver für sich bietende Chancen und können zu erwartende Wahrscheinlichkeiten für die Zukunft spezifizieren.

Die Wahrscheinlichkeit des Eintretens bzw. des Erfolgs zu beschreiben, hat allemal eine höhere Qualität, als nur die Möglichkeit festzustellen.

Kairologisch gilt:

1.5.3 Jeder Zeitpunkt im Leben eines Menschen bedeutet etwas anderes.

In der folgenden Tabelle sind die Kairos-Lebensphasen 1-12 mit ihrem typischen Schwerpunkt kurz beschrieben.

Beispielsweise ist die Lebensphase 5 (die Zeit zwischen 25 und 32 Jahren) für eine Unternehmensgründung am günstigsten.

Von der fünften bis zur achten Kairos-Lebensphase baut sich die maximale Gestaltungskraft auf und ist in Abb. 1.12 mit dem dunklen Dreieck versinnbildlicht.

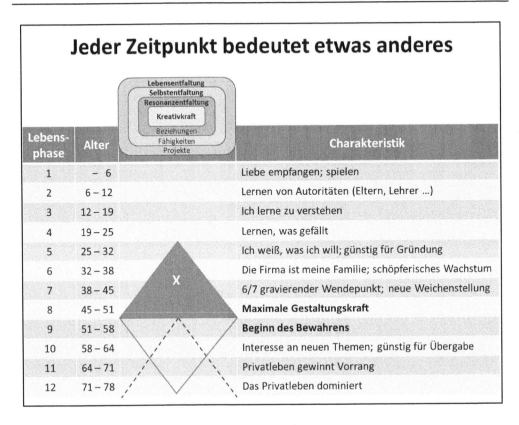

Abb. 1.13 Jeder Zeitpunkt bedeutet etwas anderes

Der Übergang von der sechsten zur siebten Kairos-Lebensphase bedeutet häufig einen gravierenden Wendepunkt (X). Manchmal führt es zur sogenannten Midlife-Krise oder es wird beispielsweise beruflich etwas völlig Neues begonnen.

In der Kairos-Lebensphase 9 beginnt das Bewahren, also die Sicherung des Status quo. Die Bereitschaft zu gravierenden Veränderungen oder großen „Abenteuern" nimmt ab. In der Tabelle ist dies mit den gestrichelten Linien angedeutet.

In der folgenden Tabelle (Abb. 1.14) sind die für das Berufsleben bedeutsamen Lebensphasen 4-10 dargestellt und, bezogen auf die vier Lebensbereiche (ICH, Familie, Beruf/Unternehmen, Gesellschaft/Welt), kurz charakterisiert.

Jede Lebensphase mit beruflichem Kontext erfordert eine zeitliche und inhaltliche Balance der vier Lebensbereiche.

Die für die Gestaltung, Um- und Durchsetzung eigener Ideen und Vorstellungen entscheidenden Lebensphasen 5-8 sind zusätzlich fett umrandet.

Lebensphase		Ich	Familie	Beruf Unternehmen	Welt Gesellschaft
L4	18.12 – 25.6 / werden WIR	Ich weiß wer ich bin	Ich liebe ihn/sie	Ich lerne	Was an der Welt bedeutet mir viel? Wie sieht mein Bekannten- und Freundeskreis aus?
L5	25.7 – 32.0 / gestalten ICH	Ich weiß, was für mich richtig ist.	Ich heirate ihn/sie	Ich weiß, was ich will	Welchen Zukunftshorizont baue ich auf? Wo bringe ich mich ein?
L6	32.1 – 38.7	Ich setze meine Ideen um und suche die Übereinstimmung mit anderen	Wir sind ein Paar/eine Familie	meine Kompetenz wächst und ich bin in guter Resonanz mit Menschen, auf die es ankommt; die Firma ist meine Familie	Für welche Überzeugungen kämpfe ich? In welcher Gesellschaft fühle ich mich wohl?
L7	38.8 – 45.1	Jetzt oder nie	Wir passen vernünftig zusammen	Ich ergreife wichtige Initiativen	Für welche Programme kann ich mich engagieren? Wer sind meine ‚Gleichgesinnten'?

1.5 Das System der Kairos-Lebensphasen

Lebensphase		Ich	Familie	Beruf Unternehmen	Welt Gesellschaft
L8	45.2 – 51.8 gestalten ICH	Ich weiß, was objektiv richtig ist.	Wir halten es miteinander aus	Ich handle erfolgsorientiert und will Ergebnisse	Was mache ich neu? Was unternehmen wir?
L9	51.9 – 58.3 bewahren ES	Ich lerne ganzheitlich zu denken und zu leben	Wir stellen uns neu auf	Ich prüfe meinen Standort, das Erreichte und meine Ziele	Welcher größere Sinn weckt in mir Kräfte? Welche Freundschaften sind sinnvoll?
L10	58.4 – 64.10	Mich interessieren neue Themen	Wir entdecken die Welt zusammen neu	Ich entdecke neue Perspektiven und Partner (Nachfolge)	Wie soll die Welt nach uns aussehen? Wen fördere ich?
L11	64.11 – 71.4	Mein Wissen und Glauben wird historisch neutraler	Wir erkennen, was wir miteinander bewahren wollen	Ich agiere aus einer umfassenderen Vernunft heraus.	Was tragen unsere Einsichten zum allgemeinen Wohl bei?
L12	71.5 – 77.11	Ich gewinne gelassenen Abstand	Wir bewahren den uns möglichen Lebensstil	Ich will eine dauerhafte Wirklichkeit sehen	Wie weit können wir die Welt, wie sie ist, sein lassen?

Abb. 1.14 Lebensphasen – Charakteristik und Balance der Lebensbereiche

1.5.4 Unsere Aufgaben ändern sich im Laufe unseres Lebens

Und damit verändern sich auch unsere Lernaufgaben. Neues Denken löst altes Denken ab, wie neue Erfahrungen zu neuen Einsichten und Handlungen führen können.

Beispiel Manfred Sieg:

Als ich das erste Mal von der Kairologie und der Bedeutung des Kairos hörte, wollte ich, als eher verstandesorientierter Mensch, zunächst die „Logik dahinter" verstehen. Man könnte auch klar sagen "Ich wollte nicht in esoterisches Fahrwasser geraten".

Dr. Karl Hofmann und sein Buch KAIROS vermittelten mir jedoch die Plausibilität der Kairologie und ich entschloss mich für eine Kairos-Trainer-Ausbildung.

Während dieser Ausbildung prüfte ich die Theorie an meiner eigenen Lebensentwicklung und Erfahrung. Das Ergebnis verblüffte mich. Alle wichtigen kairologischen Aussagen und Merkmale der einzelnen Lebensphasen trafen - bezogen auf mein Leben - eins zu eins zu.

In der folgenden Abbildung können Sie dies leicht nachvollziehen:

- In Lebensphase L4 wurde mir klar, dass Verkaufen meine Stärke war. Also entschied ich mich in den Vertrieb zu gehen.

- Mit 30 wollte ich Manager (Verkaufsleiter) sein und Personalverantwortung haben. Das erreichte ich „planmäßig".

- In Lebensphase L6 wollte ich etwas aufbauen und selbst gestalten. Also entwickelte ich neue verkäuferische Vorgehensmodelle und war immer bei den ersten dabei, wenn es um neue Herausforderungen und Geschäftsfelder ging.

  Damals war es die Einführung der Personal Computer und die Positionierung der IT als strategischen Wettbewerbsfaktor.

1.5 Das System der Kairos-Lebensphasen

- Mit 38 wurde ich Leitender Angestellter und durfte mich fortan „Direktor" nennen.

- In den Kairos-Lebensphasen sieben und acht übernahm ich die Koordination bzw. Leitung wichtiger übergeordneter bzw. bereichsübergreifender Projekte.

- Etwa mit 54 (L9) drängte es mich immer mehr zu Unabhängigkeit von „Konzern-Direktiven" hin zu vollkommen selbstbestimmtem und eigenverantwortlichem Handeln.

Mit 55 gründete ich schließlich meine eigene Firma (VERUN Ges. für Vertrieb und Unternehmensführung mbH).

Die Lebensphasen im Beruf				(Beispiel)
\multicolumn{3}{l	}{Lebensphase}	Beruf	
L4	18.12 – 25.6	werden WIR	Ich lerne meine Stärken kennen	Verkaufen
L5	– 32.0	gestalten ICH	Ich weiß was ich will	Manager werden
L6	– 38.7		Ich steige auf und bin in guter Resonanz mit Menschen auf die es ankommt. Die Firma ist meine Familie.	Neue Geschäftsfelder
L7	– 45.1		Ich ergreife wichtige Initiativen.	Direktor
L8	– 51.8		Ich schreite voran und will Ergebnisse.	Projekte
L9	– 58.3	bewahren ES	Ich prüfe meinen Standort, mein Tun und meine Ziele.	Selbstständigkeit
L10	– 64.10		Ich entdecke neue Perspektiven.	Kairologie

Abb. 1.15 Die Kairos-Lebensphasen im Beruf

Seitdem gehe ich meinem „Hobby" nach und unterstütze Unternehmen, sich erfolgreicher zu entwickeln und mehr zu verdienen.

- Dabei erschließen sich mir immer neue Themen und Aspekte. Mit 62 (L10) stieß ich auf die Kairologie und nutze dieses Wissen sowohl privat als auch beruflich.

Im Rahmen der Kairos-Trainer-Ausbildung und in der praktischen Anwendung hat sich die prinzipielle Charakteristik der verschiedenen Lebensphasen auch bei anderen Menschen bestätigt.

1.5.5 Kairos-Momente

Jeder Zeitpunkt im Leben hat seine spezifische Bedeutung. Zum besseren Verständnis für den Zusammenhang von Lebensphasen und Kairos sind in der folgenden Tabelle für die Lebensphasen 1-11 typische bzw. häufige Kairos-Momente in der persönlichen sowie Unternehmens-Entwicklung beispielhaft aufgezählt.

Lebensphase	Persönlich	Unternehmen
L1 - 6	Windelfrei, Kindergarten	
L2 -12	Einschulung, erste Erfolge	
L3 -19	Erste Liebe, Ende Schulzeit	
L4 -25	Abschluss Lehre / Studium	
L5 -32	Heirat, erstes Kind	Gründung, erster Auftrag, Gewinn
L6 -38	Kind(er), Immobilienvertrag	Wachstumssprünge, Stammkunden
L7 -45	Ins Ehrenamt gewählt	Neuorganisation, Innovation
L8 -52	Schulabschluss 1. Kind	Geschäftlich anerkannt
L9 -58	Silberhochzeit, neue Ziele	Re-Design des Unternehmens
L10 -65	Hochzeit Kind, neue Projekte	Nachfolgeregelung
L11 -71	Großeltern werden	

Abb. 1.16 Kairos-Momente

Insgesamt lässt sich feststellen: Die Kairos-Lebensphasen folgen auf der Ebene des reinen In-Beziehung-seins (Welt 2) einer strengen Ordnung der Wahrscheinlichkeiten. Diese sind auch noch in vielfältiger Weise miteinander vernetzt. Dies hebt aber in keiner Weise die Vielfalt der Biorhythmen und der Vorstellungen auf, die man sich von seinem Jung- oder Altsein machen kann. Es wird daher vielen nicht bewusst, wie sehr diese tiefere Dynamik in ihren Veränderungen und Entscheidungen mitwirkt.

1.6 Das System der Kairos-Generationen

Es ist wieder modern geworden, geschichtliche Jahrgänge in Generationen einzuteilen. So werden zum Beispiel die Jahrgänge seit dem Zweiten Weltkrieg in Babyboomer, X-, Y-und Z-Generationen eingeteilt. Dazwischen gab es auch Versuche, von einer Clinton-Generation oder einer Golf-Generation zu reden.

Wie viele Jahrgänge bilden eine historische Generation? Die Bandbreite der verschiedenen Versuche in den letzten 150 Jahren reicht von 11-33 Jahrgänge. Genauso ist es mit der Festlegung von Anfang und Ende einer Generation. Man nimmt bestimmte historische Ereignisse wie Kriegsende oder technische Neuerungen (Internet, Smartphone), um eine Grenze zu ziehen. Diese schwankt, bis sich eine Konsenslinie herausbildet.

Mancher mag mit solchen Einteilungen zufrieden sein. Doch fehlt ihr die systematische Grundlage. Unklar bleibt auch, wer davon wie geprägt wurde. Je oberflächlicher eine solche Analyse historischer Prozesse arbeitet, desto oberflächlicher ist naturgemäß ihr Nutzen.

Unser Bemühen, den Zusammenhang des Größeren der Geschichte mit dem Kleineren des eigenen Lebenslaufes geistig zu erfassen, bleibt mehr oder weniger willkürlich.

Um diese Problematik wusste schon Goethe. Er lässt den Dichter in Faust I fragen: „Wer teilt die fließend immer gleiche Reihe belebend ab, dass sie sich rhythmisch regt...?" Seine Antwort, typisch für ein 18. Jahrhundert: „Des Menschen Kraft, im Dichter offenbart."

Eine Lösung des Problems wäre nur möglich, wenn sie sich aus den historischen Tatsachen selbst ableiten ließe. Irgendwo und irgendwie müsste sich die schöpferische Kraft der Geschichte selbst zeigen.

Gleichzeitig stellt sich eine zweite Aufgabe. Irgendwie müsste sich zeigen lassen, wie der einzelne an der historischen Sinnstiftung beteiligt ist. Solange eine Generation nur von äußeren Einflüssen her erklärt wird, bleibt völlig ungeklärt, welche Bedeutung der Einzelne in seiner einmaligen Leistung für die Generation hat. Ohne Luther, Napoleon oder Hitler wäre sicher manches anders gelaufen.

Ausgangspunkt der Kairologie war eine wissenschaftliche Arbeit, die erstmals belegen konnte, wie in der ersten Hälfte des 20. Jahrhunderts eine historisch relevante Gemeinschaft der Jugendbewegung gemeinsam und bewusst im „Rhythmus der Zeit" agierte. Das hinterließ wiederum solche Spuren in der „Nebelkammer" der Geschichte, dass es möglich wurde, die Bewegung historisch zu dokumentieren und daraus neue Schlüsse für den Zusammenhang von Kairos-Lebensphasen und Kairos-Generationen zu ziehen. Die Ergebnisse sind im Rahmen einer Dissertation veröffentlicht worden (siehe Literaturverzeichnis).

Wichtig war, dass es gelang, daraus ein Modell der geschichtlichen Dynamik des Menschen zu entwickeln, das nicht mehr auf innerer Kontemplation oder geistigen Konstrukten beruht, sondern auf überprüfbaren Beobachtungen.

Wichtig war auch, dass es in vielen Jahren der Erforschung gelang, das Modell so umfassend zu gestalten, dass im Ansatz alle menschliche Geschichte als ein riesiges Netzwerk zu erkennen war.

Am wichtigsten aber war, dass Jahre der praktischen Anwendung inzwischen zu der Gewissheit geführt haben, dass das Modell wirklich funktioniert.

Dadurch wird es möglich, mit dem Modell systematisch, praktisch und effizient zu arbeiten. Die Lehre von einem historischen Kairos oder einem Zeit-Geist bleibt keine leere allgemeine Floskel, sondern wird zu einer begründeten Aussage über reale Wahrscheinlichkeiten und Sinnstiftungen. Was das wieder konkret heißen kann, werden wir in den folgenden Kapiteln aufzeigen.

1.6 Das System der Kairos-Generationen

1.6.1 Wie sieht das Modell der Kairos-Generationen aus?

In der Kairologie ist eine Generation als ein Wahrscheinlichkeitsfeld mit exakt 26,2 Jahrgängen definiert und in ein makrohistorisches Kultursystem eingebettet. Beides lässt sich aus einem in der Kairologie entwickelten Global Human Timing System begründen.[1]

Ein kairologisches Kultursystem funktioniert einerseits wie eine Makroperson, andererseits wie das gigantische Feld einer historischen Galaxie. Darin bildet gleichsam jeder sein eigenes Sonnensystem und nimmt gleichzeitig einen bestimmten Platz im Ganzen ein. Die Selbstentfaltung eines Kultursystems umfasst 1.179 Jahrgänge, 45 Generationsfelder, 9 kulturell-historische Phasen und 3 Kulturepochen.

3 Epochen	9 Kulturell-historische Phasen (45 Generationsfelder)		1.179 Jahrgänge
Mittelalter	Spätkarolingik	(1-5)	874 - 1005
	Romanik	(6-10)	1005 - 1136
	Gotik	(11-15)	1136 - 1267
Neuzeit	Renaissance	(16-20)	1267 - 1398
	Reformation	(21-25)	1398 - 1529
	Barock	(26-30)	1529 – 1660
Moderne	Aufklärung	(31-35)	1660 - 1791
	Industrialisierung	(36-40)	1791 - 1922
	Globalisierung / Netzwerke	(41-45)	1922 - 2053

Abb. 1.17 Überblick über die Selbstentfaltung des Okzidentalen Systems

---

[1] Genauer dazu: Hofmann, Kairos

Heute gehört ein beträchtlicher Teil der Menschheit zum „okzidentalen" Kultursystem (primär Europa, Amerika, Australien), welches seine „Geburtsstunde" im Europa des Mittelalters hatte und aus der Verbindung des römisch katholischen Glaubensmodells mit den Kräften der germanischen Völker entstand.

Ein Modell ist gut. Die entscheidende Frage aber, die die Kairologie zu klären hatte, war: Wie hängt die kleine Dynamik der Kairos-Lebensphasen, die jeder in einmaliger Weise lebt, **genau** zusammen mit der großen Dynamik der Kairos-Generationen?

Für das, was wir hier so abstrakt abhandeln, haben wir alle ein sehr konkretes Bild: unser Navi im Auto. Ein Navi tut genau das, was auch der Kairos tut. Es führt auf eine sinnvolle Weise, ohne irgendjemandem die Leistung des Autofahrens abzunehmen. Hinter jedem Navi steht ein unsichtbares komplexes Navigationssystem, hinter jedem Kairos das menschliche System. Jeden führt sein Navi in einmaliger Weise, jeden führt sein Kairos in einmaliger Weise.

Das geschichtliche Navigationssystem hat dafür zu sorgen, dass die undurchschaubare Vielfältigkeit und Gegensätzlichkeit der täglichen Entscheidungen von Millionen Menschen zu guter Letzt einen gewissen sinnvollen Weg gehen.

Die kleine Dynamik von uns allen aber allein kann für die geschichtliche Realisierung sorgen. Genau deshalb ist geschichtlich nicht alles jederzeit möglich. Ein Goethe wäre im 17. Jahrhundert noch nicht, im 19. Jahrhundert nicht mehr möglich gewesen. Das gilt genauso für Unternehmen.

Wie nun stellt sich uns, kurz skizziert, das Ringen um die Selbstentfaltung des Okzidentalen Kultursystems dar?

Wer heute geboren wird, steht schon im neunten Spannungsfeld des Systems (Globalisierung / Netzwerke) und in der Mitte der 44. kulturhistorischen Kairos-Generation. Gesellschaftlich maßgebend sind gerade die Repräsentanten des 42. (1948/49 – 1974/75) und (zunehmend) des 43. (1974/75 – 2000/01) Generationsfeldes.

1.6 Das System der Kairos-Generationen

Ein Generationsfeld ist ein faszinierendes Phänomen. Es ist eine Art menschliches Gravitationsfeld, das für die Art und Größenordnung unseres Sinnhorizonts Bedeutung hat. Was sich wandelt, ist die größtmögliche sinnvolle Einheit, ist das Verhältnis von Geist und Realität, ist das In-Beziehung-sein zum Ganzen des Systems.

Am Anfang (Schichtung 1) steht immer eine universale geistige Suche nach dem größten gemeinsamen geistigen Nenner. Luther, Calvin, Hegel, Napoleon, Thomas Mann, Heisenberg, Jobs, Merkel, Macron sind in sehr unterschiedlicher Weise Repräsentanten dieses Anfangs.

Am Ende einer Generation (Schichtung 4) steht der größte reale Nenner. Den Horizont bestimmt die Summe konkreter Personen, Regionen, Landsmannschaften, Produkte. Auf dieser realen Ebene erweist sich die Kraft der Einheitsstiftung.

Zu einer Schichtung 4 gehören Persönlichkeiten wie Gutenberg, der Erfinder der beweglichen Lettern, oder Künstler wie Michelangelo und Rembrandt, Philosophen wie Schopenhauer, Techniker wie Siemens und Benz, oder Politiker wie Bismarck und Schmidt.

1.6.2 abc-Generationsfelder

Uns interessieren die aktuellen Generationsfelder und die mit ihnen verbundenen Horizonte. Wir werden sie im praktischen Zusammenhang etwas genauer beleuchten.

Die Selbstentfaltung eines Historischen Systems vollzieht sich in einer Form von Dialektik, die als abc-Generationsfelder (aktuell in der Reihenfolge: bca) abgebildet wird.

Eine **a- Generation** eröffnet immer ein neues Feld des Geistes und steht für Aufbruch. Sie vertraut auf die schöpferischen menschlichen Kräfte und ist grundsätzlich optimistisch. Ihr ist etwas zu Eigen, was die anderen als Jugendlichkeit wahrnehmen. Diese Beweglichkeit und Offenheit der führenden Repräsentanten wird zum bleibenden Grundmuster ihres Lebens und hat ein Leben lang Vorrang vor der äußeren Form. Sie strahlen etwas Mitreißendes aus.

Eine **b-Generation** hat einen männlichen Kern. Ihre Stärke ist der Glaube. Sie verfolgt das Anliegen, den gemeinsamen Geist in eine Ordnung objektiver Muster, Werte und Güter zu verwandeln. Ob ihre Repräsentanten geistig oder praktisch arbeiten, alles hängt von ihrer objektiven Funktion ab. Sie glaubt an die Beständigkeit von Werten und versteht sich selbst als realistisch. Für sie ist die Frage nach Sinn die Frage nach Werten oder Tugenden. Aus dieser Generation gehen viele Unternehmer hervor, die als „Patriarchen" empfunden werden.

Aktuelle Kairos-Generationen (41-43)

b-Generation (1922/23-1948/49)	c-Generation (1948/49-1974/75)	a-Generation (1974/75-2000/01)
Ordnungsgeneration	Beziehungsgeneration	Aufbruchsgeneration
Realismus	Skeptizismus	Optimismus
objektive Werte	objektive Werte und menschliche Kräfte	menschliche Kräfte
Kohl, Trump, Piech	Merkel, Obama, Page	Macron, Lindner, Zuckerberg

Abb. 1.18 Die aktuellen Kairos-Generationsfelder

Eine **c-Generation** glaubt, dass die Kraft von Werten erst dann wirklich frei und wirksam wird, wenn Menschen bewusst Verantwortung für sie übernehmen. Sie verfolgt als höchstes Ziel, im Bewusstsein eine vernünftige Beziehung zwischen den

1.6 Das System der Kairos-Generationen

Werten und den menschlichen Kräften zu schaffen. Ihr Hauptanliegen ist die angemessene Bewertung der geschichtlichen Wirklichkeit. Die Überlegenheit ihrer führenden Vertreter liegt im Sinn für den rechten Zeitpunkt, in dem die größten Kräfte für einen Quantensprung versammelt sind (Stichwort: Energiewende).

Jede Kairos-Generation verwirklicht das ihr mögliche Muster auf vier Transformationsstufen. An ihrer Realisierung wirken vier Schichtungen mit. Jede Schichtung hat ein bestimmtes geistiges Optimum. Alle zusammen haben das (gewöhnlich unbewusste) Ziel, eine neue Ganzheit zu schaffen.

Jede Schichtung enthält ein Viertel der 26,2 Jahrgänge, die eine Generation umfasst. Sie hat also die Länge von 6,55 Jahrgängen. So spiegeln sich makrohistorisch die 6,55 Jahre, die eine Lebensphase hat. Die maximale Kraft…

…einer Schichtung   erwächst aus

1	einer Einheit des Geistes,
2	einer Polarität menschlicher Prozesse,
3	einer rationalen Struktur,
4	einem unmittelbaren Handeln.

Daraus folgt eine energetische Hierarchie innerhalb eines Generationsfeldes, die auch für Unternehmen von Bedeutung ist.

Energetische Generationshierarchie

Generation. Schichtung	Optimale menschliche Kraftentfaltung gründet in	Ideal
G42.1 48/49–54/55	**einem gemeinsamen geistigen Zielbewusstsein** Verantwortung ergibt sich aus gemeinsamem Bekenntnis	Der Weise
G42.2 54/55–61/62	**einer persönlichen Resonanz zwischen Führung und Gefolgschaft, Mitarbeitern,** Vertrauen in persönliche Verantwortung	Der Freund
G42.3 61/62–67/68	**einem systemischen Unternehmensbewusstsein** aus gemeinsam entwickeltem „Leitbild" ergibt sich Verantwortung	Der Lehrer
G42.4 67/68–74/75	**in der Summe realer Leistungen** faktische Einzelverantwortung	Der Held

Abb. 1.19 Energetische Generationshierarchie

1.6.3 Wer gehört zum Okzidentalen Kultursystem?

Solange ein Kultursystem in hohem Maße eine lebendige Einheit bildet, ist diese Frage in den meisten Fällen einfach zu beantworten. Das Geburtsdatum (eigentlich das Datum der Zeugung) ordnet jedem Menschen eine exakte Position zu.

Im Übrigen ist das System so stark, dass Fremde relativ rasch integriert oder einfach isoliert werden.

Schwieriger ist das in der Gegenwart. Wir sind im Stadium der Globalisierung und Netzwerke. Das früher klare Bewusstsein einer Zugehörigkeit zu einem bestimmten kollektiven Sinn, den Religion und Staat zu bewahren haben, wird schwächer.

1.6.4 Wie verhält sich der Einzelne zu seinem Generationsfeld?

Prinzipiell verhält er sich wie ein Auto zum Verkehr. Ein Auto muss erst gewisse Voraussetzungen entwickeln, ehe es in vollem Sinne für den Verkehr zugelassen wird. Es braucht Kraftstoff, Motor, Getriebe und Karosserie mit mehr oder weniger luxuriöser Ausstattung. Die direkte Verbindung zur Realität (Fahrbahn) aber stellen die Reifen her.

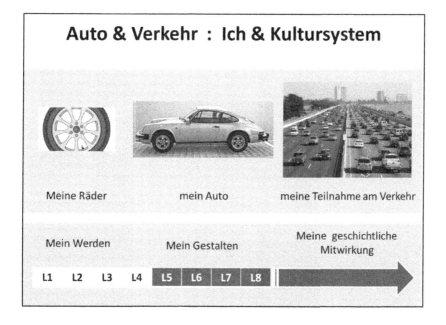

Abb. 1.20 Wie das Auto sein Verkehrssystem, so braucht der Mensch sein Kultursystem

Übertragen wir das auf die menschliche Biografie, so sehen wir: die aufgepumpten Reifen stehen für die vier Kreativkräfte, die in den ersten vier Lebensphasen mehr oder weniger gut entwickelt werden. Im Lebensalter des Gestaltens (L5 bis L8) werden gleichsam alle wesentlichen Teile für die eigene Idee von Auto zusammengebaut.

Wenigen ist bewusst, dass der historische Kairos die Achse ist, um die sich die Aufgaben der Lebensphasen drehen. Lange Zeit taucht er nicht im Bewusstsein auf. Die Frage, wofür sich die Räder gedreht haben, stellt sich erst, wenn es um die Bewahrung des Geleisteten geht. Dann wird es mit der Sinnfrage ernst. Vor allem ab den fünfziger Jahren (L9) zeigt sich, inwiefern die Sache, die man beherrscht, von höheren Instanzen anerkannt wird und eine gewisse Bedeutung erlangt.

1.6.5 Wie verhält sich ein Generationsfeld zum Einzelnen?

Wie verhält sich nun grundsätzlich ein Generationsfeld zum Einzelnen? Nehmen wir ein Beispiel. Jemand ist Jahrgang 1949. Sein Geburtsdatum symbolisiert die Pyramidenspitze seines Gestaltens.

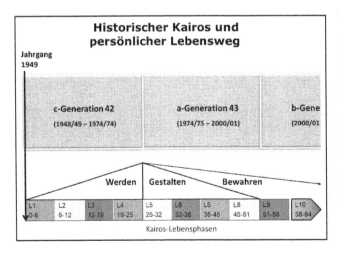

Was auf der höheren Ebene des historischen Systems ein Punkt ist, dehnt sich in der Lebenszeit wie ein Pyramidenboden. Was jemand in den ersten vier Kairos-Lebensphasen empfangen hat, gibt er ganzheitlich in den nächsten vier Kairos-Lebensphasen weiter.

Abb. 1.21 Historischer Kairos und persönlicher Lebensweg

1.6 Das System der Kairos-Generationen

Das Weitergeben ist keine 1 zu 1 Reproduktion, sondern jeder macht manches anders, sei es in der Familie, sei es im Beruf. Was jemand hier frei und aus seiner Sicht in vernünftiger Weise verändert, spiegelt gemäß seinem Charakter, seinen Kompetenzen, seinen Umständen die ihm vorgegebene Pyramidenspitze wider. Es ist seine Berufung, auch wenn er nicht davon weiß. Im Nachhinein erkennen wir oft Kairosmomente, in denen wir uns der Führung bewusst werden. Die Bedeutung dieses Weitergebens wird im Lebensalter des Bewahrens immer mehr wahrnehmbar.

In den folgenden Kapiteln zeigen wir, in welch vielfältiger Weise Sie durch das Wissen um Kairos-Generationen profitieren können.

1.7 Kairos-Wissenschaft

1.7.1 Vom Wissen um Kairos zur Kairos-Wissenschaft

Kairos ist so alt wie die Menschheit. Daher gab es immer schon eine Art von Kairos-Wissen. Welt 2 war immer schon für den Menschen sein Bezugspunkt. Die menschlichen Kreativkräfte wirken so selbstverständlich wie die Kräfte in der Natur. Sie zeigen sich vielgestaltig: als Erfahrung von Liebe, Glaube, Hoffnung, Sinn; als bedeutsamer Augenblick; als innere Gewissheit, als passende Struktur, als beglückende Resonanz, als unhinterfragbare Objektivität.

Die Menschheit hat immer von Kairos gewusst und viele Rituale und Denksysteme und Techniken entwickelt, um sich seines Kairos zu vergewissern.

Warum aber gab es dann bisher keine Kairos-Wissenschaft, die diesen Namen verdient? Der Grund: Das Wissen um Kairos blieb stets mit bestimmten Sprachwelten und Vorstellungen verknüpft oder wurde mit gewissen Prozessen identifiziert.

Jene, die näher als andere mit ihrer Intuition, Klugheit, ihrem Traditionswissen dran waren, versuchten immer auch, über die unverfügbare Dimension des Kairos zu verfügen und Kairos immer mit ihrem je eigenen Machtanspruch zu koppeln. Sie haben behauptet, allein zu wissen, wie Kairos zu bestimmen ist.

Gleich ob die Pythia in Delphi über die göttlichen Dämpfe verfügte, ob Propheten oder Mönche den Gläubigen die wahre Deutung der Gegenwart verkündeten oder ob man im Gewand einer rationalen Wissenschaft die ökonomische Zukunft voraussagte, immer suchte man Kairos zu objektivieren.

So nahm das Kairos-Wissen im Lauf der Zeit die Formen von Mythos, Religion, Astrologie, Wissenschaft und Technik an.

Mit der Entdeckung des Wesens von Kairos verhält es sich ein wenig wie mit der tieferen Erkenntnis des Atoms. Seit der Antike sah man seine unteilbare Existenz als gegeben an.

Mehr als 2000 Jahre dauerte es, bis ein tiefergehendes Verständnis für Atome entstand. Erst nach der Entdeckung des Radiums 1896 lernte man, seine Dynamik als Dynamik zu betrachten und heute weiß jeder, der Elektronik benutzt, um den Nutzen dieser Erkenntnis.

Der Kairologie erging es ähnlich. Ihre Entstehung bedurfte einer wesentlichen, aber unplanbaren Voraussetzung. An irgendeiner historischen Stelle musste sich das Kreativsein in seiner Logik selbst offenbaren. Das geschah in der ersten Hälfte des 20. Jahrhunderts (Wie sich das genauer verhält, ist in Karl Hofmann, Kairos. Navigator der menschlichen Zeit, 281 ff. nachzulesen.)

Viele haben da etwas Besonderes beobachtet. Aber erst die systematische Analyse der Ereignisse und die langjahrige Überprüfung führten zu einer Kairologie, die erstmals für den Menschen ein Verständnis entwickeln konnte, das zum Teil wie eine weitere Transformation der Kernphysik aussieht.

Diese Kairologie ist die erste Wissenschaft, die sich ausschließlich mit der Dynamik des Menschen befasst. Alle anderen Humanwissenschaften befassen sich damit nur, sofern sich die Veränderungen des In-Beziehung-seins direkt in irgendwelchen Prozessen und Ergebnissen zeigen, die der Vorstellungskraft Stoff geben, seien das Träume, Dinge, Gedanken, Gegenstände, Gewinne oder Verluste.

Für die Kairologie ist all das nur von Interesse, sofern es einen Kairos ausdrückt. Dieser steht, wie Sie wissen, nicht einfach für eine günstige Gelegenheit, sondern stellt eine bestimmte Konstellation von sogenannten „Kreativfeldern" dar, die für den Menschen das maximale Entfaltungspotenzial begründen.

1.7.2 Abgrenzung zu den anderen Humanwissenschaften

Die Kairologie unterscheidet sich in ihrer Arbeit von den anderen Humanwissenschaften wie ein modernes Speichermedium, z.B. eine Festplatte oder eine Cloud von einer Bibliothek. Beide speichern Informationen. Die Räume einer Bibliothek sind aber wesentlich anders geordnet und gestaltet. Bücher haben ihre Gestalt, ihren Platz. Die Beziehungen zu anderen müssen erst künstlich hergestellt werden.

Auf einer Festplatte dagegen ist alles a priori mit allem in Verbindung. Inhalte können über verschiedene Sektoren verteilt sein. Entsprechungen können unmittelbar nebeneinander gestellt werden. Sinnliche Beschränkungen spielen praktisch keine Rolle. Früheres und Späteres kann unmittelbar in Beziehung zueinander gesetzt werden.

Die traditionellen Humanwissenschaften beschränken sich notwendig auf ein Fachgebiet. Nur dort funktionieren die jeweiligen Werkzeuge. Wie ein Historiker ein Dokument prüft, ist für das Vorgehen von Psychologen oder Soziologen unerheblich. Was die Biologie herausfindet, ist für den Volkswirtschaftler ohne Belang.

Die Kairologie hat keine solchen Beschränkungen. Im Global Human Timing System ist alles auf alles bezogen.

Die Kairologie verhält sich damit zu den bisherigen Humanwissenschaften wie in der Physik die Quantenmechanik zur Mechanik. Keiner hat bisher die „Produkte" der Quantenmechanik direkt gesehen. Niemand kann uns ein Dokument auf einer Festplatte zeigen. Was wir am Bildschirm sehen, ist immer nur sinnlich gemachter Ausdruck rein energetischer Sachverhalte.

Die Kairologie behauptet: Genauso ist es beim Menschen – potenziell. Und damit sind wir schon bei der Begründung für eine Wissenschaft vom Kairos. Wir alle sind zunächst nur ein dynamisches Potenzial, das immer wieder neu seinen vollen sinnlichen Ausdruck suchen muss. Wir sind nur wirklich zufrieden, wenn die äußere Wirklichkeit genau das widerspiegelt, was wir innerlich sind, fühlen, denken, glauben. Wir werden also unzufrieden bis hin zum Verlust jedes Lebensmutes, wenn wir uns zu weit von unserem Kairos entfernen.

In gewisser Weise ist die Kairos-Wissenschaft eine der letzten Konsequenzen der Aufklärung. Sie ist eine Art Relativitätstheorie der menschlichen Vernunft. Vernünftig ist für sie, was in Relation zum Kairos steht.

Der Wert einer guten Theorie erweist sich in der Praxis. Das wusste schon die Atomphysik. Ihr erstes öffentliches Zeugnis war schrecklich, aber überzeugend: Hiroshima und Nagasaki. Tschernobyl und Fukushima haben uns alle daran erinnert.

Auch die Kairologie hat Mittel und Wege entwickelt und erprobt, die helfen, die Erkenntnis in praktische Effizienz und in Lebenserfolg umzuwandeln.

1.8 Das Werkzeug der Kairos-Analyse

Keiner wundert sich, dass ein Chirurg die Aufnahme eines Radiologen abwartet, ehe er operiert. Uns allen ist klar: wer nicht genau weiß, wo er schneiden soll, verpfuscht vielleicht mehr, als er nutzt.

Wir wundern uns auch nicht, dass jemand bei großen Fahrten zuerst sein Navi programmiert, statt sofort loszufahren, obwohl er es eilig hat. Uns allen ist klar: wer nicht genau weiß, wie der Weg geht, verliert viel Zeit und viele Nerven.

Genauso notwendig benötigen Führungskräfte ein tieferes Verständnis ihrer aktuellen Herausforderungen.

Mehr oder weniger sind wir alle darauf angewiesen, unsere maximale Kraft zum Einsatz zu bringen bzw. andere in irgendeiner Weise zu ihrem Optimum hinzuführen. Wir haben dafür unsere Techniken erlernt, unsere Erfahrung gesammelt und erkennen manchmal sehr schnell, wo es fehlt.

Wer etwa coacht, gleicht einem Arzt, der richtig diagnostizieren und die passenden Heilmittel verschreiben kann. Allerdings kann ein Facharzt heute bei gravierenderen Fällen auf die Hilfe der radiologischen Diagnostik zurückgreifen. Für die persönliche und unternehmerische Beratung fehlte bisher Entsprechendes.

Inzwischen ist auf diesem wichtigen Gebiet der Durchbruch gelungen. Das Institut für Kairologie hat ein weltweit bisher einzigartiges Verfahren entwickelt. Es ist in der Lage, einzelne Menschen, aber auch ein Unternehmen, seine Mitarbeiter und Kunden entsprechend zu „durchleuchten". Das 2010 patentierte Verfahren heißt „Kairos-Analyse". Ihr Kern ist ein „Kairogramm". Es definiert die aktuellen Wahrscheinlichkeiten des Handelns. Die spezifisch menschliche Dynamik wird damit zu einer Sache der Erkenntnis.

1.8.1 Instrumente der Kairos-Analyse

Radiologische Verfahren dienen bekanntlich dazu, sich in Bereichen zu vergewissern, die nicht direkt wahrnehmbar, aber für das Ganze bedeutsam und sensibel sind. Je nach Situation wird geröntgt, ein Sonogramm, ein Computertomogramm oder ein Magnetresonanztomogramm erstellt. Analog kommen verschiedene Formen der Kairos-Analyse zum Einsatz.

Dem Röntgen würde die Erhebung einer aktuellen Kairos-Konstellation entsprechen.

Anders liegt der Fall, wenn die optimale Resonanz von Gruppen- oder Teammitgliedern zu erheben ist (Kairos Teamanalyse).

Komplexer wird es, wenn Zukunftswahrscheinlichkeiten zu eruieren sind. Denn dafür ist es notwendig, die verschiedenen Kreativfelder, wie mit einem CT, in Relation zueinander genauer zu untersuchen (Kairos Lebensphasenanalyse).

Wenn es um die großen Entwicklungen der Gegenwart oder zukünftige Trends geht, bedarf es einer komplexen Form der Kairos-Analyse, vergleichbar dem aufwändigen Verfahren der Magnetresonanztomografie (Kairos Unternehmens-Analyse).

1.8.2 Wie arbeitet eine Kairos-Analyse?

Wo fehlt es? Das ist häufig die Frage. Wo ist gerade die größtmögliche Entfaltungskraft? Dies herauszufinden ist das Ziel einer Kairos-Analyse.

Sie erfasst den Kairos als Maximumfaktor über mehrere Parameter. Sie tastet sich dabei nicht von außen an die Problemfelder heran, sondern von innen. Sie bestimmt genauer jene energetische „Black Box" im Menschen zwischen Input und Output, an dem alle Informationen zum jeweiligen Lebensoptimum in Beziehung gesetzt werden.

Uns interessiert nicht so sehr die „technische" naturwissenschaftliche Seite dieser Dynamik. Vielmehr bearbeiten wir jene Konstellation, die den möglichen Maximumfaktor im konkreten Fall begründet. Basis dieser Klärung sind die sogenannten „Kreativfelder".

Eine Kairos-Analyse klärt, wo und wann gerade die größte Energie gegeben ist und was sich an Wahrscheinlichkeiten für die Zukunft ableiten lässt. Die Kunst der Kairos-Auslegung besteht darin, diese Konstellation von Feldern richtig auszudeuten.

Im Einzelfall können sich folgende Fragen stellen:

- Wie stellt sich das gesamte Netzwerk der Kairos-Lebensphasen in diesem Fall dar?
- In welchem Maße stehen hier und jetzt die Entfaltungs-Kräfte und -Muster zur Verfügung?
- Wie zeigen sie sich in der Vergangenheit und Gegenwart?
- Welche realen Chancen bieten sich heute?
- Welche Wahrscheinlichkeiten sind für die Zukunft zu erwarten?
- Was ist zu empfehlen?

1.9 Der Nutzen für Berater und Coaches

Das Kairos-Wissen ist vielseitig nutzbar. Wer im Coaching oder in der Beratung tätig ist, kann das Kairos-Wissen einsetzen wie der Arzt die Methoden der Radiologie.

- Er lernt, auf unsere menschliche Wirklichkeit energetisch zu schauen.
- Er lernt, Muster und Kräfte zu sehen, wo andere nur Sachverhalte sehen.
- Er erhält eine rationale Unterstützung für seine Kairos – Intuition.
- Er kann unterschiedlichste Phänomene und Ereignisse zueinander in Beziehung setzen.
- Außerdem kann er in der direkten Begleitung eine Art Hebammenkunst betreiben: anderen ermöglichen, dass sie ihre Impulse hören und sie richtig auswerten.

Heute wird es immer wichtiger, in welchem Netz jemand zuhause ist bzw. auf das Netz zu achten, in dem seine Beziehungen zuhause sind. Das Netz gibt den Horizont, schließt ein und aus. Nur innerhalb des Netzes fällt Beziehung leicht.

Ein Kairos zeigt an, zu welchen Netzen jemand gerade in Verbindung steht. Nur dass es hier um das menschliche Dasein geht, die Netze sich von innen heraus verändern. Wer darauf nicht achtet, bekommt Stress, weil er nicht so durchkommt, wie er will.

Die Kairologie lässt z.B. schneller und präziser erkennen, warum die eigenen Botschaften beim anderen nicht ankommen. Sie lässt auch erkennen, wann jemand in ein neues Kreativfeld eintritt.

Ein solches Feld hat seine spezifischen Entwicklungsstadien. Am Anfang steht immer die Neuorientierung, das Hineinhören, In-Resonanz-gehen, Schauen, um was es genau geht, was möglich ist. Dann kommt das Klarwerden des Neuen, seine Realisierung. Am Ende steht ein Moment der Ruhe.

Wer ein Stadium überspringt, wird zu sich selbst gewaltsam. Er fixiert sich vielleicht auf einen Wert, bis hin zu seiner Vergötzung, so z.B. Geld als absolutes Maß, eine bestimmte berufliche Stellung, gewisse Beziehungen, die unaufgebbar scheinen. Solche Fixierung macht blind für die befreienden Impulse des Kairos. Die Kairos-Analyse kann helfen, sie zu sehen und zu lösen.

Um den Kairos zu wissen, bringt uns einen mehrfachen Nutzen.

Wir lernen zuerst einmal tiefer verstehen, worauf es in unserem Leben und bei anderen überhaupt ankommt. Für niemanden ist das so wichtig wie für Führungskräfte. Sie haben ein Übermaß an Informationen, Kontakten, manchmal auch an Mitarbeitern, die auf Anweisungen warten. Niemand aber nimmt ihnen ihre strategischen Entscheidungen ab. Für sie lautet das große menschliche WWW: Was wann wagen? Wann ist die Zeit, neue Wege zu gehen, Altes zu beenden, diesen zu fördern, jenen zu entlassen?

Mit der Kairologie sehen wir klarer, warum und wie sich die Beziehung von Menschen und Gemeinschaften zu ihrer „Welt" verändert, auf welche Weise und in welchem Tempo „Vernunft ... Unsinn" (Goethe, Faust) wird – und umgekehrt.

Wir erkennen, dass unsere Lebenszeit nicht nur eine Linie ist, sondern auch ein Netzwerk. Und dieses Netzwerk steht nicht nur für sich oder in Verbindung mit den uns bewussten Beziehungen.

Es steht in Verbindung mit makrohistorischen Kreativfeldern wie Kairos-Generationen oder großen Kultureinheiten, die alle kairologisch genauer zu definieren sind. Wollen wir die Zukunft bewältigen, sind wir darauf angewiesen, die Beziehung der vielen Einzelvorgänge zur Gesamtentwicklung wieder bewusst herzustellen.

Wir lernen bewusst wahrzunehmen, was wir in uns und außerhalb von uns an neuen Impulsen entdecken. Wir sehen Wahrscheinlichkeiten in Gegenwart und Zukunft, wo andere bloß Möglichkeiten sehen.

Wir leben schließlich in dem Bewusstsein, dass im Hier und Jetzt eine tiefe schöpferische Logik liegt und dass es „nur" darauf ankommt, dieser gerecht zu werden, um die „Fülle des Lebens" zu erfahren.

Und je mehr wir anderen vorausgehen, desto größer ist unsere Verantwortung dafür, das Rechte zur rechten Zeit zu tun.

Der Atomausstieg bzw. die eingeleitete Energiewende als Folge der Katastrophe von Fukushima, zumindest in Deutschland, kann hierfür ein gutes Beispiel sein.

Abb. 1.22 Der Nutzen kairologischer Erkenntnis

Vor Jahrzehnten hätten sich nur wenige einen Auto-Navigator vorstellen können. In einigen Jahrzehnten werden führende Kreise das Wissen um den menschlichen Navigator selbstverständlich einsetzen.

Und das ist auch notwendig, um mit der zunehmenden Dynamik und Komplexität (Dynaxität) unserer Welt besser umgehen zu können.

Dies geht nicht, ohne dass sich unsere Vorstellungen ändern. Die Kraft dieser Veränderung aber liegt im Kairos.

1.10 Der Nutzen für Unternehmen

Das Kairos-Wissen ist gerade für Unternehmen Gold wert.

Es ist in besonderem Maße nützlich, wenn ein Unternehmen intern neu auszurichten ist. Schließlich geht auch im bestorganisierten Unternehmen viel Energie verloren durch ständiges Missverstehen, falschen Einsatz von Personal, Über- oder Unterforderung, unpassende Führungsstrukturen.

Es hilft Unternehmen bei

- der Neueinstellung von Führungskräften,
- Fragen der Positionierung,
- der Entwicklung einer kreativen Arbeitsatmosphäre
- Teambildungen und -spannungen,
- der Entwicklung von Mitarbeitern,
- der Burn-out-Prävention.

Jedes Unternehmen ist gezwungen, sich so gut wie möglich auf seinen Zukunftsmarkt einzustellen. Doch in schwierigen Zeiten fällt es schwer, die gesellschaftlichen Trends und die längerfristige Marktentwicklung einzuschätzen und damit auch, sich seiner Entscheidungen ausreichend gewiss zu sein.

Das Kairos-Wissen ist erfolgreich,

- wo die Stärken und Schwächen des Unternehmens zu klären sind,
- wo es um die bessere Einschätzung der Konkurrenz geht,
- um die Klärung künftiger Kundentendenzen,
- die Unterscheidung der längerfristigen Dynamik von kurzfristigen Trends,
- die geschichtlich angemessene Selbstbeschränkung,
- tiefere Erfassung des allgemeinen Umfelds.

Die Kairologie ist aber nicht einfach bloß vorteilhaft. Sie fordert auch heraus. Sie verlangt, sich seiner ganzen Wirklichkeit zu stellen.

1.10 Der Nutzen für Unternehmen

Manche Führungskräfte fürchten das. Sie wollen gar nicht um das größere Ganze wissen. Es kann nämlich sein, dass der Lebensberg, der vor einem liegt, für die eigenen Kräfte zu steil ist oder - gerade andersherum - diese Kräfte so stark sind, dass ihnen eine Abkürzung zuzumuten ist, die andere nicht schaffen würden. Nicht jeder hat die Kraft, sich vom Mainstream abzukoppeln.

Andere wollen nur einen Nutzen im Hier und Jetzt. Wieder andere wollen nur ihre geschaffenen Objektivierungen absichern und auf ihre Energie hin prüfen, sich aber nicht mit Neuem konfrontieren.

Hier gilt es manchmal auch, Grenzen anzunehmen.

1.11 Ein Fazit in 13 Thesen

1. Menschliches Leben ist In-Beziehung-sein. Wichtiger als das WAS seiner Wirklichkeit, ist für den Menschen, WIE er zu seiner Wirklichkeit in Beziehung ist.
2. Der eigentliche kreative Akt des Menschen besteht darin, mit seiner Welt so in Beziehung zu treten, dass er zu ihr JA sagen und entsprechend handeln kann.
3. Das In-Beziehung-sein hat einen dreifachen menschlichen Grund: das Kreativsein, den Kairos und den Zeit-Geist.
4. Die ureigene Zeit des Menschen ist nicht die Uhrzeit und nicht die Naturzeit, sondern die Kreativzeit. Sie ist nicht leer wie die Zeit, die unser Bewusstsein erfüllt. Sie ist selbst Leben.
5. Geist und Leben bilden auf der Ebene des Kreativseins Kreativfelder.
6. Im Kairos begegnet die Welt der Kreativkräfte (Welt 2) der empirischen Welt des Menschen (Welt 1). Der Mensch ist der Kapitän, der Kairos ist sein Navigator.
7. Den größten ganzheitlichen Gewinn macht, wer den verschiedenen Dimensionen seines Kairos gerecht wird.
8. Der Zeitgeist ist kein Äther, der weht, wo er will, sondern ist die Funktion von geschichtlichen Kreativfeldern. Er zeigt sich im Wandel der Bedeutung unserer Wirklichkeit.
9. Kairos-Lebensphasen und Kairos-Generationen sind wesentliche Bestandteile der Theorie eines Global Human Timing System (GHTS).
10. Eine historische Entdeckung ist der Ausgangspunkt für die Entstehung einer neuen Kairoswissenschaft.
11. Was die Radiologie für die Medizin ist, das ist die Kairologie für Beratung und Coaching von Menschen und Unternehmen.
12. Den radiologischen Analyseformen Röntgen, Ultraschall, Computertomografie, Magnetresonanztomografie entsprechen die Formen der Kairosanalyse für den Einzelnen, für Teams, für Unternehmen, für geschichtliche Prozesse
13. Die Kairologie liefert die tieferen Voraussetzungen dafür, wirtschaftliche Optimierung mit menschlicher Optimierung zu verbinden.

2. Kairos in der Selbstführung

Dauerthemen umsichtiger Unternehmens- und Mitarbeiterführung sind Produktivität, Rentabilität, Innovationskraft, Kundennutzen sowie Kunden- und Mitarbeiterzufriedenheit.

Zur Unternehmens- und Personalführung gehört aber auch die Selbstführung des Unternehmers.

Früher oder später kommt jeder unternehmerische Mensch an den Punkt, an dem er sein Leben und Handeln überdenkt. Wir schlagen u.a. folgende Fragen zur Selbstreflexion vor:

- Was bedeuten ihm das Unternehmen, die Familie, die gesellschaftliche und kulturelle Entwicklung des Landes?
- Was ist der Sinn seines Lebens?
- Was sind seine Träume und Sehnsüchte aber auch Ängste?

Abb. 2.1 Selbstführung zur Balance der Lebensbereiche

- Wie stellt er eine Balance zwischen den Lebensfeldern seiner persönlichen Bedürfnisse und Ziele, seiner Arbeit, seinem Beruf/seiner Berufung, seiner Familie und den Freunden/der Gesellschaft her?
- Wie stellt er/sie sich die Nachfolgeregelung vor?
- Was wäre ein neues sinnvolles und befriedigendes Betätigungsfeld nach Übergabe des Unternehmens an den Nachfolger?
- Wie lautet das Lebensmotto:
  Arbeite, um zu leben oder lebe, um zu arbeiten?
  Träume dein Leben oder lebe deine Träume?

2.1 Kairologische Führung

Selbstführung hat einen einfachen Ausgangspunkt: jeder Mensch möchte sich ganzheitlich entfalten.

Jede Entfaltung hat eine inhaltliche, zeitliche und energetische Seite. Es geht um ein WAS, um ein WANN und ein WAGEN.

Jeder Schritt nach vorn ist ein Wagnis, das ein bestimmtes Maß an Kreativkraft voraussetzt. Wir entfalten uns jederzeit, selbst wenn wir in Ruhe zu sein scheinen. Uns geht es im Grunde wie dem Smartphone. Auch wenn es nicht benutzt wird, leert sich allmählich der Akku, da auch die Bereitstellung der Nutzungsmöglichkeit Strom verbraucht.

Jeder von uns ist einmalig in seiner Konstellation der Stärke und Ausrichtung seiner Entfaltungskräfte. Zugleich gilt, dass der Ausschluss einer Entfaltungsdimension eine wesentliche Verkümmerung oder Abhängigkeit von anderen bedeutet.

In diesem Sinne werden wir die vier Prinzipien der Kairos-Strategie erläutern. Alle vier sind zu beachten.

Im Kapitel 2.2 werden wir den zeitlichen Weg der Entfaltungsdimensionen in den Blick nehmen.

Und Kapitel 2.3 wird uns helfen, gewisse Probleme der Selbstführung kairosgemäß anzugehen.

2.1.1 Die Prinzipien der Kairos-Strategie

Erfülltes Leben und erfolgreiches Unternehmertum beruhen auf den vier Prinzipien der Kairos-Strategie:

Prinzip 1	Prinzip 2	Prinzip 3	Prinzip 4
Kairos-Konzentration vor Zeitmanagement	Resonanzentfaltung vor Harmonisierung	Selbstentfaltung vor Fremdbestimmung	Lebenserfolg vor Nutzenoptimierung
(Kraft vor Ordnung)	(Tanzen vor Marschieren)	(Berufung vor Beruf)	(Fülle vor Gewinn)
Entfalte deine Kreativkräfte!	Achte auf den Schwingungsraum!	Gehe in deine ureigene Marktnische!	Setze dich dort durch, wo du am stärksten bist!

Abb. 2.2 Prinzipien der Kairos-Strategie

2.1.2 Kairos-Konzentration vor Zeitmanagement

Zeitmanagement ist wichtig: Es besagt: Prioritäten setzen, sich spezialisieren, sich praktisch nicht verzetteln. Doch das führt auf Dauer zu einem äußerst konzentrierten Leerlauf, wenn ihm nicht die Kairos-Konzentration vorausgeht.

Kairos ist die Basis für die Sinnhaftigkeit dessen, was sich sonst wie ein Hamsterrad anfühlt. Dem Kairos ist nahe, wer für etwas brennt. Für etwas brennen heißt, in eine besondere Beziehung zu gehen zu etwas, was für andere vielleicht gleichgültig ist.

Jeder erfährt, dass sich dieses In-Beziehung-sein ändert. Der Kairos vermittelt den Zugang. Im Prinzip hat jeder die Zugangsdaten, er könnte wissen um seinen Code. Wer tatsächlich um die Dynamik weiß, die sich dahinter verbirgt, kann sich bewusst von ihr führen lassen.

Dem Kairos-Bewusstsein muss die Gewissheit vorausgehen, dass Kairos eine Realität ist, so real wie etwas im Raum. Wirklich fruchtbar wird dieses Kairos-Bewusstsein nämlich erst, wenn Kairos nicht mehr nur als ein subjektiver Impuls oder als eine von außen kommende günstige Gelegenheit wahrgenommen wird, sondern als ein Navigator, dem ein objektives Navigationssystem zugrunde liegt.

Wer kairosbewusst lebt, lebt energiebewusst. Er folgt in maximaler Weise seiner Lebensenergie und opfert seine Zeitimpulse nicht mehr denen, die nur von außen kommen.

Menschliche Zeit ist nicht leer. Sie ist erfüllt von Kreativfeldern. Diese Felder enthalten die für das Ganze bedeutsamen Kräfte und Muster. Stets bestimmen mehrere Kreativfelder die Kairos-Konstellation. Sie alle dienen dazu, den Menschen energetisch mit dem Ganzen seiner geschichtlichen und biografischen Möglichkeiten zu verbinden. Sie dienen dazu, Sie optimal durch jene äußere Zeitordnung zu führen, die Ihre Uhr anzeigt.

Kairos-Konzentration hat viele positive Folgen: Ausschöpfung der vollen Lebensenergie, ganzheitliche Entfaltung der Persönlichkeit, zielsicheres Führen, bestmögliche Resonanz zu anderen, gelassener Blick auf die Grenzen.

Kairos-Konzentration ist für alle wichtig, die sich aktiv an der Dynamik der gesellschaftlichen Entwicklung beteiligen wollen. Durch das Ausschöpfen Ihres Potenzials. Bevor der Terminkalender dran kommt, sollte Ihr Kairos-Kalender drankommen. Innerhalb Ihrer Kairos-Generation können Sie die denkbar beste Position in der geschichtlichen Gegenwart einnehmen. An diesem Punkt agieren Sie naturgemäß überlegen.

Kairosgemäße Führung ist glaubwürdig. Sie hält sich an das Maß, das ihr gegeben ist. So kann sie das Optimale im Ganzen geben.

Je näher jemand seinem Kairos ist, desto stärker und sicherer ist sein Lebensgefühl. Man kann andere stehen lassen. Mehr noch: Man hilft Ihnen, Ihren je eigenen Platz einzunehmen.

Von Zeit zu Zeit lohnt sich die kairologische Gewissenserforschung:

- Welche Impulse habe ich in jüngster Zeit gespürt?

- Wohin geht meine Energie?
- Ringe ich mit einem Ziel oder einem Weg?
- Stimmt die Dominante meiner Entfaltung noch?
- Biete ich auf dem Markt wirklich das an, wo ich am stärksten, also ganz authentisch bin?

2.1.3 Resonanzentfaltung vor Harmonisierung (Tanzen vor Marschieren)

Märkte, Unternehmen und Menschen schwingen miteinander. Wir haben es überall mit menschlich vernetzten Systemen zu tun. Das bedeutet: Veränderungen in der Beziehung von zwei Menschen führen unweigerlich zu Veränderungen anderer Mitarbeiter. Sie wirken immer auf das ganze Resonanzsystem.

Kairologische Führung weiß, dass alle Informationen unter Menschen von ihren Kreativfeldern abgelenkt werden. Jede Kairos-Lebensphase, wie auch jede Kairos-Generation, hat andere Resonanzverhältnisse. Je mehr diese bei der Auswahl von Führungskräften, bei der Bildung von Gruppen und Teams, bei der Personalentwicklung berücksichtigt werden, desto mehr Kräfte werden frei für die eigentliche Arbeit.

Beziehen Sie diese „Krümmung" des Verstehens von vornherein mit ein, wie dies auch das GPS tut. Seien Sie sich bewusst, dass wir innerlich alle auf eine bestimmte Weise vernetzt sind. Die Frage ist also: Wie kann eine Dissonanz am wirkungsvollsten eingesetzt werden? Mit wem lässt sich „naturgemäß" schwingen?

Wer unternehmerisch tätig ist, hat einen doppelten Resonanzfaktor zu beachten.

Der mikrohistorische Resonanzfaktor zeigt unseren betrieblichen (oder persönlichen) Engpass, also jene Dissonanzen mit anderen Menschen, die mein Unternehmen (oder mich) daran hindern, optimal zu kommunizieren.

Der makrohistorische Resonanzfaktor zeigt das wahre Potenzial meiner Zielgruppe an. Die Generationen und Schichtungen gehen unterschiedlich in Resonanz mit mir, meinem Unternehmen, den Repräsentanten. Es lohnt sich die Veränderung der Wahrscheinlichkeiten zu ermitteln, mit denen unsere Leistungen auf das Kundeninteresse stoßen. Konzentrieren wir uns dann auf jene, mit denen wir schwingen können.

Was das praktisch bedeutet? Finden Sie die Person, die den Fluss des Ganzen am meisten stört. Das ist oft nicht leicht. Viele vergeuden Zeit und Energie damit, Missverständnisse auszuräumen, mit allen Mitteln Harmonie herzustellen oder Dissonanz zu ignorieren. Man muss aus der Vielheit von Beziehungen jene herausschälen, durch deren Veränderung die damit verbundenen Probleme automatisch verschwinden. Es gilt also, sich von den Personen zu distanzieren, die am meisten das Resonanzgefüge stören, statt immer mehr Harmonie schaffen zu wollen.

Fragen:

- Mit wem komme ich innerlich schnell in Kontakt?
- Mit wem bin ich wirklich auf Dauer gern zusammen?
- Welches Gefühl habe ich für Trends?
- Was klingt bei mir in der Wiederholung immer mehr?
- Wie reagiere ich auf dauerhafte Dissonanz?

2.1.4 Selbstentfaltung vor Fremdbestimmung

Selbstentfaltung ist wichtiger als Wissen und Haben. Berufung ist auf Dauer wichtiger als Beruf.

Berufung war früher eine Selbstverständlichkeit. Fast alles konnte damit identifiziert werden (was natürlich dann auch ausgenützt wurde). Daher dachte kaum einer an Selbstentfaltung. Heute spielt diese eine wichtige Rolle. Die meisten aber denken, man müsse seine Berufung selbst entwerfen oder konstruieren. Es erscheint wie ein ständiges Suchen ohne endgültiges Finden.

Umso entlastender ist die Kairos-Erkenntnis: in der Berufung drückt sich die eigene Beziehung zum größeren geschichtlichen Ganzen aus. Daran mitzuwirken ist für den einzelnen erfüllender als viel zu wissen und zu haben. Dabei kommt es gar nicht so sehr genau auf das WAS an, sondern auf den Horizont, in dem ich agiere. Suche unter deiner Laterne!

Den realen Wünschen, Bedürfnissen, Ängsten, Visionen, Erwartungen, Problemen, Intuitionen gehen immer Veränderungen in der Welt der Kreativfelder voraus. All diese „Zustände" sind Ausdrucksformen von Kairos. Denn jeder will sein spezifisches Potenzial voll zum Ausdruck bringen. Die Berufung ist die Achse, um die sich mein Rad der Lebensphasen dreht. Erst im Gehen und Verwandeln zeigt sich allmählich, worum es eigentlich geht.

Bei völliger Entsprechung von Ist und Soll hätten wir keine Ideen. Je mehr sich zwischen Berufung und Beruf eine Differenz auftut, desto größer wird die innere Spannung. Die Selbstentfaltung hängt nicht davon ab, wie hart man arbeitet und wie sehr man sich anstrengt, sondern davon, wie gut es gelingt, den eigenen inneren Aufgaben gerecht zu werden. Schaffen wir uns und anderen Räume, in denen das eigene Selbstbewusstsein zum Wohle der Firma aktiviert wird. Wo dies nicht gelingt, wächst die innere Unzufriedenheit.

Kairologisch hat jede Selbstentfaltung sein eigenes Zeitfeld, auf das zu achten ist. Wer den Drang zur Selbstentfaltung für das Unternehmen fruchtbar machen will (und wer könnte darauf verzichten?), darf die rechte Zeit nicht verpassen.

Fragen:

- Was mache ich zunächst aus Spaß an der Freud?
- Bei was haue ich immer wieder in dieselbe Kerbe?
- Wo habe ich große Entschiedenheit, Vertrauen in meine Vernunft, Ausdauer?
- Mit was will ich ringen?
- Wie verändert sich die Erfahrung meiner Selbstentfaltung?

2.1.5 Lebenserfolg vor Nutzenmaximierung

Das äußere Ziel eines Unternehmens ist Gewinn- und Nutzenmaximierung. Vielen Firmen ist inzwischen bewusst, was die EKS-Strategie von Wolfgang Mewes herausgestellt hat: Der Nutzen der Zielgruppe hat Vorrang vor der eigenen Gewinnmaximierung.

Das innere Ziel ist Lebensmaximierung. Hinter der Art des Nutzens verbirgt sich die Seele der Kunden, sprich ihr Kairos, ihr Bedürfnis, dem Zeit-Geist zu entsprechen. Die Nutzenmaximierung ist im Grunde eine Funktion des historischen Kairos und seines energetischen Potenzials.

Jedes Unternehmen hat einen bestimmten makrohistorischen Lebens- und Entfaltungsraum. Die Bedeutung von Unternehmen nimmt zu, soweit sie auf der Welle ihres historischen Kairos surfen. Sie nimmt wieder ab, wenn diese Welle verebbt. Es kann also nicht darum gehen, unbeschränkt auf der Höhe zu bleiben.

Das Optimum des Menschen und eines Unternehmens hängt nicht nur von ihm selbst ab, sondern genauso von seiner Stellung in seiner Kairos-Generationsschichtung. So geht es darum, sich auf das reale historische Potenzial zu beschränken. Jede neue Welle bedarf eines neuen Anlaufs und einer veränderten Führungs- und Mitarbeiterstruktur.

Das makrohistorische Potenzial entscheidet über die richtigen Ziele, von denen wiederum der Erfolg abhängt. Je realistischer die Ziele, umso erfolgreicher laufen die Informationsprozesse, die Entscheidungen, die gesamte Entwicklung. Die Ziele sind aber erst dann ganz realistisch, wenn sie dem Kairos entsprechen. Dann wirken sie am stärksten.

Fragen:

- Wie erfahre ich zu welcher Zeit meine Durchsetzungskräfte?
- Wo und wann habe ich das Gefühl der Überforderung?
- Wie sehr kann ich die Grenzen der Durchsetzung meiner Anliegen akzeptieren?
- Wie sehr habe ich einen Sinn für historische Kräfte?

2.1.6 Makro- und mikrohistorische Entfaltung der Kairos-Strategie

Jeder, der in das okzidentale Kairossystem integriert ist, repräsentiert einen Kairos-Generationspunkt. Sein Geburtsjahr gibt ihm seinen Platz. Diesen erfährt er durch seine spezifische Teilhabe an der Generationsschwingung, am Ringen seiner Kairos-Generation und vor allem an der möglichen Berufung.

Er erfährt den weiteren Horizont seines Generationsfeldes und den engeren seiner Generationsschichtung. Jeder ist auf seine Weise ein Stück weit daran beteiligt. Viele schwimmen in ihrem Generationsstrom einfach nur mit, ohne ein besonderes Bewusstsein ihrer Aufgabe zu haben. Sie unterschätzen oft, dass ihre eher erhaltende Rolle genauso wichtig ist wie die jener, die aktiv, eventuell sehr öffentlich, die äußere Gestalt der Generation mitbestimmen.

Jeder von uns entfaltet seinen Kairos-Generationspunkt in vier Phasen der Verwandlung, die die Kairos-Lebensphasen des Gestaltens umfasst. Die Energie der Kairos-Lebensphasen ändert sich nicht gleitend, sondern in ganzzahligen Sprüngen. Jede Lebensphase ist eine Einheit, die sich zur Ganzheit entfalten soll. Als solche Ganzheit steht sie wieder in Relation zu anderen Ganzheiten.
Die Verwandlungsstufen dienen dazu, Schritt für Schritt die Ideen und Kräfte des eignen Gestaltens in ganzheitliches Handeln überzuführen. Bildlich steht für die makrohistorische Einordnung der Kalender, für die mikrohistorische die Uhr. Wie die Sonne sich in den Tageszeiten des Morgens, Vormittags, Nachmittags und Abends entfaltet, so der historische Kairos in den Lebensphasen.

Um den größtmöglichen Lebenserfolg zu erreichen, sind die Aufgaben aller Lebensphasen zu bearbeiten.

Erstes Fazit

Kairos ist das eigentliche Zeitmaß des Menschen.

In ihm zeigt sich uns das geschichtliche und persönliche Optimum.

In ihm begegnen uns jene Kreativfelder, die uns den Horizont für unsere Entfaltung vorgeben.

In den Kreativfeldern sind unsere evolutiven Zeitkräfte mit dem menschlichen Geist so verbunden, dass jeder Zeitpunkt für jeden von uns in einmaliger Weise ein bedeutungsvoller Zeitpunkt ist.

Wer diesem Potenzial gerecht wird, wird seiner menschlichen Aufgabe gerecht.

In diesem Kontext ist kairologische Führung zu sehen. Sie ist Führung, die sich wesentlich an der menschlichen Energie ausrichtet.

2.2 Das 6-Lebensphasen-Programm der Kairos-Strategie

Im Kapitel 1.5 haben wir Ihnen das System der Kairos-Lebensphasen vorgestellt. In diesem Kapitel setzen wir uns detaillierter mit den Lebensphasen 4-9 auseinander. Diese sind besonders für die berufliche Entwicklung und die Lebensentfaltung relevant.

Einführung

Das 6-Lebensphasen-Programm macht uns den Weg bewusst, den jeder Mensch im Sinne einer ganzheitlichen Dynamik zu gehen hat. Jede Phase ist zeitlich identisch mit einer bestimmten Kairos-Lebensphase.

Wir wissen bereits, dass Kairos-Lebensphasen menschliche Energiequanten sind. Wie die Quanten in der Physik, verändern sie sich nicht kontinuierlich, sondern springen von einem Energieniveau zum nächsten. Der Wechsel folgt einer strengen Ordnung.

Jede Kairos-Lebensphase steht für eine Zeiteinheit, die darauf ausgerichtet ist, gewisse Muster zu realisieren, Klängen zu folgen, Schritte des Lebenserfolgs zu gehen.

Die Art der Einheit stiftenden Kraft, des Musters, der Schwingung, der aufzubauenden Spannung ändert sich.

Auf jedem Energieniveau zeigt sich das dreifaltig. Eine Kairos-Lebensphase stellt eine bestimmte Stufe von Selbst-, Resonanz- und Lebensentfaltung dar. Innerhalb des größeren Ganzen folgt jeder Entfaltungstypus seiner je eigenen Logik. Zusammen bilden sie ein System von Akkorden, ergeben einen bestimmten Klang, der im Idealfall in jeder Hinsicht wohltuend wirkt.

Diese Erkenntnis widerspricht der üblichen Auffassung, dass die Lebenszeit ein Kontinuum sei, das mit Uhr und Kalender zu messen ist. Abgrenzungen verbinden wir gewöhnlich mit physischen Veränderungen (s. Zahnwechsel, Pubertät), Entscheidungen (Partner- oder Berufswahl), Ereignissen (Krankheit, Unfall) oder Prozessen (Arbeitserfolge). Demgemäß stellen sich äußerlich Lebensphasen für jeden anders dar.

2.2.1 Missverständnisse

An dieser Stelle ist vorsorglich einigen Missverständnissen vorzubeugen. Es ist hilfreich, sich vorweg klarzumachen, dass das Wirken des Kreativseins nicht einfach gleichzusetzen ist mit bestimmten biologischen Rhythmen, subjektiven Empfindungen, gedanklichen Vorstellungen oder praktischen Handlungsabläufen.

Die Existenz des mikrohistorischen Navigationssystems hebt die einmalige Gestalt jeder Biografie nicht auf. Menschliches Leben ist nie einfach aus Mustern und Zyklen zu erklären. Evolutive Prozesse folgen zunächst der je eigenen Logik.

Bekanntlich setzt bei manchen Frauen die Regel schon mit 30 Jahren, bei anderen erst mit fast 60 Jahren aus. Die übliche Angabe von 51 Jahren stellt nur einen Durchschnitt dar.

Mikrohistorische Zyklen gehen aus biologischen Rhythmen hervor, sind aber nicht selbst Realitäten, sondern bilden erst in Beziehung zu den entsprechenden geistigen Mustern jene Kreativfelder, die für jeden relevant sind. [2]

Es vergeht zwischen der Eröffnung eines neuen Kreativfeldes und seiner sichtbaren Umsetzung fast immer eine gewisse Zeit, manchmal sogar eine sehr lange. Vielfach geschieht zunächst keine sichtbare Veränderung, sondern es ändert sich nur die Art und Weise, in Einheit mit sich und anderen zu sein.

Auch das persönliche Empfinden vom Glück oder Unglück kann weit vom Kreativsein abweichen. Jemand kann im Beruf begeistert eine Aufgabe übernehmen, für die er von seiner Lebensphase her noch oder nicht mehr geeignet ist. Man kann Vorstel-

---

[2] Hofmann, Kairos, 254f.

lungen von sich und seiner Umgebung immer noch für richtig halten, die der inneren Entwicklung längst nicht mehr entsprechen.[3]

Außerdem ist zu bedenken, dass es oft bis zur Mitte einer Kairos-Lebensphase dauert, ehe sich jemand der neuen inneren Ausrichtung richtig bewusst wird. Manchmal dauert es noch länger, bis man sich traut, sich zu seinen neuen Einsichten auch zu bekennen. Allerdings wächst der innere Druck, begründet in dem Drang nach Echtheit und Ganzheit, so dass es – oft gegen Ende der Lebensphase – in irgendeiner Form zur Explosion kommt.

Es könnte auch sein, dass Sie in unseren Beschreibungen Ihren eigenen Prozess überhaupt nicht wiederfinden. Wenn es zum Beispiel für Lebensphase fünf (25.7-32.0) heißt: „Geburtenplanung ist das zentrale Thema weiblicher Lebensentwürfe.", dann werden manche Frauen wohl widersprechen. Vielleicht haben sie ihre Kinder schon viel früher geboren oder sie sehen sich in dem Alter mit beruflichem Aufbau ausgefüllt oder sie haben sich überhaupt gegen Kinder entschieden oder planen es erst später.

All diese Abweichungen haben gewöhnlich ihre Gründe. Sie können auch durch die Auswertung einer genaueren Kairos-Analyse geklärt werden. Unsere Aussage hat ebenso nichts damit zu tun, dass man sein Kind zu allen Zeiten lieben und bestmöglich versorgen kann.

Man sollte sich auch nicht wundern, wenn einem bisher die Kairos-Lebensphasen noch nicht aufgefallen sind. Man erfährt „das System gewöhnlich nicht in außergewöhnlichen kreativen Erfahrungen, sondern in der Selbstverständlichkeit, mit der sich die Dynamik seines Lebens vollzieht".[4]

2.2.2 Überblick über die Kairos Lebensphasen

---

[3] Ebd. 255.
[4] Ebd. 256.

2.2 Das 6-Lebensphasen-Programm der Kairos-Strategie

Die Kairos-Lebensstrategie ist eine Strategie, die für jeden Menschen gilt. Das macht die Anwendung mitunter sehr einfach – nämlich dann, wenn man sehr schnell auf Kairos-Erfahrungen stößt. Doch nicht immer liegen die eigentlichen Resonanzen, Stärken, Spannungen offen auf der Hand; denn so vielfältig und komplex wie unsere Welt sind auch die Möglichkeiten, seinen Kairos zu leben. Nichtsdestotrotz hat jeder, der seinen Weg verstehen will, den Kairos-Faktor mit einzubeziehen

Der ganzheitliche bewusste Weg der Entfaltung konzentriert sich auf die Lebensphasen 4 bis 9, also auf den Zeitraum zwischen 19 und 58 Jahren. Davor entfaltet sich die Dynamik eher unbewusst und kollektiv, danach wird sie zunehmend von der kulturellen und geschichtlichen Dimension bestimmt.

Was kennzeichnet die relevanten Lebensphasen?

- L4 Sich der Stärke der eigenen Vernunft bewusst werden
- L5 Bewusste Klärung der persönlichen Grundausrichtung
- L6 Lebendige Erfahrung einer gemeinsamen persönlichen Vernunft
- L7 Idealistischer Vernunftglaube
- L8 Kampf um die äußere Durchsetzung der eigenen Vernunft
- L9 Ganzheitliche Vernunftentfaltung

1. Phase: Sich der Stärke der eigenen Vernunft bewusst werden (Lebensphase 4)

L4 umfasst die Kreativzeit von 18.12 bis 25.6 Jahren (Jahr.Monat).

Die eigenen Stärken und Schwächen werden entdeckt.

Man erwirbt seine erste individuell-sichtbare Kompetenz, fängt an, sich ein unverwechselbares Profil zu schaffen.

Es geht darum, sein Ich-Vertrauen zu entwickeln.

Es zeigen sich erste Ziele, Wunschvorstellungen, Leitbilder, Visionen.

Wer einmal Familie will, wird sich anders verhalten, als wer Priester werden möchte.

Das Alter wird als zwiespältig erfahren. Einerseits ist man nun erwachsen. Die Lebensphase zeigt sich als die erste Stufe der Entfaltung der Ich-Vernunft. Die innere Einheit wird sehr individuell erlebt, die Welt und die anderen Menschen individuell gedeutet. Man ist interessiert am Einmaligen, schaut kritisch auf feste Weltformen.

Es wird deutlich, wie sehr jemand intro- oder extrovertiert mit der Welt umgeht, lieber die innere geistige oder seelische Welt entdeckt oder lieber die ersten Erfolge im Außen sucht. Eine große Welt tut sich auf, zu der man in Resonanz geht.

Andererseits ist man als Glied der Gesellschaft noch nicht erwachsen. Bis ca. 25 hat man in seinem Bereich das gerade gültige Wissen aufzunehmen, bevor man die Freiheit erhält, gestalterisch damit umzugehen.

Empfehlungen:

- Entdecken Sie Ihre eigenen Stärken und Schwächen.
- Gehen Sie in die Welt hinaus.
- Finden Sie Ihr großes Thema.

2. Phase: Bewusste Klärung der persönlichen Grundausrichtung (Lebensphase 5, 25.7 bis 32.0 Jahre)

Das Selbstbewusstsein sucht sich die eigene Form. Die historische Kreativkraft wird aktiviert. Man geht bewusst seine Weltgestaltung an. Es entscheidet sich, in welchem Horizont man künftig agieren kann, wie groß der Resonanzraum sein wird.

Es stellen sich Fragen wie:
- Wer oder was passt zu mir?

- Wie kann ich meine gewonnenen Stärken, meine Kompetenz optimal zur Geltung bringen.

Was jemand speziell tun will, soll er oder sie in dieser Lebensphase selbst bestimmen und sich nicht von außen aufdrängen lassen.

Vorher war vieles möglich. Jetzt geht es darum, Grundlegendes auszuprobieren: eine Ehe, einen Vertrag mit einer Firma, etwas völlig Neues, Radikales.

Die eigene Vernunft will sich in klaren persönlichen und beruflichen Entscheidungen eine objektive Form geben.

In diesem „Entscheidungsalter" gilt es, sich zu bekennen – zu einem Partner, zu Kindern oder zur Kinderlosigkeit, zu einer Berufung, einem Ort oder Land, im festen Glauben an eine Dauer dieser Einheit.

Im Rahmen der Lebensentfaltung liegt die erste Lebensphase des „Gestaltens" vor. Was in den ersten vier Lebensphasen empfangen wurde, soll in die nächste Generation und die Welt tradiert werden. Zugleich sind die erhaltenen Problemstellungen zu lösen, die Differenz zwischen Erwartung und Erfüllung auszugleichen.

Geburtenplanung ist das zentrale Thema weiblicher Lebensentwürfe. Man sucht den Partner, zu dem die entsprechende Resonanz zu finden ist.

Je entschiedener und umgrenzter man in dieser Phase den eigenen Weg geht, und sich von alten Autoritäten (vor allem den Eltern) abgrenzt, desto besser ist es für die energetische Fundierung des angestrebten Gestaltens. Es zieht eine Kettenreaktion positiver Wirkungen nach sich.

In der beruflichen Ausrichtung will man jetzt die eigenen Grundüberzeugungen verwirklichen, das Ganze in diesem Sinne reformieren. Beruflich lohnt es sich, nahe an den eigenen Stärken zu bleiben und in einer kleinen Nische gut zu werden und erst dann die Reichweite des eigenen Willens auszudehnen.

Wichtig ist, die grundsätzlich als richtig erkannte Richtung einzuschlagen, ohne schon zu viel „studiert" zu haben.

Die Bereitschaft, sich im Konkreten von außen her korrigieren zu lassen, ist in dieser Phase sehr hoch. Daher fällt es da noch relativ leicht, praktische Differenzen in Partnerschaft oder Beruf zu klären und Fehler auszumerzen.

Empfehlungen:

- Konzentrieren Sie sich auf Ihre Grundentscheidungen.
- Geben Sie Ihren Entscheidungen eine objektive Form.
- Re-formieren Sie sich und Ihre Wirklichkeit im Sinne der neuen Ausrichtung.
- Bekennen Sie sich.

3. Phase: Lebendige Erfahrung einer gemeinsamen persönlichen Vernunft (Lebensphase 6, 32.1 bis 38.7 Jahre)

Ein Optimum liegt im Gelingen menschlicher Beziehungen. Die starke soziale Kreativkraft wird aktiviert.

Das eigene Selbstbewusstsein sucht die Verbindung zu dem der anderen. Man will überzeugen im personalen Kontakt.

Vieles entsteht in und aus der Resonanz: die Normen in der Familie, das schöpferische Schaffen, in dem der eigene Geist sich selbst beweist.

Auf natürliche Weise ist jeder in einer Zielgruppenorientierung. Ob intuitiv oder rational: die Sensibilität ist hoch. Man will die Einheit und nimmt dafür mehr in Kauf als später.

Die Resonanzebene hat den Primat. Zu erspüren ist, was die Höheren, Gleichgestellten, Untergebenen, Partner, Kinder können, dürfen und sollen.

Eine gute Zeit für viele soziale Kontakte, für das Erkennen des Echos der Zielgruppe. Man entwickelt hohe Fähigkeiten in der Suche nach Zielgruppen. Ein Unternehmen reicht so weit wie die Resonanz zu den Kunden.

Hohe Bereitschaft zum Dialog mit einer Zielgruppe.

Höchste grundsätzliche Kreativität.

Der bewusste Glückspegel ist relativ gering. Denn was zu leisten ist, ist sehr vielfältig und persönlich fordernd.

Empfehlungen:

- Gehen Sie in Resonanz mit den Menschen, auf die Sie bezogen sind.
- Geben Sie dem, was Sie glauben, eine möglichst rationale Form.
- Entwickeln Sie Ihre Klarheit im ständigen Dialog mit Gleichrangigen und Autoritäten.
- Entwickeln Sie Ihre persönliche Autorität.
- Werden Sie zum Repräsentanten Ihrer Form von „Familie".

4. Phase: Idealistischer Vernunftglaube (Lebensphase 7, 38.8 bis 45.1 Jahre)

Die Lebensphase 7 ist besonders dafür geeignet, die brennendsten Probleme einer Zielgruppe aufzugreifen und dafür eine überzeugende Lösung zu entwickeln. Man ist bereit, neu aufzubrechen.

Der Hintergrund rührt von L6 her: Vertrautheit mit der Firma, dem Thema, den Menschen. Vorhandene Grundüberzeugungen und Selbstbewusstsein.

Das Optimum liegt in idealen Vernunftlösungen. Die Kreativkraft des Glaubens sorgt dafür, an die allgemeine Gültigkeit der eigenen Vernunft glauben zu können.

Interesse an einem neuen Programm. Sich und seine Ideen von anderen abzugrenzen, steht im Vordergrund. Erst auf dieser Basis erfolgt die erneute Annäherung.

Freude an Projektteam, um Problemlösung zu suchen, z.B. durch ein Muster für die Leistungsverbesserung.

Entwicklung: von vorläufiger Idee bis zur endgültigen Lösung vorstoßen (z.B. Partei: Programm, Unternehmen: Leitbild, strategische, ethische Grundsätze)

Lebensphase 7 setzt uns auf das Gleis, auf dem wir künftig mit unseren Ideen fahren. Die Frage ist: Was von meinen persönlichen Überzeugungen ist für andere vernünftig, also einsehbar, nützlich, erlebbar?

Und zur Lebensentfaltung: Mit welcher Gruppe kann ich im Namen einer großen Idee kooperieren? Welchen Personen kann ich die Ansprüche, die ich habe, anvertrauen?

Empfehlungen:

- Suchen Sie Personen, mit denen Sie gemeinsame Prinzipien verbinden.
- Entwickeln Sie Innovationen, die Ihre Leistung für andere verbessern.
- Tragen Sie Ihre Vorstellungen so vor, dass andere sie einsehen können und müssen.
- Lösen Sie sich von Autoritäten.
- Beziehen Sie das Ideenpotenzial anderer ein.
- Beschränken Sie sich auf das, was momentan durchsetzbar ist, ohne sich auf Dauer Feinde zu schaffen.

5. Phase: Kampf um die Durchsetzung der eigenen Vernunft (Lebensphase 8, 45.2 bis 51.8 Jahre)

Es ist die Zeit des größten Wettbewerbs und intensiver Konkurrenz.

Die Durchsetzung des Eigenen bindet viele Kräfte. Man muss auf seine tiefsten inneren Kräfte zurückgreifen. Starke Funktionalisierung des ganzen Lebens. Man will mit seinen Ideen auf der Erde ankommen.

Neigung, den Widerstand anderer mit allen Mitteln zu brechen.

Bündnisse sind zweckgebunden: „Wer alleine arbeitet, addiert. Wer zusammen arbeitet, multipliziert." (Wolfgang Mewes, Engpass-konzentrierte Strategie)

Die neuen Gestaltungsvorstellungen sollen objektiviert werden.

Ausgeprägter Wunsch, in seinem Bereich selbständig und unabhängig arbeiten zu können.

Weiblich zu bestimmen heißt hier eher, einzugehen auf andere. Männlich ist es, die Konkurrenz mehr oder weniger gewaltsam zu besiegen.

Die männliche Resonanz läuft über ein ES (Naturwissenschaft, Technik, Objektivierbarkeit).

Empfehlungen:

- Entwickeln Sie einen überzeugenden Nutzen für ihre Zielgruppe.
- Werden Sie zur Sachautorität.
- Entfalten Sie Ihre Fürsorge im Handeln.
- Achten Sie auf die Grenzen Ihrer Kräfte, wenn Sie Funktionen übernehmen.
- Überschreiten Sie nicht die Grenzen Ihres geistigen Horizonts.

6. Phase: Ganzheitliche Vernunftentfaltung (Lebensphase 9, 51.9 bis 58.3 Jahre))

Die Persönlichkeit will ganz ausreifen.

Man fragt sich:

- Welchen Wert haben meine Kompetenzen und Kräfte?
- Wie erlebe ich sie im Ganzen?
- Wie kann ich mein Bedürfnis nach Spiritualität oder Freiheit mit den objektiven Ansprüchen verbinden?

Persönliche Beziehungen werden neu ausgerichtet. Ihr Entstehen oder ihr Fortbestand wird davon abhängig gemacht, inwiefern sie dem Schwerpunkt der eigenen Entfaltung entsprechen.

Gleichzeitig beginnt die Tendenz, zu bewahren. Man strebt berufliche Positionen an, in denen das eigene Maß automatisch zum Maß für andere wird. Dieses Maß kann z.B. auch Kooperation sein. Nun erhält diese Tugend einen Eigenwert, während sie in L8 funktional auf den direkten Erfolg ausgerichtet war.

Empfehlungen:

- Suchen Sie Ihre Synthese.
- Vollenden Sie Ihre Persönlichkeitsentfaltung.
- Stellen Sie neu die Weichen für das Alter.

Fazit:

Wer seine Selbstführung im kairologischen Sinne versteht, begreift, „wie dieses komplexe „Etwas", das einer als sein Leben beschreiben kann, sich selbst bewegt, ohne unser Zutun oder Einfluss nehmen, und zwar im Verhältnis zum möglichen Maximum.

Ein Gespräch schwingt, Einsatz beflügelt, eine Arbeit befriedigt, eine Tat wird als notwendig empfunden, eine Entscheidung macht ruhig, ein Ziel bleibt stets vor Augen, Dankbarkeit und Freude durchdringen das Verhältnis zu allem.

Wichtig ist zu guter Letzt die Einsicht, dass jeder seinen „Stern" oder, modern gesprochen, seinen Navigator hat. Er führt nicht unbedingt optimal im Sinne der persönlichen Erwartungen, Illusionen, Ängste, jedoch optimal im Verhältnis zum Ganzen."[5]

---

[5] Ebd. 256.

2.3 So lösen Sie Probleme wirksam und kairosgemäß

Probleme sind Signale und die Wegweiser zum Erfolg. Sie wollen unser Bestes. Schwierigkeiten haben nicht grundsätzlich nur etwas Negatives, sondern auch insbesondere eine positive, wegweisende Kraft. Sie signalisieren, ob der eingeschlagene Weg weiter gegangen werden sollte, oder ob es besser wäre, umzukehren und an der nächsten Abzweigung einen anderen Weg einzuschlagen.

Ohne dass wir bereit sind, genau hinzuschauen, was wirklich ist, können wir keine Verantwortung übernehmen. Solange wir etwas nicht wahrhaben wollen, es verdrängen, nicht von allen Seiten betrachten, wie es aussieht, demonstrieren wir bloß, dass wir nicht bereit sind, Verantwortung zu tragen.

Der zweite Schritt ist das Ja-Sagen zu dieser Situation. Dieser Schritt wird oft unterschätzt. Manch einer nimmt beim Arzt durchaus die Diagnose wahr, aber er bejaht sie nicht. Damit verschließt er sich gegenüber den Konsequenzen. Doch ob wir wirklich ja oder nein sagen, bestimmt, was in Zukunft aus dieser Situation wird. Wenn wir einen Handlungsspielraum haben, können wir sagen, ja so ist es, aber in Zukunft soll es anders sein. Dann führt unsere Verantwortungsübernahme zur Neugestaltung der Zukunft. Der Mensch wird schöpferisch tätig. Er gestaltet aus der Situation, die ihm nicht gefällt, eine neue, andere, bessere.

Wenn kein Handlungsspielraum besteht, bedeutet dies, dass wir nichts nach außen tun können, um eine Veränderung herbeizuführen. Also: Ändere Dich selbst.

Denn, um sich selbst zu ändern, habe ich immer Handlungsspielraum. In unserem Leben geht es vor allem darum, dass wir an uns selbst arbeiten, um zu werden, was wir ganz tief innen schon sind.

2.3.1 Problemlösungskompetenz ist für jeden wichtig

Besonders im Beruf, aber auch im Spannungsfeld von Familie und Beruf sind die unterschiedlichsten Herausforderungen, Zielkonflikte und Probleme zu lösen.

Meist werden Probleme frontal auf der Ebene wahrgenommener Symptome angegangen. **Symptome** sind jedoch nur die Wirkung von **Ursachen** und **Gründen**, die tiefer liegen. Und hinter all dem liegen noch die **Kreativkräfte**, die den Symptomen, Ursachen und Gründen ihre Bedeutung geben. So hat also jedes Problem eine rational nachvollziehbare und eine kairologische Seite.

Nehmen wir **beispielsweise** bei einem Unternehmen als **Symptom** die sinkende Nachfrage nach dessen Produkten. Dann liegt es sicher nicht am fehlenden Fleiß und der Kompetenz der Verkäufer.

Bonusprogramme und Mailingaktionen wären dann auch nicht die wirkungsvollste Maßnahme, wenn als **Ursache** das Angebot für den Kunden einfach nicht mehr attraktiv ist. Das kann beispielsweise an der veralteten Technik oder dem zu hohen Preis, als Folge von zu teurer Herstellung, liegen.

Und die **Gründe** hierfür sind fehlendes Innovationsbewusstsein, fehlendes Engagement und fehlendes Geld. Das Kairosbewusstsein könnte nun nüchtern anerkennen, dass die eigene schöpferische Zeit vorbei ist, und Ausschau halten nach jemandem, der auf der Höhe der Zeit ist. Unbewusst fällt es schwer, sich zu engagieren und Geld für etwas aufzubringen, was nicht mehr auf der Höhe der Zeit ist. Logischerweise veraltet dann zwangsläufig die Technik und die Nachfrage sinkt, vor allem heute, da man leicht vergleichen kann.

Vor einiger Zeit wurde Manfred Sieg bei einer Vortragsveranstaltung von der Marketingverantwortlichen eines Unternehmens mit 70 Mitarbeitern gefragt, ob er in ihrem Unternehmen nicht mal die Marketingunterlagen auf Verkaufswirksamkeit prüfen könnte. Er sagte „Grundsätzlich ja, aber ich müsste erst einmal verstehen, in welcher Marktsituation sich das Unternehmen befindet und warum die Marketingunterlagen der Schlüssel zu mehr Erfolg sein sollen."

Bei seinem Besuch saß er dann dem Inhaber, dem Verkaufsleiter sowie dem Finanz- und Personalleiter und der Marketingverantwortlichen gegenüber.

Machen wir es kurz: Die Zusammensetzung der Gesprächsrunde zeigte schon, das der Kittelbrennfaktor definitiv nicht die Marketingunterlagen waren. Wir kommen später noch einmal darauf zurück.

Sich vom Problem zu lösen ist der erste Schritt zur Problemlösung. Denn in jedem Problem steckt eine menschliche **Lernaufgabe** und hinter der Lernaufgabe die Lösung. Diese gilt es zunächst zu erkennen. Wer den Sinn in der Lernaufgabe versteht, Raum für Alternativen schafft und diese umsetzt, hat damit nicht nur den Lösungsweg. Er wird letztlich auch vom Problem nachhaltig erlöst.
Wenn Sie tief bohren und sieben Mal hintereinander die Frage stellen „Warum ist der vorher genannte Grund entstanden?", dann sind Sie erfahrungsgemäß bei der wahren Ursache des Problems angekommen.

In dem Fall mit den Marketingunterlagen kamen wir über Umsatzrückgang – Finanzkrise – Kundenausfall – zu hohe Preise – hohe Herstellkosten auf fehlende Innovationen. Es handelte sich um Produkte, bei denen die Zukunft in der Digitaltechnik, statt in der Analogtechnik liegt. Aber sechs von acht Mitarbeitern der Entwicklungsabteilung konnten nur analog.

Wir förderten insgesamt 178 mehr oder weniger gravierende Aspekte zu Tage, in denen das wahre Problem verborgen lag. Kein Wunder, dass sich das Unternehmen in schwerer See befand und Schlagseite hatte. Die Lernaufgabe für das Führungsteam lautete: Wir sollen endlich begreifen, kundenorientiert und damit auch Zeit-Geist-orientiert zu arbeiten sowie Probleme konkret zu beschreiben und unverzüglich konsequent zu lösen.

Es gibt Menschen, die der Meinung sind, gewisse Probleme seien nicht lösbar. Diese Menschen haben aus zwei Gründen Recht:

    1. Weil die Welt das ist, was jeder von ihr denkt.

2. Weil viele Probleme mit dem herkömmlichen Denken nicht lösbar sind.

Andererseits sind Probleme lösbar, weil
1. die Welt das ist, was ich von ihr denke.
2. wir radikal anders denken können und häufig auch müssen.

Nicht erreichte Wünsche, Hoffnungen, Ziele sind in Wirklichkeit Probleme, die als Herausforderung zur Lösung anstehen bzw. noch nicht erreicht wurden. Befürchtungen entstehen durch unbewusst übernommene Konditionierungen, Programme, Fremdbilder aus der Vergangenheit. Genauso gilt es, Grenzen des energetischen Horizonts zu erkennen. Vielleicht muss man dann manches jenen zur Lösung überlassen, die diese gleichen Grenzen nicht haben.

2.3.2 Problem annehmen, Botschaft hinter dem Problem erkennen

Ein Sprichwort sagt: Hinter jedem Problem steckt die Lösung. Die Lösung können wir nur erkennen, wenn wir das Problem nicht bekämpfen. Probleme sind Signale, Autopiloten auf unserem Weg zum Erfolg. Sie wollen unser Bestes. Störungen, Schwierigkeiten, Nicht-Erreichung von Zielen, Wünsche sind ein Signal für notwendige Änderungen.

Es geht darum, die Spiegelfunktion, die Lernaufgabe des Problems zu finden.

Wenn Menschen eine ernste Enttäuschung oder einen schweren Rückschlag erleiden oder eine Situation erfahren, die „normalerweise" und gewöhnlich als ein Unglück erlebt wird, verfallen sie meistens in einen völlig „antischöpferischen" Geisteszustand, der manchmal Wochen und Monate dauert.

Wenn ein Mensch sich einem schwerwiegenden Problem gegenübersieht, neigt er zunächst zu Leugnung oder Verzerrung der wahren Natur des Problems; zweitens zum Empfinden von Zorn und Ärger, der sich gegen alle richtet, die angeblich schuld an dem Problem sind. Und schließlich folgen Depressionen, die gewöhnlich den Denkprozess für kürzere oder längere Zeit lahm legen.

Beginnt erst einmal eine Person auf die Frage „Was ist das Gute an dem Problem?" einzugehen, sind typischerweise die Folgen:

- Er oder sie sieht die schwierige (oder unmögliche) Situation in einem neuen und anderen Licht. So ließe sich zum Beispiel erkennen: die Zeit für eine Lösung ist noch nicht reif. Eine Konsequenz wäre, zu warten, sich vorzubereiten, zu vertrauen, dass die Lösung zur rechten Zeit kommen wird. Oder man fragt sich, ob nicht jemand anderes gerade die Zeit für die Lösung hat. Die Konsequenz könnte sein, unter dieser Hinsicht einen neuen Blick auf die Mitarbeiter zu werfen.

- Die Person fängt an, viele günstige und nützliche Aspekte, die der Problemsituation anhaften, zu erkennen.

- Sie findet zahlreiche und einmalige Wege, diese schwierige Lage nach allen Seiten zu drehen, und entdeckt so neue Vorteile und Möglichkeiten in dem, was üblicherweise als eine hoffnungslos verzwickte Lage angesehen würde.

- Als Ergebnis dieser Erfahrung entwickelt der Mensch eine neue, kreativ anregende Haltung gegenüber seinen Schwierigkeiten. Er ersetzt sein verzweifeltes seelisches Händeringen durch eine kühle und durchdringende Einsicht in Probleme im Allgemeinen und erfährt aus deren Herausforderung eine größere innere Befriedigung. Ohne sich dessen bewusst zu sein, ist er zur Erkenntnis seines aktuellen Kairos durchgedrungen.

Beispiel „Kündigung durch Arbeitgeber":

- Ich hab' den Job länger behalten als irgendjemand je erwartet hat.

- Ich habe Erfahrungen gesammelt, die bei einer neuen Tätigkeit wertvoll sein werden.

- Ich habe mir sowieso eine andere Arbeit suchen wollen.

- Ich kann eine neue Tätigkeit finden, bei der ich mindestens 25 Prozent mehr verdiene.

- Mein Chef war unmöglich, ich bin froh, dass ich ihn (oder sie) los bin.

- Jetzt kann ich endlich dort hinziehen, wo ich schon immer wohnen wollte.

- Ich habe in mir neue Kräfte im Umgang mit Krisen entdeckt, und das gibt mir ein gutes Gefühl.

- Allmählich lerne ich meine wahren Freunde kennen.

- Jetzt habe ich Zeit nachzudenken und mit mir darüber ins Reine zu kommen, was ich mir wirklich vom Leben wünsche.

2.3.3 Schritte zur Problemlösung

Folgendes Vorgehen hat sich bei der Bearbeitung und Lösung von Problemen bewährt:

1. Alle Probleme sammeln

2. Das Hauptproblem identifizieren und definieren

3. Problem annehmen, die Botschaft, den Sinn hinter dem Problem erkennen

4. Klärung der Ursachen und Gründe des Problems

5. Die bisherigen Problem-Lösungsversuche und Ergebnisse betrachten

6. Das Problem in einen Wunsch umformulieren

7. Die gedanklichen und energetischen Grenzen und Blockaden hinsichtlich der Problemlösung erkennen

8. Sich vorstellen, was die Lösung des Problems alles ändert

9. Lösungsansätze, Maßnahmen sammeln und bewerten

10. Lösungsweg auswählen und dokumentieren

11. Tun

   Schon Erich Kästner sagte „Es gibt nichts Gutes, außer man tut es." Weiter heißt es „Eine kleine Tat ist mehr als tausend große Worte."

   Kennen Sie die Bedeutung von tun? Tun heißt Tag und Nacht; rückwärts gesprochen bedeutet es nichts unnütz tun.

Die Methode ist sehr wirkungsvoll. Das Problem wird nicht nur auf der Verstandesebene (Zahlen, Daten, Fakten), sondern auch auf der Gefühlsebene (Empfindungen, Wünsche) bearbeitet. Bekanntlich sind Gefühle ein starker Ausdruck der Energie des Menschen und bestimmen die Richtung und Intensität unserer Handlungen.

Am tiefsten aber reicht der Einbezug der menschlichen Entfaltungsdynamik. Im Kairos begegnet uns jenes Energiepotenzial, das uns zum maximalen Lebenserfolg führen will. Allerdings zeigt er sich selten direkt. Kairos verbirgt sich gern in der Bedeutung, die irgendwelche Fakten, Vorstellungen oder Empfindungen vom Ganzen her für uns haben. Vieles erkennen wir, ohne dass es uns berührt. Anderes berührt uns, ohne dass es uns zum Handeln bringt. Meistens zeigt erst die Tat, wohin unsere Energie wirklich fließt.

Bearbeiten Sie deshalb die o. g. Schritte 3, 4, 6, 7, 8 mindestens genauso intensiv wie die anderen.

2.3.4 Klärung des Kairos, der sich in einem Problem offenbart

In einem Problem steckt nicht nur eine Lernaufgabe, die wir erkennen müssen, sondern auch ein tieferer Sinn. Die Lernaufgabe und der Sinn weisen uns den Weg zu nachhaltigen Lösungen.

Könnte es beispielsweise sein, dass sich hinter dem Problem des Rauchens die Tatsache verbirgt, dass sich jemand durch den anderen (durch seine Art, sein Anderssein) in seiner Entfaltung blockiert fühlt? Ist die Beschwerde nur Zeichen dafür, dass er sich nicht mehr am richtigen Platz fühlt und er daher nicht wirklich seine volle Kraft einbringen kann? Wenn dem so ist, wird das Problem in Kürze in neuer Form wiederkehren.

Seien Sie also aufmerksam auf tiefere Veränderungen. Äußere Probleme sind kairologisch vor allem Zeichen. Solche Zeichen, richtig verstanden, können eine Kaskade positiver Wirkungen auslösen.

Die folgende Tabelle (**Abb. 2.3** Problemlösungen) verdeutlicht den Unterschied zwischen einer herkömmlichen und der kairologischen Herangehensweise.

Themen \ Fragen	Wie lösen wir diese Themen im herkömmlichen Sinne?	Wie lösen wir diese Themen kairologisch?
Zeitmanagement, Lebensplanung	• Kalender, äußere Uhr • Dringend und wichtig	• Innere Uhr „Die Zeit ist reif" • bedeutend
Burnout, Boreout, Gesundheit	• Wellness, Entspannung, Yoga … • Medikamente • Höheres Gehalt kompensiert Frust • Leben in Krankheit und Suche der Schuld bei anderen oder den Bedingungen	• Sinn • Balance der Kräfte und des Einsatzes • Sich besinnen/selbst reflektieren → Kairos-Analyse • tun was Freude bereitet, dafür gegebenenfalls auch mit weniger Geld zufrieden sein → bewusster Jobwechsel

Themen \ Fragen	Wie lösen wir diese Themen im herkömmlichen Sinne?	Wie lösen wir diese Themen kairologisch?
Elternschaft, Familienplanung	• leben im Spannungsfeld von eigenen Ansprüchen (Karriere, Freizeit) – beruflichen Anforderungen – Geld – Lebenszielen - Umfeld • Die Umstände entscheiden über die Realisierung	• selbstbewusstes Leben mit dem inneren Vorrang für Familie und Nachkommen • Die Realisierung wird entsprechend den Umständen ermöglicht
Leistung, Effizienz	• Höhere, meist nur quantitative Ziele setzen (mehr, schneller, weiter ...) • Ergebnisse messen • Leistungsverbessernde Maßnahmen umsetzen	• Bewusstsein für die eigenen Fähigkeiten und Stärken, Visionen und Ziele sowie das bestmögliche Tätigkeitsfeld als Ausgangspunkt aller weiteren Überlegungen
Leistung, Effizienz	• Gewinnorientierung: „profitabler vor nützlicher"	• Streben nach qualitativem Fortschritt, der quantitative folgt dann automatisch • Es „fließen lassen" Nutzenorientierung: „besser vor billiger"

Themen \ Fragen	Wie lösen wir diese Themen im herkömmlichen Sinne?	Wie lösen wir diese Themen kairologisch?
Generationswechsel	• Meist, erst wenn der persönliche Zenit und Wirkungsgrad längst überschritten ist • Eher formale und finanzielle Überlegungen	• Mit Bewusstsein für die eigene Kreativkraft und entsprechend der eigenen Lebensphase sowie möglicher Nachfolger • Eher Zukunft gestaltende Überlegungen
Beziehungskrise, Partnerschaft	• Suche nach Fehlern und Ärgernissen • Der Verstand und negative Gefühle (Ärger, Wut, Enttäuschung) führen das Wort • Macht und Ohnmacht, die Beziehung ist in der Abhängigkeit (meist finanziell) gefangen	• Suche nach Sinn und Erfüllung • Das Herz spricht Klartext und akzeptiert den Standpunkt des Anderen • Suche nach Interessensausgleich und einvernehmlicher Lösung für beide Partner

2.3.5 Problemlösungsverantwortlicher

Bei der Frage „Wer ist für das Problem verantwortlich?" erleben wir es immer wieder, dass die Schuld anderen zugeschoben wird, und demzufolge auch die Problembeseitigung in der Verantwortung des/der anderen liegen soll. Auf den ersten Blick erscheint dies logisch und konsequent.

Ist es aber in Wahrheit nicht so, dass derjenige, der eine Situation als Problem wahrnimmt, der eigentliche Probleminhaber ist und demzufolge auch für die Problemlösung verantwortlich ist? Beispiel: Ein Nichtraucher hat ein Problem damit, dass ein Raucher die Luft im Raum verpestet. Der Raucher hat damit natürlich kein Problem, sonst würde er ja nicht rauchen. Die Initiative für die Problembeseitigung muss also beim Nichtraucher liegen. Mit anderen Worten, wenn wir ein Problem haben, sind auch wir für dessen Beseitigung verantwortlich.

Tipp:

Beschäftigen Sie sich nicht eher mit den Problemen, die Ihnen andere Menschen vorlegen, z. B. Ihre Mitarbeiter, bevor Sie nicht von ihnen zumindest einen Lösungsvorschlag erhalten. Das hat nichts mit Rückdelegation zu tun. Es ist eine Methode, bei den Mitmenschen Bequemlichkeit zu unterbinden und Mitdenken zu fördern. Sie selbst schützen sich vor unnötigen Zeitverlusten und „Affen, die man Ihnen auf die Schulter setzen will".

Achten Sie ferner darauf, wie rasch ein solcher Vorschlag kommt und von welcher Art er ist. Das kann Ihnen zeigen, wie stark das Problem hinführen will zu einer Veränderung und Neuausrichtung des Mitarbeiters. Was wir „Bequemlichkeit" nennen, ist oft ein „nicht mehr" oder ein „noch nicht". Etwas sagt nicht mehr zu, ohne dass sich das Neue schon zeigt. Oder der gefühlte Veränderungsdrang ist noch ohne eigene Form. Dann gilt es, dazu zu ermutigen.

3. Kairos in der Mitarbeiterführung

Den folgenden Text stellte Frau Dr. Kerstin Friedrich im Rahmen eines Workshops zur Engpass-konzentrierten Strategie nach Wolfgang Mewes vor.

> „Wir haben zu viele ähnliche Firmen,
> die ähnliche Mitarbeiter beschäftigen,
> mit einer ähnlichen Ausbildung,
> die ähnliche Arbeiten ausführen.
>
> Sie haben ähnliche Ideen und
> produzieren ähnliche Dinge,
> zu ähnlichen Preisen,
> in ähnlicher Qualität.
>
> Wenn wir dazugehören,
> werden wir es künftig schwer haben."

Besser kann man die Situation in vielen Branchen, in denen ein Überangebot sowie hohe Austauschbarkeit der Produkte und Dienstleistungen bestehen, kaum beschreiben.

Die heutigen Unternehmens- und Personal-Führungsmodelle sind im Kern betriebswirtschaftlich orientiert. Im Fokus stehen die Bereiche Strategie, Organisation, Prozesse, Produkte. Und es geht dabei letzten Endes immer um Zahlen, Daten, Fakten.

Häufig werden zudem erreichte Ergebnisse und das Handeln der Vergangenheit hochgerechnet, ohne die Dynamik des Menschen, des Umfeldes und die Entwicklung des Zeit-Geistes ausreichend zu würdigen.

Die rein betriebswirtschaftlich orientierte Führung hat in einer Welt, die letztlich von der Dynamik des Menschen und seine geschichtlichen Bewegung bestimmt wird, keine Zukunft.

Abb. 3.1 Betriebswirtschaftlich orientierte Führung

Betriebswirtschaftliche Führung ist mechanistisch. Und die wahre Dynamik ist kairologisch.

Was ist neu an der kairologischen Führung?

Die kairologische Führung spricht den ganzen Menschen an, in seiner individuellen Lebensentwicklung, seiner Beziehung zum Ganzen und seiner Position in der geschichtlichen Entwicklung.

Unser Fühlen, Denken und Handeln ist maßgeblich. Dahinter verbergen sich die Kreativkräfte unserer

- Resonanzentfaltung,
- Selbstentfaltung und
- Lebensentfaltung.

Sie enthalten eine nicht zu unterschätzende innere Dynamik. Sie zeigt sich in den Kairos-Lebensphasen.

Kairologische Führung richtet sich also wesentlich an der menschlichen Energie und dem Zeit-Geist aus.

Abb. 3.2 Die neue kairologische Führung

Der Energiepegel ist erfahrungsgemäß umso größer, je mehr der Mensch - zusätzlich zu seinen Grundbedürfnissen - mit sinnvollen Aufgaben betraut und auf Augenhöhe in die zukunftsorientierte Entwicklung seines Umfeldes eingebunden ist.

Beispiel: Arbeitsweisen

Eines Tages erhielten wir von einem Klienten in einer Mail folgendes P.S.:

„Es gelingt mir nur sehr mühsam mich frei zu schaufeln. Herr A. (37, designierter Geschäftsführender Gesellschafter) geht mir (67, Inhaber) noch oft zu schnell auf eine Aufgabe los, ohne nach rechts oder links oder voraus zu schauen was passieren könnte!

Ich kenne dies auch von mir: Erst mal schnell weg, ohne alles zu bedenken, dann geht dies aus dem Bewusstsein und muss wieder mühsam strukturiert, um gelöst zu werden."

Unsere Antwort hierzu lautete:

„Das handlungsorientierte Verhalten Ihres Nachfolgers erkläre ich wie folgt: Er befindet sich in der 6. Lebensphase. Diese ist von Handeln, Machen, Umsetzen geprägt.

Und in seiner Personalisation befindet sich Ihr Nachfolger im letzten Abschnitt der ICH-Entwicklung. Dies ist die Phase, in der es um die Beziehungen geht. Ihm geht es darum, etwas in guter Resonanz zu anderen zu schaffen - beruflich und privat.

Sie dagegen sind in der elften Lebensphase und haben natürlich einen viel größeren Erfahrungshorizont. Lassen Sie Ihren Nachfolger dosiert an Ihren Erfahrungen teilhaben. Aber lassen Sie ihm den Raum, selbst Erfahrungen zu sammeln. Denn der Zeitgeist und das Umfeld haben sich in den vergangenen 30 Jahren (der Differenz Ihrer beiden Lebensalter) auch verändert."

3.1 Das menschliche Betriebssystem des Unternehmens

3.1.1 Die Menschen

Chemisch betrachtet bestehen wir Menschen durchschnittlich aus

    65 % Wasser

    15 % Eiweiß (Proteine)

    13 % Fett (Lipide)

     7 % Zucker, Säuren, Mineralstoffe.

Das ist der **physische Körper**. Er symbolisiert die physischen Bedürfnisse wie Nahrung, Obdach und Kleidung – Herz, Kreislauf.

Die genannten Fakten sagen aber noch nichts über das Zusammenspiel unserer Organe und unsere Beweglichkeit aus.

Die **Vitalität** eines Menschen wird nicht nur vom Körper, sondern vor allem auch von seinem Geist und seinen Gefühlen bestimmt. Sie bezieht auch das Alter und die entsprechenden Kräfte mit ein.

Mit unseren **Gefühlen** gehen wir in Resonanz zu Menschen, Gegenständen oder Angelegenheiten. Und dies bestimmt wiederum unser Verhalten und die Intensität und Richtung unserer Handlungen. Lust und Erfolg treiben an (hin zu…), Angst lähmt. Enttäuschung, Wut und Ärger führen zu Widerstand, Blockade und letztendlich zu Rückgang (weg von…).

Wer schon einmal im Flow-Zustand war, weiß, wie schnell Zeit, Hunger und Durst vergessen sind, wenn man sich für eine Sache - die Herzensangelegenheit - total begeistert bzw. sich ihr hingibt.

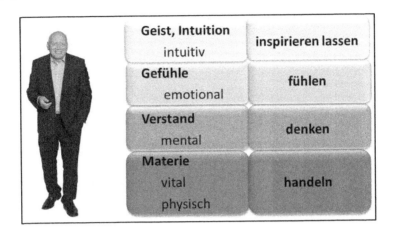

Abb. 3.3 Die vier Ebenen des Menschen

Das Herz repräsentiert das Bedürfnis nach Beziehungen, Zugehörigkeit und Liebe.

Die Füße tragen uns nur dorthin, wohin es das Herz zieht. Und was das Herz spürt, rechtfertigt der **Verstand**.

Der Verstand symbolisiert die intellektuellen Bedürfnisse (zu wachsen und ständig zu lernen…) Er will die Dinge rational durchdringen. Weil A, deshalb B. Sein Ideal ist es, das möglichst bewusst gehandelt wird. Auf der Verstandesebene durchdenken wir die Dinge rational und handeln mehr oder weniger bewusst.

Die höchste Ebene repräsentiert unser **Geist**, der uns mit allem verbindet. Er ist so mächtig, dass wir in unserem Innersten die Welt so sehen können, wie wir es wollen – unabhängig von der Politik, der Meinung anderer oder sonstigen immateriellen und materiellen Gegebenheiten.

Geist spiegelt sich in dem Bedürfnis wider, einen Beitrag zu leisten, ein Lebenswerk zu schaffen, etwas Bedeutsames zu bewirken.

Unser Geist befähigt uns, intuitiv zu entscheiden, uns inspirieren zu lassen und in uns Vorstellungen und Bilder entstehen zu lassen, die sich früher oder später materialisieren können. Das kann beispielsweise eine Idee sein, die in einem Dokument aufgeschrieben und daraus eine Dienstleistung oder ein physisches Produkt entwickelt und verkauft bzw. zu Geld wird.

Deswegen haben unseres Erachtens auch die Menschen Recht, die sagen, es geht nicht insbesondere um bereitstehendes Kapital bzw. Technologie, sondern es geht in erster Linie um gute Ideen. Alles andere wird sich dann finden.

In unserer **Vernunft** vereinigen sich Geist, Gefühl und Verstand

Unsere **Persönlichkeit** definiert sich aus allen vier Dimensionen, und nicht einfach aus einem materiellen oder geistigen „Haben".

Kairologisch betrachtet, resultieren die heutigen Ergebnisse aus unseren Erfahrungen und der Wirkkraft der vier Ebenen in unserer Vergangenheit. Und dies wiederum war abhängig von der zur Verfügung gestandenen Energie aus der Resonanz-, Selbst- und Lebensentfaltung.

These: Die heutigen Ergebnisse resultieren aus der Kreativkraft in den Lebensphasen

		Resonanzentfaltung			
	Intuition	Geist	**Spirit und Entschlossenheit**	Bewusstsein / Verdrängung	
Selbstentfaltung	Gefühl	Energie	**Lust auf Leistung**	Attraktivität / Abhängigkeit	Lebensentfaltung
	Denken	Ordnung	**Forderungen**	Erträge / Kosten	
	Körper	Materie	**Leistungen**	Aktiva / Passiva	

Abb. 3.4 Ergebnisse als Resultat der Kreativkraft

Wir alle befinden uns in einem menschlichen Energiefeld. Die uns umgebende Aura ist unsere Strahlkraft. Wie heißt es so treffend? "Was nach außen strahlen soll, muss innen glänzen." Beispiel: Wer hat es schon einmal erlebt, dass die Temperatur um gefühlte 5° Celsius gesunken ist, wenn jemand den Raum betreten hat - also die Atmosphäre „frostig" wurde?

Die vier Ebenen Körper, Verstand, Gefühle (Herz) und Geist müssen in allen Bereichen unseres Lebens Ausdruck finden.

- Ignorieren, vernachlässigen oder verletzen wir gar bei uns selbst eine der vier Ebenen, werden wir feststellen, dass wir keine wirklich guten Leistungen erbringen können.
- Und wer in anderen Menschen nicht die gesamte Person anspricht, gefährdet neben ihrer Handlungsfähigkeit auch sein eigenes Führungsvermögen.
- Jeder Mensch ist Teil des Ganzen - von der Familie, von Organisationen und Unternehmen sowie der Gesellschaft.

Aber wohin soll die Reise unseres Lebens oder Unternehmens gehen?

Wer kein definiertes Ziel hat, kann sich zwar kaum verfahren, wird aber auch nie ankommen. Schon der römische Philosoph Seneca erkannte: „Wer nicht weiß, in welchen Hafen er will, für den ist kein Wind der richtige."

Wer ohne Ziel im Leben versucht, vorwärts zu kommen, hat keine große Chance, ein für sich und sein Leben sinnvolles Ziel zu erreichen. Leben wird aber erst dann als sinnvoll erlebt, wenn es Sinn und Ziel bekommt.

Die Felder, auf denen wir Körper, Gefühle, Verstand und Geist einsetzen, sind
- unser ICH (also für uns selbst),
- die Familie, Freunde,
- der Beruf/das Unternehmen,
- die Gesellschaft und die Welt.

Das quantitative Verhältnis der vier Felder zueinander wird durch die dafür verwendete (Lebens-)Zeit bestimmt. Quantität ist nicht gleich zu setzen mit Qualität. Jedoch leiden viele Menschen unter Zeitmangel, weil entweder keine vernünftige Balance zwischen Aufgaben und Kapazität besteht oder zu wenig Zeit für die Dinge bleibt, die einem wirklich am Herzen liegen und Freude bereiten. Wie ist das bei Ihnen?

3.1.2 Die menschlichen Kräfte eines Unternehmens

Unternehmen sind menschliche Schöpfungen. Sie werden von Menschen für Menschen geführt und gelebt. So, wie jeder Mensch seine individuelle Persönlichkeit und einen einmaligen Fingerabdruck hat, so ist jedes Unternehmen das Spiegelbild seiner Belegschaft und deren Einstellung und Handeln. Darin liegen Energie und Erfolg einer Organisation.

Üblicherweise dauern Ausbildung und Berufsfindung heute bis etwa zur Mitte der dritten Lebensdekade (= Ende L4, - 25/26 Jahre). Dann folgt der Zeitraum von vier Lebensphasen (L5 – L8), die für die berufliche / unternehmerische Entwicklung und den Wirkungsrahmen von größter Bedeutung sind und eine energetische Hierarchie bilden (siehe folgende Abb. 3.5).

Abb. 3.5 Energetische Hierarachie

Jede Kairos-Lebensphase ist auf ein spezifisches Bedeutungsmuster ausgerichtet. In der Kairos-Lebensphase fünf geht es um die strategische Weitsicht, in der Kairos-Lebensphase sechs um das Zusammenwirken der Menschen in Beziehung zu einer Aufgabe, während in der Kairos-Lebensphase sieben Struktur und Form einer Angelegenheit wichtig sind und in Kairos-Lebensphase acht die konkrete Umsetzung, das erfolgreiche Handeln am meisten befriedigt.

Die Menschen im Unternehmen sind der wichtigste Erfolgsfaktor.

Klug und preiswert zugleich ist es daher, zunächst die Entfaltungskräfte im eigenen Unternehmen auszuschöpfen, bevor an das Einstellen von neuen Mitarbeitern gedacht oder das Geld für Dinge investiert wird, die auf die Symptome zielen und an den wirklichen Ursachen von Problemen vorbeigehen. Dies erfordert allerdings auch eine ganzheitliche Führung.

Ganzheitliche Führung heißt unter anderem, die Gefühle und das Vorstellungsvermögen der Mitarbeiter und Führungskräfte im Hier und Jetzt anzusprechen. Oder anders ausgedrückt: das ‚Gold in den Köpfen' der Belegschaft zu nutzen, durch mitwissen, mitdenken, mitentscheiden, mitverantworten, mitmachen, mitlernen, mitfeiern lassen.

Und Chancenmanagement ist attraktiver als Fehlervermeidungsstrategien.

In vielen Lebensbereichen haben wir heute bereits ein Überangebot an jederzeit austauschbaren und vielfach überflüssigen Produkten und Dienstleistungen. Die Wettbewerbskräfte richten sich daher immer stärker auf Verdrängung und Vernichtung.

Der einzig nachhaltige Wettbewerbsvorteil eines Unternehmens basiert auf der Qualifikation, Motivation, Kreativität und Einsatzbereitschaft des Personals. Darin eingeschlossen sind natürlich die Führungskräfte. Eine Treppe wird schließlich auch von oben nach unten gekehrt, um nicht das Bild mit dem stinkenden Fisch und dessen Kopf zu nehmen.

Wir empfehlen Ihnen, sich für die beruflichen und privaten Ziele bzw. Träume ihrer Mitarbeiter zu interessieren.

In der folgenden Abbildung haben wir auf Basis der Maslowschen Bedürfnishierarchie typische private und berufliche Bedürfnisse gegenübergestellt. Dabei lässt sich ein plausibler Bezug zwischen der Bedürfnishierarchie und den Lebensphasen (L5 bis L9) herstellen.

Mitarbeiter-Bedürfnisse und deren Abdeckung im Betrieb

Unabhängigkeit ehrenamtliche Tätigkeit kreatives, künstlerisches Schaffen Überzeugungen/Werte leben	**Selbstverwirklichung** L9	Selbstständigkeit, Zeitautonomie persönliche Weiterentwicklung heraushebende Aufgabe Einfluss, Vollmachten
Selbstvertrauen Lob, Anerkennung Status Selbstwertgefühl	**Ichbezogene Bedürfnisse** L8	experimentieren Budgetverantwortung Referate, Interviews, Fachartikel (Sonder-)Aufgabenübernahme Einbeziehung in die Verantwortung
Freundschaften Dabei-sein-wollen Kommunikation Austauschen	**Soziale Bedürfnisse** L7	Coaching Betreuung, Mentoring Vorbilder Teamarbeit, Solidarität, Kollegialität
Bestandswahrung Zukunftssicherung Zuverlässigkeit, Ordnung Schutz, Sicherheit, Stabilität	**Sicherheitsbedürfnisse** L6	Weiterbildung Zielvereinbarung und Feedback Altersversorgung Kündigungsschutz
Sicherung des Einkommens Wohnung, Schlaf, Bewegung Leben, Nahrung, Kleidung	**Grundbedürfnisse** L5	gesunder Arbeitsplatz faire Bezahlung befriedigende Arbeit

Abb. 3.6 Mitarbeiter-Bedürfnisse und deren Abdeckung im Betrieb

Gerade in Anbetracht der rasant steigenden Dynamik und Komplexität in allen Lebensbereichen können bewusst handelnde Menschen aus der Kairologie enorm an Orientierung und Sicherheit schöpfen

Für die Unternehmens- und Personalführung ist die Kairologie ein völlig neuer Ansatz. Sie ist im Kern der Humus, auf dem unternehmerisches Handeln in einer günstigeren Balance von Aufwand und Ertrag gedeiht und zu besseren Ergebnissen führt.

3.1.3 Mitarbeiter-Kompetenz und –Engagement

Wahrscheinlich kennen Sie den seit 2001 jährlich von Gallup veröffentlichten Engagement Index. Nach der neuesten (2016) repräsentativen Befragung von 1.413 Beschäftigen setzen sich nur 15 % voll und ganz für ihr Unternehmen ein. 70 % sind an ihr Unternehmen gering gebunden und machen Dienst nach Vorschrift, während 15 % der Beschäftigten emotional nicht gebunden sind und bereits innerlich gekündigt haben. Die Werte sind in den letzten Jahren mit nur 1-2 % Schwankungsbreite konstant. Ein verheerendes Ergebnis!

Die geringe Bindung lässt sich fast immer auf den direkten Chef zurückführen. Mitarbeiter mit geringer oder ohne emotionale Bindung werden hinsichtlich ihrer Bedürfnisse und Erwartungen von ihren Vorgesetzten teilweise oder sogar völlig ignoriert. Die Folge sind Mehrkosten durch höhere Fehlzeiten und Fluktuation.

Ein Unternehmen mit 100 Beschäftigten verliert auf diese Weise im Betriebsergebnis durchschnittlich 150.000 Euro pro Jahr! Um das auszugleichen, brauchen die Unternehmen, bei einer Umsatzrendite von 5 %, mindestens 3 Millionen Euro mehr Umsatz. Das ist eine Menge „Holz".

Wie ist die Situation in Ihrem Verantwortungsbereich?

- Wer sind bei Ihnen die Leistungsträger, die kreativen Treiber, die aktiven Mitmacher?
- Wer hat bei Ihnen bereits innerlich gekündigt bzw. stört oder behindert den Betrieb?
- Wer sind die positiven Reagierer und wer läuft „nur" mit?
- Wie interessiert sind die Mitarbeiter an ihrer jeweiligen Aufgabe?
- Wie stark engagieren sie sich für die Ziele des Unternehmens?
- Wie ausgeprägt ist die soziale und fachliche Kompetenz des einzelnen Mitarbeiters?
- Und wie groß ist der Ergebnisbeitrag bzw. wie "unersetzbar" ist jeder einzelne?

Damit Sie einerseits Ihre Abhängigkeit von den Mitarbeitern und andererseits Verbesserungspotenziale in der Stellenbesetzung und für die Personalentwicklung objektiv und quantitativ erkennen können, empfehlen wir Ihnen eine systematische Erhebung, z. B. nach folgendem Muster:

Teil 1

Wert	interessiert	engagiert	fähig	unersetzlich
6	macht unaufgefordert qualifizierte Vorschläge	denkt und handelt zukunftsorientiert, wirkungsvoll	sehr hohe soziale und fachliche Kompetenz	hervorragendes/r Schlüssel-Know-how und Ergebnisbeitrag
5	erweitert sein berufliches Wissen und Können unaufgefordert	denkt und handelt abteilungsübergreifend und kundenorientiert	hohe soziale und fachliche Kompetenz	sehr gutes/r Schlüssel-Know-how und Ergebnisbeitrag
4	ist auch an übergeordneten betrieblichen Themen interessiert	denkt und handelt umsichtig und qualitätsbewusst	gute soziale und fachliche Kompetenz	Gutes/r Schlüssel Know-how und Ergebnisbeitrag
3	macht seinen Job, aber auch nicht mehr	eher reaktiv, „Dienst nach Vorschrift"	es geht	es geht
2	beobachtet die Entwicklung	braucht immer wieder einen Anstoß	braucht Anleitung	leicht ersetzbar
1	weiß, was nicht geht, macht aber keine Vorschläge	„stört/behindert" den Betrieb	braucht (zu) viel Unterstützung	kostet mehr als er bringt

Zunächst haben wir eine sechsstufige Bewertungstabelle für die Kriterien "interessiert, engagiert, fähig, unersetzbar" erstellt (Teil 1). Im nächsten Schritt erstellen wir eine Namensliste mit Angabe des Alters/der Lebensphase und der Abteilungszuordnung des jeweiligen Mitarbeiters. Dann können Sie alle Mitarbeiter nach Tabelle Teil 1 bewerten und die Punkte in die Tabelle (s. Beispiel: Teil 2) eintragen und entsprechend dem Durchschnittswert in eine Reihenfolge bringen (Rang).

Je höher der Durchschnittswert ist, desto attraktiver ist der Mitarbeiter für das Unternehmen. Die unter der Rubrik „Für die Unternehmens-Zukunft interessant ... unersetzlich" hervorgehobenen Werte sind in Bezug auf das Alter (Lebensphase) besonders bedeutsam.

Teil 2

Name	Vorname	Alter	Abteilung Bereich	Für die Unternehmens-Zukunft				Punkte	Anzahl Werte	Durchschnitt	Rang	Kommentar
				interessiert	engagiert	fähig	unersetzlich					
A	A	33	XY	5	**6**	5	5	21	4	5,3	1	
B	B	28	XY	**4**	5	4	4	17	4	4,3	2	
C	C	45	XY	3	3	3	**3**	12	4	3,0	3	

Besonders interessant wird es, wenn diese Erhebung bereichsübergreifend oder unternehmensweit erfolgt.

Wir empfehlen Ihnen, eine solche Mitarbeiterpotenzialanalyse auch aus kairologischer Hinsicht durchzuführen.

Bitte erinnern Sie sich nochmals an die energetische Hierarchie im Unternehmen, die sich aus der Kairos-Lebensphasenstruktur aller Mitarbeiter ergibt:

- Die Kairos-Lebensphase 5 (25/26 – 32 Jahre) steht für strategischen Horizont.
- Die Kairos-Lebensphase 6 (32 – 38/39) steht für Resonanz.
- Die Kairos-Lebensphase 7 (38/39 – 45) steht für Struktur.
- Die Kairos-Lebensphase 8 (45 – 51/52) steht für effizientes Handeln

Analog dazu hat jede Lebensphase einen Schlüsselwert:

L5	L6	L7	L8
interessiert	engagiert	fähig	unersetzlich

Schauen Sie sich daher besonders den Wert an, der in der jeweiligen Lebensphase Ihrer Mitarbeiter eine besonders hohe Relevanz hat. Daraus lassen sich Wahrscheinlichkeiten für die weitere Unternehmensentwicklung ableiten.

Je niedriger der Wert ist, desto geringer ist wahrscheinlich auch die Leistung.

Und wenn Sie diese Betrachtung nicht nur auf der Mitarbeiterebene, sondern auch auf der Funktionsebene (Abteilung, Bereich) machen, werden Sie sehr wahrscheinlich auch die personellen und energetischen Schwachpunkte / Stärken in Ihrer Wertschöpfungskette identifizieren.

Praxisbeispiel: In einem Unternehmen mit 75 Beschäftigten hatten die zehn Führungskräfte sämtliche Mitarbeiter des Unternehmens bewertet, mit denen sie in den vergangenen zwölf Monaten eine Begegnung bzw. persönliche Wahrnehmung hatten. Das konnte die direkte Zusammenarbeit gewesen sein, die Wahrnehmung des Mitarbeiters in Besprechungen oder sonstigen Anlässen.

Im Durchschnitt ergaben sich knapp sechs Bewertungen je Mitarbeiter. Sehr interessant war die Diskussion der Führungskräfte über das Ergebnis. Hier nur drei Erkenntnisbeispiele:

1. Bezogen auf die laut dem Ranking mit Abstand schwächsten zehn Mitarbeiter, waren sich alle Führungskräfte einig. Auf die Frage, unter welchen Umständen diese Mitarbeiter seinerzeit eingestellt wurden und warum sie heute noch im Unternehmen beschäftigt sind, gab es keine zufriedenstellende Antwort.

2. Bei den besten zehn waren sich die Fachführungskräfte ziemlich einig. Allerdings hatte der Geschäftsführer ein vollkommen abweichendes (negatives) Bild über zwei für das Unternehmen sehr wertvolle Mitarbeiter.

3. Eine weitere wichtige Erkenntnis war, dass von den acht Entwicklungsmitarbeitern nur zwei Digital-Know-how hatten, während die anderen sechs sich nur in der analogen Technologie-Welt auskannten. Die Zukunft der Produkte und des Unternehmens liegt jedoch in der digitalen Welt.

In Anlehnung an die Gaußsche Glockenkurve der Normalverteilung und das Ergebnis der Gallup-Studie ergibt sich eine durchschnittliche Verteilung der Beschäftigten gemäß folgender Abbildung:

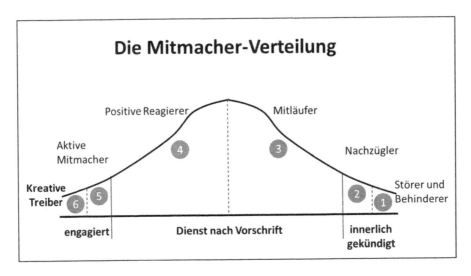

Abb. 3.7 Die Mitmacher-Verteilung

Die Zahl in den grau hinterlegten Kreisen entspricht dem Punktwert der jeweiligen Kategorie in der vorher erläuterten Mitarbeiter-Kompetenz-Engagement-Analyse (siehe Teil 1).

3.1.4 Leistungsmotivation = Arbeitsmotivation

Mitarbeiter sind Persönlichkeiten, die Vertrauen verdienen. Schließlich wurden sie sorgfältig ausgewählt und eingestellt. Das Ausmaß an Vertrauen dokumentiert sich im Freiheitsgrad bzw. im Handlungsspielraum der Mitarbeiter. Wir kennen Führungskräfte, die viel zu viel Zeit für die Kontrolle vergeuden statt es ihren Mitarbeitern zu ermöglichen und sie dabei zu unterstützen, selbstverantwortlich ihre Aufgaben zu erfüllen.

Wenn wir Zwecke erreichen wollen, brauchen wir auch die richtigen Mittel. Motivations- und Anreizsysteme werden häufig unsachgemäß eingesetzt.

Wer seine Mitarbeiter nur mit finanziellen Anreizen zu mehr Leistung bringen will, ohne etwas im Betrieb zu verändern, braucht sich nicht zu wundern, dass dies vom Mitarbeiter als „Bestechung" ausgelegt wird und er die gewünschten Ergebnisse trotzdem nicht erzielt. Man könnte den finanziellen „Leistungsanreiz" ja auch so interpretieren, als würde der Chef seinen Mitarbeitern mangelnde Einsatzbereitschaft unterstellen.

Mitarbeiter durchschauen das Spiel und sind auf Dauer nicht „bestechlich". Sie wollen eher, dass das Geld für die Verbesserung der Rahmenbedingungen ausgegeben wird, damit sie erfolgreicher arbeiten können oder der Arbeitsplatz gesichert ist.

Führen ist nach Reinhard K. Sprenger vor allem Vermeidung von Demotivation und heißt

- den Sinn der Arbeit zu fördern und
- Ziele vereinbaren,
- offen kommunizieren,
- keine unnötige Pedanterie, nicht den „Big Boss" spielen,
- dem Mitarbeiter etwas zutrauen und
- die Aufgabe als spannende Herausforderung gestalten.

Demotivierend wirkt alles, was in einem Betrieb Energie, Zuversicht, Optimismus, gute Laune, Begeisterung, Zusammenarbeit, Kollegialität und Teamarbeit stört.

Echte Führungskräfte schauen nicht in Führungsbücher, sondern in die Augen ihrer Mitarbeiter. Sie

- nennen Ziele,
- übertragen Verantwortung für Ergebnisse,
- geben sinnvolle Arbeit,
- geben Freiräume,
- geben Chancen für Mitwirkung,
- agieren vorbildlich und persönlich,
- fordern und fördern.
- Und, sie interessieren sich für die beruflichen sowie privaten Ziele ihrer Mitarbeiter.

Unserer langjährigen Erfahrung nach lautet das Prinzip erfolgreicher Führung: mit-wissen, mit-denken, mit-entscheiden, mit-verantworten, mit-machen, mit-lernen und natürlich auch mit-feiern.

Die Wirkung des Prinzips ist direkt und nachhaltig zugleich. Die Mitarbeiter wissen, wo es hingeht, was erreicht werden soll und welcher Beitrag von ihnen erwartet wird. Sie sollen mit darüber nachdenken, wie es gemacht werden könnte. Sie entscheiden sich gemeinsam für den besten Weg und tragen für das Ergebnis gemeinsam Verantwortung. Natürlich hat der Chef/die Chefin das letzte Wort. Alle machen mit und lernen, weil es auch ihre gemeinsame Sache ist, und feiern auch gemeinsam den Erfolg.

Unternehmer sollten unverzüglich beginnen, das im Unternehmen vorhandene Mitarbeiterpotenzial und die Optimierungschancen richtig und konsequent zu nutzen. Aus unserer Arbeit wissen wir, dass fast jedes Unternehmen im hohen zweistelligen Prozentsatz wachsen bzw. sein Ergebnis verbessern kann, ohne Mitarbeiter einstellen oder viel Geld ausgeben zu müssen.

Das 7-Mit-Prinzip guter Führung

Rolle der Führungskraft: Ermöglicher + Unterstützer + Vorbild

7-Mit-Prinzip	Beispiele
Mit-wissen	kooperativ, fehlertolerant, vertrauend, Betriebsversammlung, Monatsbrief ...
Mit-denken	Workshops
Mit-entscheiden	Mitarbeiter-Befragung ...
Mit-verantworten	Teil der Lösung sein ...
Mit-machen	Umsetzung, Tun, Delegation ...
Mit-lernen	Controlling, Verbesserungsvorschläge ...
Mit-feiern	Anerkennung, Events, Prämien ...

Abb. 3.8 Das 7-Mit-Prinzip guter Führung

Wenn Mitarbeiter innerlich unzufrieden sind, leidet auch das Unternehmen. Sie wissen sicher, dass die meisten organischen Krankheiten einen psychosomatischen Ursprung haben. Leiden die Mitarbeiter, so wird auch das Unternehmen krank: es verliert an Wettbewerbsfähigkeit und gerät in die Krise. Vielleicht haben Sie schon einmal den Begriff ‚Organisations-Burnout' gehört.

3.1.5 Gefährdungsbeurteilung psychischer Belastungen am Arbeitsplatz

Psychische Erkrankungen bei der Arbeit sind auf dem Vormarsch. Der Gesetzgeber hat mit der Novellierung des Arbeitsschutzgesetzes § 5 darauf reagiert. Verantwortungsbewusste Arbeitgeber schützen ihre Mitarbeiter. Aus diesem Grund müssen alle Arbeitsplätze auf psychische Gefährdungen hin untersucht werden. Alle Mitarbeiter haben nach § 15 und 16 ArbSchG eine Mitwirkungs- und Unterstützungspflicht sowie Rechte (§ 17 ArbSchG), die sie wahrnehmen können.

Vorgehensweise:
Alle Mitarbeiter werden anhand eines speziellen Fragebogens zu Belastungen bei ihrer Tätigkeit einzeln befragt. Sie haben die Möglichkeit, geeignete Maßnahmen zur Senkung von psychischen Belastungen vorzuschlagen.

Nach Ende der Befragung wird eine Risikobewertung erstellt. Die vorgeschlagenen Gegenmaßnahmen werden in einem Maßnahmenplan festgehalten. Dieser wird allen Mitarbeitern vorgestellt und die weitere Vorgehensweise besprochen.

Ziele dieser Maßnahmen sind:

- Gefährdungen am Arbeitsplatz zu erkennen.
- Prävention, um psychische Belastungen zu verhindern.

Die Wirksamkeit der durchgeführten Maßnahmen wird nach 6 Monaten überprüft.

Damit haben wir im üblichen Rahmen der Personalbetrachtung wichtige Maßnahmen angesprochen. Darüber hinaus geht die kairologische Sicht psychischer Belastungen.

Es ist auch zu beachten, wann welche Art von Belastung gehäuft auftritt und welche Bedeutung sie hat.

Wird zum Beispiel über Kommunikationsprobleme geklagt, so bedeuten diese in der Regel mit einem Alter von etwa 36 Jahren etwas anderes als mit 43 Jahren. Mit 36 Jahren fühlt man sich eher bei Angriffen oder Vorwürfen in seiner Persönlichkeit und Gemeinschaftszugehörigkeit insgesamt betroffen, mit 43 Jahren sieht man sich in einem Team eher von seiner Vernunft und seinem Verständnisvermögen her nicht respektiert. Im ersten Fall gilt es, die Gruppenzugehörigkeit zu stärken, im zweiten Fall, neue Ideen im Team zu würdigen.

Das Wissen, dass Gefährdungen am Arbeitsplatz genauso wie die Prävention immer auch damit zu tun hat, in welcher Kairos-Lebensphase sich die Beteiligten befinden, trägt dazu bei, frühzeitig und zeitgerecht damit umzugehen.

3.2 Lebensphasen- und lebensereignisgerechte Mitarbeiterführung

Mit Bezug auf die demographische Entwicklung wird immer stärker auf die Bedeutung der lebensphasen- bzw. altersgerechten Personalführung hingewiesen. Wir halten das grundsätzlich für richtig. Häufig klingt es aber eher nur nach Absichtserklärungen und Lippenbekenntnissen.

Zu beobachten ist auch, dass neuerdings sowohl die Arbeitgeber als auch die Gewerkschaften mit Nachdruck davon reden, dass die Lebensarbeitszeiten flexibler zu gestalten seien. Beide Seiten berufen sich auf die Wünsche der Mitarbeiter, meinen aber Entgegengesetztes. Gewerkschaften haben vor allem jene im Blick, die Zeit dafür brauchen, andere existenziell bedeutsame Aufgaben wie Familie, Pflege oder ein Ausgebranntsein zu bewältigen. Die Arbeitgeber haben jene im Blick, die gern mehr arbeiten wollen als der Tarifvertrag erlaubt. Bisher fehlt ihnen leider ein Fundament dafür, wie diese Gegensätze sinnvoll zusammenzubringen sind.

Auf einer kairologischen Ebene lassen sich beide Seiten gut verbinden. Hier kommt es nämlich zum einen darauf an, die jeweilige Lebensphase ernst zu nehmen, zum anderen aber darauf, längerfristig zu denken. So richtet sich zum Beispiel in L6 (32-38/39) die innere Kraft bei sehr vielen auf eine Polarität von Familie und Beruf aus. In L8 (45-51/52) dagegen geht der Drang zu maximaler praktischer Leistungsbereitschaft und Effizienz.

Zu beachten aber ist: in manchen Fällen führt dies in L6 bei Vätern auch dazu, dass sie mehr, statt weniger, arbeiten wollen, um so zur Sicherung der erhöhten familiären Aufwendungen beizutragen. Und in L8 kann der unbedingte Durchsetzungswille für die eigenen Vorstellungen auch zu Übertreibungen führen, die dann im Burnout enden. So ist also der Einzelfall immer mit zu berücksichtigen.

Im Großen aber gilt: es gibt eine Zeit, in der eine Reduktion erlaubt und sogar gefördert werden sollte, und eine Zeit, in der eine erhöhte Leistungsbereitschaft aufzutreten pflegt. Es lohnt sich, solche kairologischen Aspekte bei einer Vertragsvereinbarung einzubeziehen. Dies bindet gerade die guten Mitarbeiter. Längerfristig ist der Gewinn der Flexibilisierung wesentlich größer als der Verlust.

Kairologisch betrachtet hat das Thema für jedes Unternehmen, jede Organisation und die gesamte Gesellschaft große Bedeutung. Dabei sollte es nicht nur um die altersgerechte Gestaltung der Arbeitsplätze gehen.

Denn jeder Mensch wird im Laufe seines Lebens mit ungezählten Aufgaben, Herausforderungen, Veränderungen, Ereignissen oder Schicksalsschlägen konfrontiert. Mal trifft es ihn direkt und persönlich, mal moralisch und in verantwortlicher Position.

In der folgenden Abbildung sind für die beruflich relevanten Kairos-Lebensphasen 4-10 typische Ereignisse im privaten und beruflichen Bereich sowie mögliche Maßnahmen in einer lebensphasen- und lebensereignisgerechten Mitarbeiterführung beispielhaft dargestellt.

Die lebensphasen- und lebensereignisgerechte Mitarbeiterführung (Beispiele)

Lebensphase		Beruf / Unternehmen	Ereignisse	Maßnahmen
L4	18.12 – 25.6	Ich lerne	• Prüfung, Zertifizierung • Heirat • Geburt, Kinder • Krankheit • Pflegefall eines Familienmitglieds • Krankheit/Tod eines Familienmitglieds • Hausbau • Interessante Angebote • Begeisterndes Hobby • Drohender Arbeitsplatzverlust • …	• Flexible Arbeitszeitmodelle • Elternzeit • Betriebskindergarten • Vielseitige Aufgaben • Handlungsraum und Vertrauen • Lebenslange Weiterbildung • Mitarbeitergespräche • Kommunikation mit Sinn • Sog statt Druck • Altersgerechte Arbeitsplatzgestaltung • …
L5	– 32.0	Ich weiß was ich will		
L6	– 38.7	Ich steige auf		
L7	– 45.1	Ich ergreife wichtige Initiativen		
L8	– 51.8	Ich schreite voran und will Ergebnisse		
L9	– 58.3	Ich prüfe meinen Standort, mein Tun und meine Ziele		
L10	– 64.10	Ich entdecke neue Perspektiven		

Abb. 3.9 Die lebensphasen- und lebensereignisgerechte Führung

Jede Unternehmenssituation ist verschieden:

- Handelt es sich um ein kleines oder großes,
- etabliertes oder junges Unternehmen?
- Ist es in der Stadt oder auf dem Land,
- in einer statischen oder dynamischen Branche?
- Ist es wirtschaftlich labil oder mit starker Kreativität ausgestattet?
- Ist das Personal eher homogen oder heterogen?

Insgesamt sind die Mitarbeiter und damit auch die Personalzusammensetzungen so verschieden wie ihre Fingerabdrücke.

Eine allgemein gültige Lösung gibt es nicht. Es kommt auf das Bewusstsein und die Bereitschaft der Geschäftsleitung an, die Zukunftssicherheit des Unternehmens mit einer vorausschauenden Personalpolitik und Personalentwicklung sicherzustellen.

Dazu gehört auch, die Mitarbeiter nicht primär als Kostenfaktor, sondern vor allem als Mensch und Potenzialträger zu betrachten.

Wenn nun aber ein Unternehmen zu wenig Potenzial hat oder das vorhandene nicht richtig einsetzt, braucht es sich über Ergebnisdefizite nicht zu wundern.

Langes Leben

Geburt, Kindheit, Jugendjahre, Schule und Beginn der Berufsausbildung – das ist der erste große Lebensabschnitt.

Der zweite ist geprägt durch den Höhepunkt der körperlichen Kraft, den beruflichen Aufstieg, den Aufbau der Familie oder der Einzelperson.

Die dritte Lebensrunde ab etwa 52 bringt gewöhnlich auch äußerlich eine Änderung der Lebenssituation und verlangt eine Umstellung der Lebensweise. Der Bevölkerungsanteil der 65-jährigen ist heute größer als je zuvor.

Dank der Medizin haben wir die Chance, bis ins hohe Alter körperlich und geistig gesund sowie leistungsfähig zu bleiben. Der geistige Verfall beim Älterwerden ist ein Märchen. Nach dem 40. Lebensjahr nimmt im Allgemeinen die geistige Leistungsfähigkeit bis in den Ruhestand zu. Vorzeitiger Abbau ist entweder durch Krankheit verursacht oder durch mangelndes Interesse selbst verschuldet.

Zwar verringert sich mit höherem Alter die Mobilität und die Anpassungsfähigkeit. Man stellt sich leichter zwischen 50 und 60 auf einen neuen Lebensstil ein als zwischen 60 und 70. Dafür wächst die mögliche Intensität des Reflektierens. Durch ein positives Selbstbild kann jeder seine dritte Lebensrunde mitbestimmen. Viele Entscheidungen liegen ausschließlich in unserer Hand.

In der dritten Lebensrunde stellen sich unter anderem folgende Fragen:

1. Welche Chancen bieten die späten Berufsjahre?
2. Wie entwickle ich neue Ziele?
3. Wie sichere ich meine wirtschaftlichen Grundlagen?
4. Wie kann ich dem Leben Neues abgewinnen?
5. Was heißt gesund leben?
6. Was hat das Leben für einen Sinn?

Wie bereits erläutert, sind wir in den Lebensphasen 5 bis 8 (25/26 bis 51/52 Jahre) mit der größten beruflichen Kreativ- und Durchsetzungskraft versehen. Jedes Unternehmen sollte eine ausreichende Anzahl / Kapazität in jeder dieser Lebensphasen befindliche Mitarbeiter haben, um den Zeit-Geist des Marktes auch im Unternehmen abzubilden.

Systematische Personalentwicklung und die Nutzung natürlicher Fluktuation sind dabei wichtige Instrumente für eine zukunftsorientierte Unternehmensführung.

Im Laufe des Lebens werden mit sehr hoher Wahrscheinlichkeit bei fast allen Beschäftigten Ereignisse eintreten, die besondere Maßnahmen für die Gestaltung der Rahmenbedingungen und des Arbeitsumfeldes erfordern.

> Für den Erhalt der Leistungsfähigkeit und
> Leistungsbereitschaft sowie
> im Kampf um die Talente auf dem Personalmarkt
> wird die lebensphasen- und lebensereignisgerechte Führung
> immer wichtiger.

3.3 Demografiegerechte Personal- und Unternehmenspolitik

Generationen übergreifendes Führen ist die Königsdisziplin moderner Personalarbeit. Dabei kann sich jede Führungskraft die Frage stellen, ob sie als Menschenführer oder Vorgesetzter wahrgenommen werden will.

Erfolgreiche Unternehmen entwickeln jedenfalls vorrangig das Personal und nicht die Organisation!

Um dies zu verdeutlichen, betrachten Sie bitte folgendes Schaubild. Demnach sind die Führungskräfte mit ihrer Führungskompetenz und ihrem Führungsstil zu 70 % für das Organisationsklima verantwortlich.

Der Unternehmenserfolg ist nach unserer festen Überzeugung das Spiegelbild des Bewusstseins, Denkens und Handelns im Unternehmen. Wird ein Unternehmen zielorientiert und so geführt, dass sich Mitarbeiter darin wohl fühlen, dass sie auch mal einen Fehler machen können, aber dann aus Fehlern gelernt wird, dass aus Dingen, die nicht gut laufen, Konsequenzen gezogen werden, es künftig besser zu machen, dann hat das Unternehmen ein anderes Betriebsklima.

Die Unternehmenskultur, das damit verbundene Wertesystem und das Betriebsklima beeinflussen das Unternehmensergebnis zu 24-30 (!) Prozent.

Dies haben verschiedene voneinander unabhängige Studien zweifelsfrei ergeben.

Abb. 3.10 Mehr Wertschöpfung durch Wertschätzung

Tipp:
Anerkennung und Lob für die Leistung der Mitarbeiter kostet nichts, bringt aber viel.

Nutzen Sie das vorhandene Mitarbeiterpotenzial. Auch Ihr Unternehmensergebnis kann höchstwahrscheinlich um einen hohen zweistelligen Prozentsatz verbessert werden, ohne dafür Mitarbeiter einstellen oder viel Geld ausgeben zu müssen.

3.3.1 Menschen verändern die Welt.

Alles, was im und durch das Unternehmen (die Organisation) geschieht, beruht auf der Initiative einzelner Menschen. Denn die Mitarbeiter (einschließlich der Führungskräfte) entwickeln Produkte, entscheiden die Strategie, leben und gestalten die Geschäftsprozesse sowie die Beziehungen innerhalb und außerhalb des Unternehmens.

So, wie alles kommt und wieder geht, verändert sich auch der Zeit-Geist. In der folgenden Abb. 3.11 sind aus der Perspektive von Sozialwissenschaft, Marketing und Verkauf sowie der Personalarbeit verschiedene Zeiträume nach dem zweiten Weltkrieg beschrieben. Über den Beginn oder die Dauer einzelner Perioden herrscht zwar teilweise Uneinigkeit, aber in den charakteristischen Grundzügen sind sich die Protagonisten einig.

Viele der skizzierten Veränderungen hängen deutlich erkennbar mit neuen Technologien und den damit verbundenen Möglichkeiten zusammen. Früher sorgte die Einführung der Eisenbahn für eine gigantische Ausdehnung der Handelsräume und massenhafte Verbreitung von Gütern.

Heute werden über das Internet in Realtime und unterschiedlichen Formaten gigantische Informationsmengen rund um den Globus bewegt. Das Internet hat für unser Leben inzwischen einen vergleichbaren oder höheren Stellenwert als Radio, Fernsehen oder Telefon. Denn all das und noch viel mehr bietet das Internet.

Die früher eher spirituell gemeinte Aussage „Alles ist mit allem verbunden" wird bzw. ist Realität. Immer mehr Menschen, Geräte und Unternehmen werden vernetzt. Das Internet der Dinge und Industrie 4.0 lassen grüßen.

Die Transformation von weiten Teilen der analogen Welt in die digitale ist gegenwärtig unaufhaltsam. Zu beobachten sind gleichzeitig eine zunehmende Beschleunigung in vielen Lebensbereichen und die wachsende Transparenz unseres Handelns.

Das ist die eine Seite. Daneben stehen Abbrüche, die vor Jahrzehnten unvorstellbar schienen. Viele Entwicklungen stagnieren oder gehen zurück. Man hat einmal große Hoffnungen auf das Überschallflugzeug gesetzt. Aber den Absturz einer Concorde in Paris nahm man zum Anlass, das Projekt zu begraben. Die Magnetschwebebahn kam aufs (chinesische) Abstellgleis.

Großprojekte wie Stuttgart 21 sind nur noch äußerst mühsam durchzuboxen. Staatsschulden, lange eine natürliche Voraussetzung für noch größeren Wohlstand, werden zunehmend als massive Belastung und Bedrohung wahrgenommen.

Nicht die Technik und die sachlichen Risiken sind hier das entscheidende Problem. Was sich verändert hat, ist die Bedeutung der Werte, die dahinter stehen. Darum ist das eigentlich Spannende: welche neuen Ideen und Produkte werden angenommen, von wem, mit welcher gemeinsamen Entschiedenheit, für wie lange?

Warum aber wissen wir so wenig darüber? Weil wir zu wenig über die Dynamik wissen, die unsere Werte steuert. Wir starren auf Genies und Machtmenschen, die durch ihre Investitionen Einfluss nehmen - in Wirklichkeit aber bilden alle den Raum, der dann gestaltet wird. Zugleich kann jeder einzelne entscheiden, ob er mitgestaltet, sich verweigert oder so lange wartet, bis ihn die Entwicklung einholt.

Auch für Unternehmen wird es immer wichtiger, diese tieferen Veränderungsprozesse wahrzunehmen und in einem ganzheitlichen Sinne mitzugestalten.

Werfen wir nun einen Blick auf größere zeitgeschichtliche Perioden; siehe folgende Abbildung 3.11 der Generationen nach dem 2. Weltkrieg.

Merkmale	Nachkriegsboomer	Generation X	Generation Y Millenials	Generation Z Generation Internet
Jahrgänge *	1946 – 1964	1965 – 1979	1980 – 1994	1995 – heute
Charakteristik *	Studentenbewegung der späten 60er; Konsumverweigerer; „Lost Generation der 90er"; erfolgreich, liberal, mochte entschleunigen, beständig, gelassen, selbstsicher, traditionell	Null-Bock-Generation, skeptisch, eigenbrötlerisch, materialistisch; ambitioniert, individualistisch, ehrgeizig, erfahren, kommunikativ	Digital Natives, Turnschuh-Generation, idealistischer, positiver; verfolgt Ziele wie Umweltschutz, Gerechtigkeit; teamorientiert; technologieaffin, hat sehr viele Möglichkeiten; vielfältig vernetzt, Bindung zu einzelnen Personen / nicht Unternehmen; Digitale Kommunikation, Dinge gemeinsam nutzen; Optimistisch, selbstbewusst	Digital Entrepreneur; eigene Ziele; kein Teamspieler, entspannter Einzelkämpfer; geringe Loyalität zum Arbeitgeber; Individualisten mit hohem Aktivitätsniveau und hoher Taktfrequenz - hart arbeiten, aber möglichst nicht am Wochenende; Bindung zu sich und allenfalls interessanten Projekten;
Motive, Wünsche	Ansehen der Position Entwicklungsmöglichkeiten	gutes berufliches Vorankommen	Geld, Ansehen, Entwicklungsmöglichkeiten, Work-Life-Balance, Vereinbarkeit von Arbeit und Familie	Einkommens- und Lebenslustmaximierung
Meinungsbildner	anerkannte Experten	pragmatische Praktiker	Erfahrene Seinesgleichen?	Anwenderforen
Verkauf & Marketing	traditionelle Medien above-the-line	Direktmarketing below-the-line	virales Marketing (Mund-zu-Mund) elektronische Medien	interaktive Kampagnen positive Marke (Branding)
Führungsanforderung	Erfahrungswissen nutzen	die Generation der heutigen Führungskräfte: koordinierende Macher	Delegation Zusammenarbeit	inspirierend, kurztaktiger, ergebnisorientiert

* Stand 2015; Die Merkmale der Generationen lassen sich nicht exakt an den Jahrgängen festmachen. In jeder Generation gibt es Vertreter mit Merkmalen, die eher einer anderen Generation zugeordnet werden.

Mancher mag mit dieser Einteilung zufrieden sein. Doch fehlt ihr die systematische Grundlage. Sie nimmt einen Ausschnitt, ordnet Zusammenhänge ein Stück weit nach zufälligen äußeren Daten (Kriegsende 1945) und inhaltlichen Skizzierungen, die auch anders sein könnten. Unklar bleibt, wer davon wie geprägt wird. Je oberflächlicher allerdings eine solche Analyse historischer Prozesse arbeitet, desto oberflächlicher ist naturgemäß ihr Nutzen.

In der folgenden Tabelle ist die 42. Kairos-Generation mit den Geburtsjahrgängen 1948 bis 1975 in diesem Sinne kurz skizziert.

Zu wissen ist, dass eine sogenannte b-Generation vorausgeht. Für sie gilt der Leitsatz: sinnvoll ist, was objektiv begründet werden kann.

Die ihr folgende (42.) c-Generation verfolgt das Ziel, dass objektiv Gültige der b-Generation mit der lebendigen Selbsterfahrung der c-Generation in Beziehung zu setzen. Ihr Leitsatz ist: es muss gelingen, zwischen objektiver und subjektiver Erfahrung eine Beziehung herzustellen.

Auf den nächsten zwei Seiten lesen Sie eine Beschreibung der 42. Kulturgeneration (Abb. 3.12).

42. Generation	Schichtung 1	Schichtung 2	Schichtung 3	Schichtung 4
Geburtsjahr:	1948/49 - 1954/55	1954/55 - 1961/62	1961/62 - 1967/68	1967/68 - 1974/75
Transformation:	Geistige Einheit	Polarität Ich-Ich/Wir	Dreiheit (Sach-Struktur)	Einheit in realer Vielfalt
Muster für Optimale Sinnhaftigkeit:	Strebt nach geistiger Beziehung zu allen und – universales Bewusstsein	Strebt nach Resonanz, mit Menschen, Völkergemeinschaft	Strebt nach gemeinsamer Struktur; Beziehung zwischen Mensch und „Sache" ist angemessen „in Szene zu setzen"	Strebt nach Einheit als Summe einzelner Personen, Prozesse, Sachverhalte
	Einheit endet, wo der gemeinsame Geist endet	Einheit endet, wo Resonanz endet	Einheit endet, wo gemeinsames Strukturverhältnis endet	Einheit endet, wo gemeinsames Handeln endet
	Die maximale Kraft erwächst aus der Einheit des Geistes.	Die maximale Kraft erwächst aus der Polarität.	Die maximale Kraft erwächst aus einer rationalen Struktur.	Die maximale Kraft erwächst aus dem unmittelbaren Handeln.
Beschreibung:	Jeder beansprucht einen bestimmten ganzen Raum der geistigen Ausdeutung.	Gleichwertigkeit der Autoritäten	System, in dem Gegensätze verbunden sind.	Multifunktionale Einheit
	Alle Infos werden auf eine bestimmte geistige Weise zueinander in Beziehung gesetzt. Diesen geistigen Raum lässt man sich nicht zerstören durch eine andere "Frequenz". universales Denken, Globalismus	Zusammenarbeit oder Trennung in der Begegnung begründet (Vertrauen oder Misstrauen), internationale Beziehungen, Völkereinheit	Ökologische Energiewende, systemisches Denken	Regionalismus

3.3 Demografiegerechte Personal- und Unternehmenspolitik

42. Generation	Schichtung 1	Schichtung 2	Schichtung 3	Schichtung 4
Forts. Beschreibung:	Infos werden in den "Geist" eingepasst, integriert	Einheit besteht immer in Personen oder Gemeinschaften, die aufeinander positiv bezogen sind, polar, aber nicht als Gegensätze.	Einheitliche Rechtsstruktur	
	Geistig absoluter Anspruch		Struktur: Lebendige Ordnung	
Ethik	Universale Verantwortung	Gemeinschaftsverantwortung	Gesetzesverantwortung	persönliche Verantwortung
Beispiele:	Gates (Microsoft), Jobs (Apple), Merkel (Bundeskanzlerin)	Obama (US-Präsident), Löw (Fußball), Jauch (Talkshow)	Wikipedia, Cameron (Premierminister), Weidmann (Bundesbank)	Page (Google), Renzi (Ministerpräsident), Wagenknecht (die Linke), zu Guttenberg (Verteidigungsminister)

In der folgenden Tabelle (Abb. 3.20) ist die 43. Kulturgeneration skizziert.

Quelle: Dr. Karl Hofmann, Institut für Kairologie

43. Generation	Schichtung 1	Schichtung 2	Schichtung 3	Schichtung 4
Geburtsjahr:	1974/75 – 1980/81	1980/81 – 1986/87	1986/87 – 1993/94	1993/94 – 2000/01
Transformation:	Geistige Einheit	Polarität Ich-Ich/Wir	Dreiheit (Sach-Struktur)	Einheit in realer Vielfalt
Muster für Optimum:	Grundsätzliche geistige Dynamik Raum-öffnende, immer wieder neu sich formende Leistung; Verantwortung ergibt sich aus gemeinsamem geistigen Erleben; Höchste Flexibilität im Einzelnen Größte Kraft-Einheit: universale geistige Gemeinschaft (Europa, Welt)	System persönlicher Bindungen für Ziel, Partner(n) wird gesucht, Resonanz wesentlich, echte Verantwortung wird übertragen, Teamarbeit, Autorität repräsentiert kongeniale Gruppe Größte Kraft-Einheit: lebendige Gemeinschaftsbewegung	Person steht für Suche nach systemischem Bildungsprozess, aus gemeinsamem geistigen Bildungsstand ergibt sich Verantwortung, spielerisches Weltverstehen, Führung repräsentiert gemeinsames Weltbild, Institution hat Tendenzen eines Netzwerks zu spiegeln Ansatz: dynamisches Ich, Wir oder Es-Struktur Größte Kraft-Einheit: Gemeinsam sich verändernde soziale Beziehungssysteme	Führung durch Ausstrahlung der eigenen Person, Selbstbildung, persönlich verdichtete Verantwortung, fallorientiertes offenes Handeln, innere Haltung, spielerisches Ausprobieren starker Persönlichkeiten, leibhaftige innere Zusammengehörigkeit als Landsmannschaft oder Gemeinde, persönlich kraftvolle (Familien-)Unternehmen
Repräsentanten (Beispiele):	Gabriel (Philosoph), Lindner (FDP), Macron (frz. Staatspräsident)	Zuckerberg (Facebook), Lahm (Fußball), Kurz (österr. Bundeskanzler)	Carlsen (Schachweltmeister)	Malala Yousafzai (Friedensnobelpreisträgerin), Zverev (Tennis)

3.3.2 Generationen und Lebensphasen

Die folgende Abbildung ist eine Zusammenschau der herkömmlichen Generations-Bezeichnungen und der kairologischen Ordnung der Generationen.

Rechnerisch ausgehend von dem Geburtsjahrgang 1950, bzw. dem ersten Jahrgang der jeweiligen (herkömmlichen) Generation, sind die Babyboomer und die Generation X kairologisch betrachtet im Bewahren angekommen.

Die Generation Y befindet sich kairologisch voll im Gestalten und wird nach und nach die Babyboomer ablösen.

Die Generation Z befindet sich noch in der Entwicklung, wird aber bald aktiv mitgestalten.

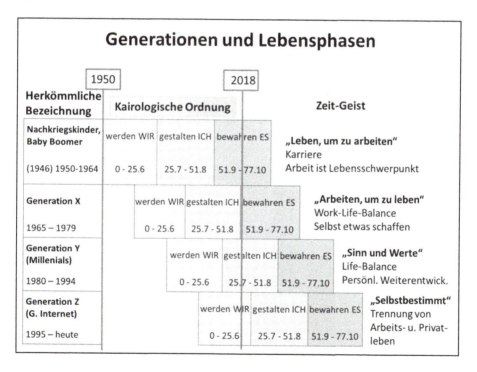

Abb. 3.14 Herkömmliche und kairologische Einteilung der aktuellen Generationen

Den Führungskräften sei empfohlen, den Zeit-Geist und die Bedürfnisse der Generationen in ihrer Personalarbeit zu berücksichtigen.

Generationenübergreifende Teams sind erfahrungsgemäß erfolgreicher als solche, die vorwiegend aus Personen ähnlicher Altersgruppen bestehen.

In den meisten Unternehmen ist eine Personalarbeit für drei „Generationen" gefordert, um die Vorteile dieser Mischung und Vielfalt zu nutzen.

Dazu gehören unter anderem

- die Entwicklung einer integrativen Unternehmenskultur,
- strategische Personalplanung,
- alters- und lebensphasengerechte Karriereplanung und Laufbahngestaltung,
- berufliche Weiterbildung und systematisches Wissensmanagement,
- präventives Gesundheitsmanagement und altersgerechte Arbeitsplatzgestaltung
- und nicht zuletzt ein wettbewerbsfähiges Gehaltspaket („fairer Lohn für gute Arbeit").

Handlungsempfehlungen

Wir haben in unserer beruflichen und persönlichen Entwicklung folgende Führungsprinzipien als sehr hilfreich und ergebnissteigernd erlebt:

1. 7-mit-Führungscredo: Die Mitarbeiter

   - mit-wissen
   - mit-denken
   - mit-entscheiden
   - mit-verantworten
   - mit-machen
   - mit-lernen
   - mit-feiern lassen.

2. Lebenslanges Lernen:

    - wer aufhört, fällt zurück
    - lernende Organisation

3. Fehlertolerante Führung:

    - aus Fehlern lernen
    - Innovationen für bessere Ergebnisse (Personal, Prozesse, Produkte)

4. Erfahrungswissen nutzen:

    - für Innovationen, Zukunftsgestaltung

5. Werte leben:

    - gegenseitige/r Wertschätzung und Respekt
    - Vertrauen
    - ehrlich und offen kommunizieren

6. Mit 30 ist man nicht zu jung, mit 45 nicht zu alt und mit 55 oder 65 nicht überflüssig!
   Und Frauen „stehen auch ihren Mann".
   Auf die Mischung kommt es an.

All diese Führungsprinzipien sind wichtig. Genauso wichtig ist, wer mit ihnen umgeht. Sie entfalten ihre volle Wirksamkeit, wo sie aus entsprechender Überzeugung heraus, im richtigen Augenblick, intuitiv richtig angewandt werden. So kann, was hier erfolgreich war, bei anderen ins Leere gehen.

Soweit das bekannte Wissen. Die Kairologie ermöglicht es uns nun, diese allgemeinen Prinzipien in spezifische Handlungsanweisungen zu verwandeln. Und das ist überaus nützlich.

Denn das 7-mit-Führungscredo sagt mir im Einzelfall noch nicht, wann ich wen in welchem Maße mitentscheiden lassen soll. Das Prinzip des lebenslangen Lernens sagt mir noch nicht, wann ich wen am effektivsten auf Fortbildung schicke. Die fehlertolerante Führung sagt mir noch nicht, wann welche Fehler zum natürlichen Entwicklungsprozess gehören, die letztlich zu Innovationen führen, und wann sie Ausdruck einer Lernbegrenzung sind.

Erfahrungswissen ist dort für die Zukunftsgestaltung nützlich, wo es mit dem Willen zur historischen Höherentwicklung verbunden ist.

Wie sehr Werte gelebt werden können, hängt auch wesentlich davon ab, ob jemand unter großen inneren Zwängen steht oder die Freiheit hat, ganz seinen Kairos zu leben.

Kairologisch sind die Bilder von „jung" und „alt" wesentlich zu korrigieren. Jedes neue Lebensphasenfeld fordert dazu auf, auf einer neuen Stufe wieder „jung" zu werden.

Das gilt in noch höherem Maße für die Wende, die mit Lebensphase 9 (ab 52) auf jeden zukommt. „Alt" wird eigentlich nur, wer den Pfad seines Kairos verlässt. Ohne zu klären, in welcher Beziehung die Begriffe benutzt werden, sind sie wenig hilfreich.

Ein intuitives dichterisches Wissen um diese Zusammenhänge offenbart das Gedicht *Stufen* von Hermann Hesse:

> *Wie jede Blüte welkt und jede Jugend*
> *Dem Alter weicht, blüht jede Lebensstufe,*
> *Blüht jede Weisheit auch und jede Tugend*
> *Zu ihrer Zeit und darf nicht ewig dauern.*
> *Es muß das Herz bei jedem Lebensrufe*
> *Bereit zum Abschied sein und Neubeginne,*
> *Um sich in Tapferkeit und ohne Trauern*
> *In andre, neue Bindungen zu geben.*
> *Und jedem Anfang wohnt ein Zauber inne,*
> *Der uns beschützt und der uns hilft, zu leben.*

Wir sollen heiter Raum um Raum durchschreiten,
An keinem wie an einer Heimat hängen,
Der Weltgeist will nicht fesseln uns und engen,
Er will uns Stuf' um Stufe heben, weiten.
Kaum sind wir heimisch einem Lebenskreise
Und traulich eingewohnt, so droht Erschlaffen,
Nur wer bereit zu Aufbruch ist und Reise,
Mag lähmender Gewöhnung sich entraffen.

Es wird vielleicht auch noch die Todesstunde
Uns neuen Räumen jung entgegensenden,
Des Lebens Ruf an uns wird niemals enden ...
Wohlan denn, Herz, nimm Abschied und gesunde!

3.4 Die kairologische Lebensphasen-Analyse

3.4.1 Das kairologische Sechseck

Das folgende Schaubild veranschaulicht, wie die Kreativkraft eines Menschen / einer Organisation über acht Lebensphasen wirkt. In den ersten beiden Lebensphasen (in diesem Beispiel L5 und L6) entsteht etwas Neues (dünne Linien), das sich Ende der zweiten Phase (hier L6) mit dem Alten (dünne gestrichelte Linien) die Waage hält. In L7 wird das Neue (dicke Linie) dominanter und erreicht Ende L8 das größte Ausmaß. Gleichzeitig verschwindet das Alte (gestrichelte Linien) und etwas Neues (dünne Linien) beginnt sich zu entwickeln. Es hält sich in diesem Beispiel Ende L10 mit dem in L5 und L6 entstandenen Neuen die Waage und erreicht selbst seinen Höhepunkt Ende L12.

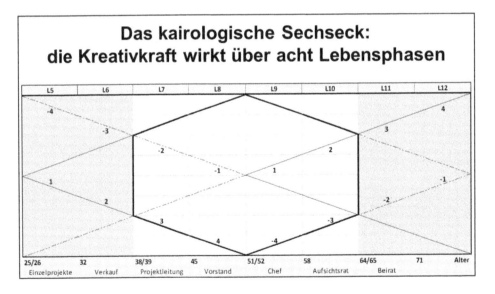

Abb. 3.15 Das kairologische Sechseck

Die dicken Linien in L7 bis L10 bilden das sogenannte kairologische Sechseck. Es veranschaulicht einerseits den Auf- und Abstieg der Kreativ- und Durchsetzungskraft in dieser Periode. Andererseits verdeutlicht das Bild, wie wichtig eine ausgewogene (lebens-phasengerechte) Personalstruktur in allen Unternehmensbereichen ist, in denen die Zukunfts- und Wettbewerbsfähigkeit eines Unternehmens maßgeblich beeinflusst wird. Dies trifft für die Geschäftsführung ebenso zu wie für die Produkt-, Personal- und Organisationsentwicklung. Lesen Sie hierzu mehr in den folgenden Kurzbeschreibungen der einzelnen Lebensphasen.

In **Lebensphase 5** (25/26-32) entwickeln sich unsere Grundmuster der Lebensentfaltung und es wird der geistige Gestaltungshorizont entwickelt. Dies ist die energetisch günstigste Lebensphase für die Gründung eines Unternehmens. Die in dieser Lebensphase entwickelte Vorstellungskraft und Vision wird maßgeblich für den späteren Aktionsraum und die Größe des Unternehmens sein. Im Angestelltenverhältnis sind dies die Vorstellungen über die angestrebte Position (z. B. Experte, Meister, Verkaufsleiter, Geschäftsführer), den Handlungsraum, die Gestaltungsfreiheit und das Einkommen, welches sich der Einzelne für seinen Lebensentwurf wünscht.

In **Lebensphase 6** (32-38/39) treffen gewöhnlich viele Ereignisse aufeinander und fordern enorm Kraft: Nachwuchs in der Familie, Vereinbarkeit von Familie und Beruf, Wohneigentum, berufliche Herausforderungen, Angebote und Chancen. Man könnte diese Phase auch als „Rushhour des Lebens" bezeichnen. In dieser Phase sucht unser Gestaltungswille vor allem die Anerkennung durch andere Menschen. Das bedeutet, je intakter und attraktiver die Sinngemeinschaft ist, in der wir uns befinden - privat die Familie und beruflich das Team – desto größer und kreativer ist die individuelle Leistungsbereitschaft.

Lebensphase 7 (38/39-45) ist die Phase, in der in vernünftigen Strukturen gedacht wird. Die schöpferische Kraft drängt zur Entwicklung neuer Prinzipien und Denkmuster, nach denen mit Personal, Kunden, Maschinen, Prozessen, Führungsaufgaben umzugehen ist. Die Aufgabe im Unternehmen wird wesentlicher Teil der eigenen Lebensgestaltung. Hier geht es um möglichst viel Freiheit die eigene Kreativ- und Gestaltungskraft einzubringen. Fehlt trotz großem Einsatz und kluger Ideen das entsprechende Verständnis maßgebender Menschen für die Bedeutung des Neuen, ist der Schritt in die Sinnkrise nicht weit. Häufig fallen Menschen dann in den Modus „Dienst nach Vorschrift" und zunehmender Mittelmäßigkeit.

In **Lebensphase 8** (45-51/52) ist der Wirkungsgrad aus Gestaltung und Durchsetzung am größten. Es geht vornehmlich um das Handeln. Mit anderen Worten, in dieser Phase sollte die höchste angestrebte Kompetenz- und Unabhängigkeitsstufe erreicht werden bzw. das gegründete Unternehmen die gewünschte Größe und Ausrichtung erreichen. Es wird eher einzelfallbezogen gedacht, die eigene Lebenskompetenz ist sehr bewusst und will respektiert werden.

Lebensphase 9 (51/52-58) **ähnelt der Lebensphase 5.** Einerseits nimmt das in den Lebensphasen 5 bis 8 Geschaffene noch immer einen dominierenden Raum ein. Zugleich beginnt wieder ein neuer strategischer Horizont zu entstehen (rote Linien). Je nach Art dieses Horizonts bietet man sich an für „höhere" Aufgaben oder man reduziert sein Interesse am Unternehmen. Dies könnten beispielsweise erste Überlegungen des Unternehmers für die Nachfolgeregelung sein. Oder man ist bereit zu einem Relaunch des gesamten Unternehmens oder von Teilen davon (z. B. das Produktportfolio oder die Zielkunden/Wunschprojekte). So entscheidet sich gerade in dieser Lebensphase, wie sehr es in den folgenden zwei Jahrzehnten zu einer neuen Art von Wachstum kommt oder ob die geistigen und körperlichen Kräfte spürbar nachlassen. Beginnen hier die Vorstellungen der Unternehmensgründer zu starr zu werden, nichts Neues zuzulassen bzw. sich nicht weiterzuentwickeln, verschwinden die Unternehmen früher oder später vom Markt.

Lebensphase 10 (58-64/65) **entspricht in gewisser Weise der Lebensphase 6.** Die eigenen Vorstellungen zur Bewahrung des Ganzen ringen mit den Vorstellungen der jüngeren Generation, die allmählich übernehmen soll und will. Das Bewahren des Alten nimmt ab, das Neue gewinnt Raum. Das Gefühl von Erfolg hängt stark davon ab, wie sehr die eigene Erfahrungsautorität auf Anerkennung stößt und die eigene Lebensleistung in gute Hände überzugehen scheint. Auf der anderen Seite erlaubt die inzwischen ausgereifte eigene Persönlichkeit einen gelasseneren Umgang mit Schwierigkeiten. Geht es um Nachfolge und allmähliches Abgeben, spielt beides eine entscheidende Rolle.

L11 (65-71) **entspricht L7.** Das operative Geschäft ist gewöhnlich abgegeben, man will aber zumindest eine Struktur bewahrt haben, deren Vernunft auf Dauer bestehen kann, und setzt sich dafür als „elder statesman" oder weise Frau, als Aufsichtsrat oder

"Geheimrat" ein. Die meisten ziehen sich in den engeren Kreis der Familie und Ur-Freunde zurück. Einige erreichen das Stadium einer „höheren" Autorität, befreit vom Verdacht persönlichen Ehrgeizes. Sie verkünden mehr oder weniger öffentlich, was sie historisch „gelernt" haben.

L12 (71-77) **entspricht L8**. Die Frage ist, wie das eigene Lebenswerk eingeordnet und gewürdigt wird. Für viele verwandelt sich ihr Urvertrauen in eine Altersgelassenheit, die annimmt, dass das Geleistete sich selbst in ein größeres Ganzes einordnet. Manche leiden sehr darunter, wenn es in Frage gestellt wird und damit aus ihrer Sicht entwertet wird. Wer niemandem zutraut, den Geist des eigenen Unternehmens zu bewahren, wird auch jetzt noch versuchen, alle Fäden in der Hand zu halten.

3.4.2 Die energetische Hierarchie im Unternehmen

Wie bereits im Kapitel 3.1 beschrieben und in der folgenden Abbildung dargestellt, bilden die Lebensphasen 5 bis 8 eine energetische Hierarchie. Da jede Lebensphase eine besondere Ausprägung hat, ist die entsprechende Personalstruktur für den Erfolg und die Entwicklung eines Unternehmens von erheblicher Bedeutung.

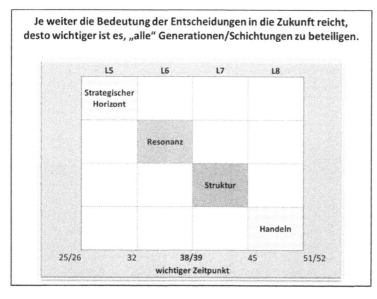

Abb. 3.16 Die Energetische Hierarchie

Auch in der Beziehung des Unternehmens zu dessen Kunden spielt die Lebensphasenstruktur eine wichtige Rolle. Beispiel: Senioren sprechen weniger die Sprache der Jugend und werden daher seltener als Verkäufer in Läden beschäftigt sein, deren Kunden fast ausschließlich junge Menschen sind.

In den meisten unserer Projekte starten wir mit einer Mitarbeiterbefragung. Das Ergebnis ist eine Bestandsaufnahme der aktuellen Situation und vergleichbar mit der Computertomografie oder dem Röntgenbild in der Medizin.

Mit unserem kairologischen Wissen sind wir auf die Idee gekommen, diese Bestandsaufnahme mit einer Lebensphasenstruktur-Analyse des Personals zu ergänzen. Zu diesem Zweck lassen wir uns anonymisiert das Geburts- und Eintritts-Datum sowie die Bereichs-/Abteilungs-Zuordnung geben.

Die folgende Abb. 3.17 zeigt das Beispiel eines Unternehmens, in dem sich 40 Schlüsselmitarbeiter, von insgesamt 100 Beschäftigten, über vier Generationen verteilen. 18 Mitarbeiter sind in ihrer Lebensentfaltung entweder schon in der Phase des Bewahrens angekommen oder kurz davor. Wirklich neue Wege zu gehen oder zu initiieren werden eher Mitarbeiter aus der Generation Y, sofern sie in der entsprechenden Machtposition sind.

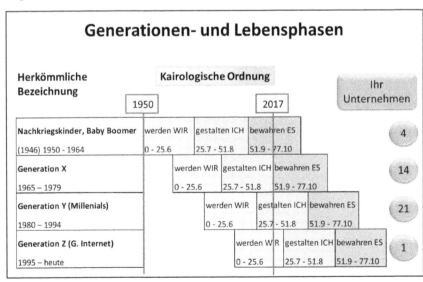

Abb. 3.17 Generationen- und Lebensphasen-Mix

Die Mitarbeiterverteilung in den Lebensphasen und der Bezug zum Kairologischen Sechseck geben Auskunft über die potenzielle Gestaltungs- und Durchsetzungskraft sowie Veränderungsbereitschaft im Unternehmen.

In dem folgenden Beispiel der Abb. 3.18 ist die Lebensphasenabdeckung in allen Bereichen in Ordnung. Die für das Unternehmen entscheidenden Lebensphasen 5 bis 8 sind umrandet.

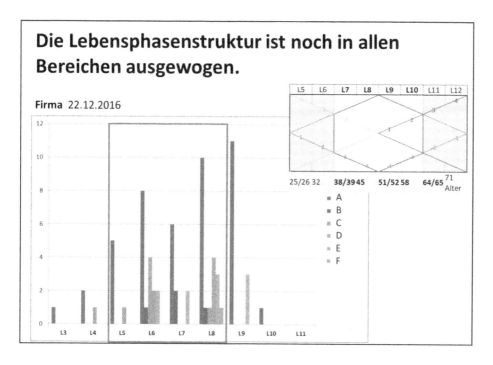

Abb. 3.18 Die Lebensphasenstruktur im Unternehmen

Allerdings sollte sowohl in A (Forschung & Entwicklung) als auch in E (Vertrieb) beachtet werden, dass die Lebensphase 9 nominal relativ stark besetzt ist. In L9 beginnt die Veränderungsbereitschaft deutlicher abzunehmen. Es sei denn, interessante und lohnende neue Aufgaben oder Projekte stehen an.

In Lebensphase 9 ausscheidende Mitarbeiter sollten bevorzugt mit Kandidaten aus L4 bis L7 ersetzt werden. Schauen Sie sich dazu das Vertriebsbeispiel in Abb. 3.19 an.

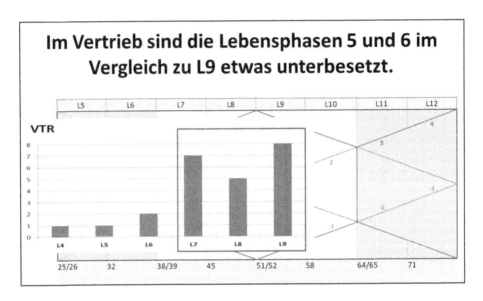

Abb. 3.19 Die Lebensphasenstruktur im Vertrieb

Aus kairologischer Sicht haben wir einige wichtige Empfehlungen:

1. Je weiter die Bedeutung der Entscheidungen in die Zukunft reicht, desto wichtiger ist es, „alle" Generationen zu beteiligen.

2. Achten Sie auf eine ausgewogene und Ihrem Geschäft angemessene Altersstruktur Ihres Personals. Das gilt insbesondere für die Schlüsselbereiche Ihrer Wertschöpfungskette. Nur so können Sie den Zeit-Geist Ihrer Kunden und Ihres Marktumfeldes wirklich verstehen, adaptieren und in Ihrem Unternehmen abbilden.

3. Für die Entwicklung neuer Produkte / Produktlinien sollten gemischte Teams, vor-
nehmlich bestehend aus L5, L6 und L9 eingesetzt werden. In L5 und L6 ist die Kreativkraft vergleichsweise hoch, während aus L9 die Erfahrung und das Bedürf-nis nach einer neuen Herausforderung kommt.

4. Mitarbeiter in L7 und L8 werden überwiegend in Projekten und Aufgaben stecken, die das aktuelle Geschäft sichern.

5. Wenn Sie sich eine noch tiefere Erkenntnis aus Ihrer Personalsituation verschaffen wollen, empfehlen wir Ihnen eine systematisierte Personal-Kompetenz- und Engagement-Analyse. Sie besteht aus zwei Teilen:

   1. **Lernbedarfs-Analyse**:
      Strukturierte Selbstauskunft der Mitarbeiter über ihre Kenntnisse, Fähigkeiten, Einsatz- und Weiterbildungswünsche

   2. **Personal-Kompetenz- und Engagement-Analyse**:

      Das Führungskräfteteam bewertet „alle" Mitarbeiter (nur diejenigen, die die Führungskraft persönlich wahrgenommen hat) hinsichtlich
      – der Mitarbeiterbeziehung zum Job und dem Unternehmen,
      – dem Engagement und Handeln,
      – der sozialen und fachlichen Kompetenz sowie
      – dem Beitrag zum Ergebnis.

Unternehmen sind menschliche Schöpfungen. Sie werden von Menschen für Menschen geführt und gelebt. So, wie jeder Mensch seinen einzigartigen Fingerabdruck hat, verfügt jedes Unternehmen durch sein Personal über einen individuellen Erfolgscode. Wer diesen entschlüsselt und aktiviert, kann auch nicht für möglich gehaltene Ziele erreichen.

Die Kairologische Lebensphasen-Analyse ist die Basis für eine günstigere Balance von Aufwand und Ertrag sowie bessere Ergebnisse.

3.5 Personalauswahl

Die richtigen Mitarbeiter ins Unternehmen zu holen, ist die eine Seite. Die andere Seite ist, mit diesen Mitarbeitern sinnvoll und erfolgreich zu arbeiten.

Längst ist erwiesen, dass erfolgreiche Unternehmen bereits im Einstellprozess sorgfältiger arbeiten, als weniger erfolgreiche. Das ist das Schloss.

Der zum Schloss passende Schlüssel ist die angewandte Führung. Wer andere Ergebnisse erreichen möchte, steht vor der Herausforderung, das Bewusstsein, Denken und Handeln seiner Mitarbeiter entsprechend zu beeinflussen. Dieser Veränderungsprozess erfordert Zeit.

Deswegen ist das Personal der am längsten wirkende Wettbewerbsfaktor. Woran liegt es sonst, dass Autohäuser ein und derselben Marke, in den Metropolen mit vergleichbarer Kaufkraft, unterschiedliche Ergebnisse erwirtschaften? Oder warum erhält die eine Bedienung im Restaurant mehr Trinkgeld als die andere im gleichen Lokal?

Ein Spitzenunternehmen ist nach den menschlichen Kreativkräften ausgerichtet, die einen Mehrwert schaffen. Das WAS ist eng mit dem richtigen WANN verbunden. Und zwar auf der Ebene der persönlichen Entfaltung, der Zusammenarbeit, der kreativen Leistungsfähigkeit und der historischen Wellen.

Bestimmte Fähigkeiten haben eben auch ihre Zeit, in der sie am besten entdeckt und gelebt werden können. Bestimmte Berufungen haben nicht nur mit Charakter, Herkunft, Mentalität, Ausbildung zu tun, sondern auch mit dem Platz im Kreativfeld der eigenen Generation.

Der Wandel von Trends, Zeitgeist ist weder zufällig noch ist er bloß die Funktion von Werbekampagnen, sondern er hat mit kreativen historischen Wellenbewegungen zu tun, die tiefer begründet sind und aus einem großen System hervorgehen.

So ist zu wissen um die mikro- und makrohistorischen Kreativfelder:

1 Selbstentfaltung: in welcher Lebensphase
2 Resonanzentfaltung: wer mit wem?

3 Lebensentfaltung: Wandel der Durchsetzungskraft
4 kulturelle Entfaltung: Raum schaffen
5 historische Resonanzentfaltung: Zeit-Geist
6 kulturell-historische Entfaltung: sich im Spannungsfeld behaupten

Es kommt nicht nur darauf an, dass persönliche Kompetenz, Zielbewusstsein, genaue Regelung der Funktionen und persönliche Hierarchien gegeben sind – das ist die Außenseite.

All das muss für die Beteiligten auch die richtige Bedeutung haben. Wo dafür kein Sinn besteht, stehen oft viele am falschen Platz – ein ungeheurer menschlicher Energieverlust. Wir wissen zwar: ein Pinguin kann nicht elegant laufen, ein Adler taugt nicht für eine Voliere, ein Rennpferd nicht für die Ackerfurche, eine Katze nicht zum Abrichten.

Wer aber versteht, solche Bilder in der unternehmerischen Praxis richtig anzuwenden? Vielmehr herrscht die Gefahr, dass der Visionär im Bürokram erstickt oder sich in Machtkämpfen aufreibt. Dann ist, wer Menschen führen, bewerten, motivieren kann, vielleicht für Finanzen zuständig. Wer sofort mangelhafte Strukturen sieht und sie verbessern kann, hat sich mit Teambeziehungen oder Einzelfällen herumzuschlagen. Wer ideal ist im Lösen einzelner Probleme, im Gewinnen einzelner Kunden, wird zur Neustrukturierung des Firmenpotenzials eingesetzt.

3.5.1 Grundlegende kairologische Aspekte der Personalrekrutierung

Personalrekrutierung ist eine schwierige Sache. Jack Welch bekannte einmal: „Als junger Manager lag ich schätzungsweise in der Hälfte meiner Entscheidungen richtig. 30 Jahre später waren es dann immerhin etwa 80 %."

Immer bleibt es angesichts der manchmal komplexen Situation in der Praxis ein Stück weit eine Sache von Versuch und Irrtum. Es kann nur darum gehen, durch tieferes Wissen die Risiken zu reduzieren und den Erfolg der Auswahl zu erhöhen.

Ziel: Wir wollen die richtigen Spieler auf das Feld zu bekommen.

Bei der Personalrekrutierung sind die vier Lebensphasen des Gestaltens zu berücksichtigen. Wer für das Ganze (als Geschäftsführer/CEO) verantwortlich sein soll, sollte sich bereits auf allen vier Stufen bewährt haben oder erwarten lassen, dass er die noch fehlenden genauso erfolgreich absolviert wie die bisherigen.

Jack Welch nennt für die Auswahl von Bewerbern vier Sachkriterien. Sie sind für ihn in gleicher Weise jederzeit einsetzbar. In der Kairologie erhalten sie auch eine zeitliche Qualität. Damit wird die Gefahr verringert, von jemandem etwas zu verlangen, was er in seinem Alter energetisch noch nicht oder nicht mehr leisten kann. Somit wird es wichtiger, herauszufinden, ob er dafür das Potenzial hat, das zu gegebener Zeit aktiviert werden kann und muss.

Die Kairologie hilft, Altersgrenzen für gewisse Positionen zu finden und so das Kraftpotenzial gezielter einzusetzen.

Kairos-Lebensphasen	**Welch „Kriterien"**
L5 (25/26 – 32)	positive Energie
L6 (32 – 38/39)	Elektrisierung
L7 (38/39 – 45)	Entscheidung
L8 (45 – 51/52)	Ergebnisorientierung

L4 (19 – 25/26)

Welche Kräfte und Fähigkeiten jemand hat, zeichnet sich schon in L4 ab. Der Einzelne erprobt sein Verhältnis zu sich und der Welt. Spontan wendet er sich diesem oder jenem zu. Aufbruch, Überfließen, Ahnung eines Großen.

L5 (25/26 – 32)

Erst ab L5 ist der Gestaltungsvektor zu erwarten. In ihm spiegelt sich das Empfangene, die „positive Energie" aus L1. L5 gibt Aufschluss über den möglichen Raum des

Gestaltens und damit auch über den Horizont, innerhalb dessen alles Lernen, Wachsen, Handeln, Führen stehen wird.

Worauf richtet sich die Energie? Welcher Horizont wird maßgebend? Wie wichtig ist einem überhaupt etwas? Wie viel Energie geht in das Ziel Familie, Karriere, Lust und Laune? Diese Fragen nach dem persönlichen Leitbild kann nur der Einzelne für sich beantworten.

Manche wagen direkt den Weg in die Selbstständigkeit. Dafür brauchen sie eine starke Vision, für die oft der Boden schon in L4 gelegt worden ist. Viele scheitern, auf sich allein gestellt. Manche aber setzen den Fuß in noch unbekanntes Land. Sie erobern sich ihre Welt. In L5 sammelt sich nicht nur die „positive Energie". Sie zeigt auch Ihre zukünftige Ausrichtung

Ein Same entwickelt den Trieb nach oben und die entsprechende Verankerung im Wurzelwerk nach unten. Ein doppeltes Wachstum beginnt. Ob etwas zur Blume oder zur Eiche werden soll, lässt sich schon an den Aktivitäten der Wurzel ablesen. Das gilt analog auch für den Menschen.

Maßgebend ist, was in L1 empfangen wurde. Je bedingungsloser jemand sich auf dieser Basis einlässt auf die Realität, die ihm jetzt vorgesetzt wird, desto mehr ist von ihm nach oben zu erwarten.

L 6 (32 – 38/39)

Die Entfaltung der Fähigkeit, andere zu „elektrisieren", ist Thema von L6.

Wie sehr kann ich andere auf Touren bringen? Wie motivierend wirkt meine Kommunikation, mein Einsatz auf andere? Wie sehr können meine Überzeugungen andere motivieren, mitzumachen? Nimmt ein anderer mir ab, was ich sage? Erreiche ich ihn emotional? Lässt meine Botschaft bei anderen etwas schwingen?

In L6 werden die Kommunikationskräfte aus L2 wieder wachgerufen.

Beispiel:

Ein Mann, der in L2 merkte, dass er als Pausenclown die ganze Klasse unterhalten konnte, fand seine große Erfüllung und seinen praktischen Erfolg als Moderator in L6 beim Radio. Er schrieb ein Buch dazu, wurde zum leitenden Redakteur. L7 und L8 konnten daran nicht anschließen. Er hatte einen tiefen Einbruch, fällte Entscheidungen, die seinem Wesen nicht wirklich entsprachen.

Die Kunst in L6 besteht darin, zu spüren, mit wem sich wie am besten kommunizieren und zusammenarbeiten lässt. Gerade in dieser Zeit hat man noch kein großes Programm vorzuweisen. Man ist selbst in einem intensiven Lern- und Wachstumsstadium. In erster Linie verkauft man seine persönliche Überzeugungskraft. Gerade dieses Alter lehrt, dass man zwar seine eigenen Überzeugungen hat, dies aber auch für viele andere zutrifft, und schon viel gewonnen ist, sich darin nicht irritieren zu lassen.

In dieser Lebensphase streben viele nach oben. Unter dem Deckmantel von Harmonie und Austausch spielen sich viele persönliche Intrigen ab, die nicht so sehr Inhalten als vielmehr Personen gelten. Es erweist sich: wie offen und direkt kann jemand mit anderen kommunizieren? Wie integer wirkt seine Person?

Manche neigen dazu, auf dieser Transformationsstufe stehenzubleiben. Umso wichtiger ist es für Führungskräfte, auch die nächste Stufe zu bewältigen.

L7 (38/39 – 45)

Bei Welch heißt der dritte Aspekt „Entschlusskraft". Kairologisch ist das vor allem die Aufgabe von L7. Kann ich zu klaren Entscheidungen kommen, mein Programm auch durchsetzen? Wie sehr kann ich mich von anderen absetzen, das aber sachlich begründen?

> „Kaum etwas ist schlimmer als ein Manager – egal, auf welcher Ebene –, der es nicht gebacken bekommt, jener Typ, der ständig sagt: „O.K., bring mir das in vier Wochen vorbei, und dann nehmen wir es nochmal ganz genau unter die Lupe. Oder – noch schlimmer – jener, der erst ja sagt und dann nein, weil ihn zwischendurch jemand beschwatzt und umgestellt hat."

In dieser Phase sollten Beschlüsse nicht mehr auf der Basis persönlicher Beziehungen und Resonanzen gefällt werden, sondern auf der Basis von Prinzipien und konkreten

Leitlinien. Manche lassen sich von den vielen Optionen in einer Situation förmlich erdrücken. Sie machen heute dies, morgen das. Sie lassen sich gern beschwatzen. Solche Unentschlossenheit ist für eine Organisation fatal.

Aber auch diese Stufe ist nur ein Zwischenstadium. Wer klare Entscheidungen fällen kann, ist wie ein Baum, der unübersehbar viele Knospen bzw. Früchte ansetzen kann. Offen bleibt immer noch, wie gut sie zuletzt reifen oder schmecken.

L8 (45 – 51/52)

Die vierte Stufe gehört bei Welch dem „Erfolgswillen". Seine natürliche Dominanz kommt kairologisch erst in L8. Nun werden unsere Überzeugungen und großen Pläne mit der Welt der realen Widerstände am stärksten konfrontiert. Was funktioniert in der Praxis, was nicht? Lassen sich unsere Projekte auch durchsetzen? Wie kühl können wir unsere Risiken kalkulieren? Oder enttäuschen die Ergebnisse so sehr, dass es zur großen Krise kommt?

Jetzt kommt es vor allem darauf an, den Widerstand zu besiegen, den uns die Welt der Fakten schafft. Es gilt, die vielen Funktionen innerlich zusammenzuhalten, die dafür erforderlich sind. Das verlangt eine tiefe Kraft des Vertrauens, die nicht wenige überfordert. Man denke an einen Ainshu Jain, den makellosen Investmentbanker der Deutschen Bank, der in seinem Bereich sehr erfolgreich war. Aber die ganze Wirklichkeit einer Deutschen Bank zu repräsentieren, überforderte ihn. Er überschätzte, was machbar war.

Aufgabe und Personalauswahl

Wer eine historische Aufgabe ausfüllen soll, die viele betrifft, sollte alle Transformationsstufen des Gestaltens idealerweise erfolgreich durchlaufen haben. Karrierestufen sollten entlang der imaginären Kairos-Linie erklommen werden.

Für die Auswahl von Führungskräften ist es wichtig, genau zu beachten, was gerade ansteht:

- Will man einen radikalen Umbau und setzt dabei auf persönliche Überzeugungskraft, so nehme man L6 (siehe Beispiel zu Guttenberg)
- Bedarf das Unternehmen vor allem einer neuen programmatischen Ausrichtung, nehme man eine geeignete Person aus L7.
- Will man ein klar umgrenztes operatives Geschäft erneuern und optimieren, so eignet sich am besten jemand aus L8.
- Erst in L9 zeichnet sich ganz klar ab, wer eine überpersönliche Begeisterung für seinen Job und seine Aufgabe entwickeln kann.

3.5.2 Für Top-Positionen gibt es kairologisch weitere Voraussetzungen

1. Die Person soll den Weg der Entfaltung ihrer Persönlichkeit so weit wie möglich gegangen sein. Es sollte zumindest die Stufe des Welt-Vertrauens erreicht sein (L7, ab 38).

Dazu gilt es innerlich anzunehmen, dass nicht alles, was für Sie überzeugend ist, für andere vernünftig sein kann. Wer dies nicht schafft, bei dem entsteht etwas Gekünsteltes. Solche Führungskräfte versuchen mehr zu sein, als ihre Möglichkeiten hergeben. Sie geben sich souveräner oder kompetenter, als sie in Wirklichkeit sind. Sie werden zu Rollenspielern.

Noch weiter ist jemand, der den Selbstentfaltungsschub von L8 (45 – 51/52) schon verarbeitet hat, diese nüchterne, sachliche Wertekompetenz, die weiß, was an Normen und Wissen sich für den eigenen Geist schon bewährt hat.

Die letzte Stufe der Persönlichkeitsreifung erfolgt erst in L9, wenn das eigene Weltwissen in der Auseinandersetzung mit ganz anderen Zugängen und Erfahrungsweisen zu einer höheren Gelassenheit gefunden hat.

Jemand weiß dann nicht nur, wer er in seiner objektiven Kompetenz ist, sondern er weiß es auch auf einer ganzheitlichen Ebene. („Wer andere kennt, ist klug. Wer sich kennt, der ist weise.")

2. Das zweite Merkmal ist die Offenheit für Mitarbeiter, die eventuell noch weiter sind in ihren Perspektiven, als man selbst. Das weist deutlich darauf hin, dass man das übergeordnete Wohl des Ganzen im Blick hat.

3. Das dritte Merkmal ist jenes „robuste Stehvermögen", das nur aus einer gut gelungenen Lebensentfaltung hervorgehen kann. Dazu gehört, auch schon Schlachten verloren zu haben, mit manchem baden gegangen zu sein, aber immer wieder, wie man amerikanisch sagt, in den Sattel zurückgefunden zu haben.

All das führt uns zu dem Schluss, dass Top-Positionen nicht zu früh vergeben werden sollten. Die Arbeit gewisser Lebensphasen lässt sich nicht vorwegnehmen. Es mag zwar wahrscheinlich sein, dass dieses oder jenes „schon noch kommt". Aber es gibt genug Fälle, in denen noch die Egomanie bei großen Entscheidungen den Vorrang vor dem Sinn für das Ganze hatte.

Die australische Krankenschwester Bronnie Ware hat ein anrührendes Buch geschrieben über die „fünf Dinge, die Sterbende am meisten bereuen". Den ersten Merksatz fürs Leben diktierte eine todkranke Frau: man solle sich treu bleiben, statt zu leben, wie andere es erwarten." [6]

4. Das vierte Merkmal ist der Sinn für den Zeit-Geist. In Top-Positionen brauchen Sie einen sechsten Sinn für die tiefergehenden geschichtlichen Veränderungen. Was Welch P1 nennt: „ Passion", ist die Beziehung zum historischen Kairos. Erst die Verbindung mit dieser Sinndimension kann die volle Leidenschaft entfachen.
So können Sie ein Stück weit künftige Entwicklungen voraus ahnen. Die Kairologie ermöglicht Ihnen dafür Inspiration und Kontrolle zugleich.

---

[6] Die Zeit, Nr. 44, vom 24.10.2013, S. 21

3.5.3 Kairologisch geführte Bewerberinterviews

Je nachdem, wie alt und erfahren der ideale Bewerber sein sollte, kann dies bereits bei der Formulierung des Stellenangebotes kairologisch treffsicher zum Ausdruck gebracht werden.

Und auch die späteren Bewerberinterviews können je nach Alter des Bewerbers kairologisch differenziert geführt werden.

Wie mehrfach erwähnt, bilden die im Berufsleben besonders relevanten Lebensphasen 5 bis 8 eine energetische Hierarchie.

Während es in der Lebensphase fünf um die strategische Weitsicht geht, spielt in Lebensphase sechs das Zusammenwirken der Menschen und die Beziehung zur Sache eine entscheidende Rolle. In Lebensphase sieben sind die Struktur und Form einer Angelegenheit wichtig und in Lebensphase acht kommt es auf die konkrete Umsetzung, das Handeln an.

Der folgenden Abb. 3.20 können Sie den Zeitraum einer Lebensphase (Beispiel L5: 25.7 – 32.0 Jahre) sowie charakteristische Fragen und deren Hintergrund entnehmen. Beispiel L6: Frage „Was haben Sie für Hobbies?" Hobbies sind normalerweise die Themen, in denen wir die Begeisterung für eine Sache und den dazugehörenden Sachverstand des Bewerbers wahrnehmen. In L6 geht es genau darum, wie sich ein Mensch mit einer Sache verbindet, mit ihr in Resonanz ist und die eigene Begeisterung auf andere überträgt.

3.5 Personalauswahl

Kairologisch geführte Bewerberinterviews

Lebensphase	Aspekte des Unternehmens	Entsprechungen in
5	Idee: „Junger Mann, wir haben eine Vision."	9
25.7 – 32.0	Strategischer, persönlicher Horizont des Bewerbers. „Wie passt die Sache zu ihm?" „Was will/kann er erreichen?"	51.9 – 58.3
6	Resonanz: „Was haben Sie für Hobbies?"	10
32.1 – 38.7	„Welche Resonanz erzeugt er/sie?"	58.4 – 64.10
7	Struktur: „Anforderungsprofil und Vertrag durchgehen"	11
38.8 – 45.1	„Wie gut kann er eine Sache verkaufen?"	64.11 – 71.4
8	Handeln: „Fangen Sie mal an" (Probearbeit ….)	
45.2 – 51.8	„Wie bewährt sich der Mitarbeiter im Handeln?"	

Abb. 3.20 Kairologisch geführte Bewerberinterviews

Eine lebensphasenunabhängige Schlüsselfrage im Interview lautet:

„Erzählen Sie mir etwas, was Sie in den vergangenen sechs Monaten selbst initiiert haben. Was war dabei Ihre Überlegung? Wie sind Sie vorgegangen und was kam dabei heraus?" oder

„Erzählen Sie mir etwas, was Sie sich in den vergangenen sechs Monaten selbst beigebracht haben. Wie haben Sie das gemacht und was kam dabei heraus?"

Auch mit der „Schlussfrage" **„Welche Fragen haben Sie?"** können Sie viel über die innere Beziehung des Bewerbers zur ausgeschriebenen Position und zu Ihrem Unternehmen erfahren.

Empfehlungen:

- Führen Sie gut strukturierte und vorbereitete Bewerberinterviews.

- Seien Sie sich der Schlüsselanforderungen gemäß der Aufgabe und Zielsetzung der zu besetzenden Position wirklich bewusst.
- Erstellen bzw. ergänzen Sie gemäß den Ausführungen in Kapitel 3.5.1 und 3.5.2 das ideale Kandidatenprofil.
- Formulieren Sie gemäß den Ausführungen in Kapitel 3.5.1 und 3.5.2 Fragen, die zum Alter bzw. der Lebensphase des Bewerbers passen.

3.5.4 Fragen zur kairologischen Mitarbeiterrekrutierung

Wie bezieht man bei Einstellungsgesprächen die Kairologie mit ein?

Es ist wichtig, vorher zumindest ein Kairogramm des Bewerbers zu haben. Dieses gibt erste Hinweise darauf, was an Kräften, Aufgabenstellungen, der Art von Entfaltung erwartet werden kann.

Durch geschicktes Fragen lassen sich Beziehungen zu anderen relevanten Lebensphasen herstellen

Bei einem 35-jährigen, der Vertriebsleiter werden möchte, wäre es interessant, sich L2 genauer anzuschauen: erfuhr er seine Anerkennung eher über die Eltern (durch wen genau?) oder Lehrkräfte oder Mitschüler (Pausenhof, Fußball)?

In schwierigeren Fällen sollte man auch eine Form der Kairos-Analyse durchführen. (siehe Kapitel 1.10)

Ist auf die Kairos-Lebensphase und die Entfaltungen auch zu achten, wenn man nur eine Fachkraft einstellen will?

Es wäre sicherlich das Beste, Selbstentfaltung, Resonanzentfaltung und Lebensentfaltung abzuklopfen. Falls aber nur ein Spezialist gebraucht wird, der z. B. den ganzen Tag nur programmieren soll, dann kann man zur Not seine Kraft in Resonanz zu gehen oder sich durchzusetzen, vernachlässigen. Er sollte aber zumindest auf dem Gebiet der Selbstentfaltung einen großen Horizont und eine entsprechende persönliche Energie besitzen.

Bei uns soll ein Dreißigjähriger eine wichtige Führungsposition erhalten. Dann ist der ja selbst erst auf der ersten Stufe des Gestaltens. Kann er die fehlenden Stufen durch Schulungen ausgleichen?

Ein dreißigjähriger kann sich seiner Glaubenssätze sehr klar bewusst sein. Im Sinne dieses Horizonts entwickeln hier viele eine enorme und beeindruckende Energie und ein hohes Bewusstsein. Gerade in einem Alter, in dem die Entfaltung wichtiger Potenziale noch vor einem liegt, ist es wichtig, sich den energetischen Werdeprozess der ersten vier Lebensphasen genauer anzuschauen.

Das kann die Erkenntnis der künftigen Wahrscheinlichkeiten sehr erhöhen und damit auch die zu erwartende Kraft zur Resonanz mit anderen, die Entscheidungskraft im Allgemeinen und die Kraft für die Ergebnisorientierung.

Erst die Erfahrung wird zeigen, wie gut er dann in L6 tatsächlich mit anderen Überzeugungen zurechtkommt, in L7 Neues entwerfen und vermitteln kann und schließlich in L8 ergebnisorientiert arbeiten kann.

Kann man im Business auch ohne die Ausbildung der ganzen kairologischen Dynamik Erfolg haben?

Natürlich, allein mit Intelligenz kann es ein Spezialist weit bringen. Und allein mit Durchsetzungsvermögen lassen sich viele andere wegboxen. Viele Erfinder und Unternehmer bauen auf solche „zeitlosen" Eigenschaften und kommen damit zurecht.

Bei Führungskräften innerhalb von größeren Organisationen liegt der Fall anders. Bei ihnen spielt die kairosgemäße Weiterentwicklung eine entscheidende Rolle. Ohne diese bringen sie es nicht dauerhaft zu etwas.

Für viele Personaler spielen Einstellungen und die Lebensphase keine Rolle, es interessieren Kompetenzen und zügige Ergebnisse. Was ist davon zu halten?

Jack Welch formulierte einmal die Faustregel: Stelle niemanden ein, für den die zu besetzende Position das Ziel ist.

Kairologisch führen heißt, vom größtmöglichen Potenzial her zu denken und diesem Raum zu geben. Niemanden befriedigt es wirklich, nur funktional betrachtet und eingesetzt zu werden. In jedem Menschen steckt eine Dynamik und daher will er Perspektiven.

Wer dafür um die rechte Zeit weiß, der kann auch zur rechten Zeit neue Aufgaben übertragen. Es lohnt sich längerfristig immer, nach den High Potentials Ausschau zu halten.

Wer etwas genauer um den Horizont auf allen Entfaltungsebenen Bescheid weiß, der kann Führungskräfte nicht nur in ihrer aktuellen Funktion einsetzen, sondern ihnen je nach Lebensphase auch anderweitig Verantwortung übertragen.

Woran erkennt man, dass jemand relativ weit weg ist von seinem Kairos?

Er oder sie hat etwas Falsches oder Gekünsteltes an sich. Solche Leute versuchen mehr zu sein, als ihr aktuelles Potenzial enthält. Das kann sich sowohl auf die Kraft als auch auf die Form beziehen. Wer z. B. in L2 zu wenig Anerkennung erhielt, neigt dazu, sich möglichst groß herauszustellen, um sie sich auf diese Weise zu holen.

Derselbe Mensch tut sich wahrscheinlich schwerer mit seiner L6, in der es darauf ankommt, seine Überzeugungen anderen gegenüber angemessen zu vertreten.

So jemand erträumt sich eine Position, in der er allein entscheiden kann. Er gibt sich souveräner oder kompetenter, als er in diesem Stadium sein kann. Man spielt eine Rolle, bis man zu anderem reif ist.

Wie lange dauert es, bis man definitiv weiß, ob man die richtige Wahl getroffen hat?

Das ist unterschiedlich. Innerhalb der Lebensphase genügt meist ein Jahr. Je konkreter und sachlicher zunächst die Aufgabe ist, desto schneller wird es erkennbar.

In L6 kann es länger dauern, wenn Kommunikationsprobleme zu sichtbaren Differenzen ausarten.

Das ist auch eine Frage des Musters, damit umzugehen, und der aufmerksamen Beobachtung von außen.

In jeder Lebensphase baut sich das Kardinalthema erst auf. Je weiter eine Führungskraft in das Kraftfeld der Lebensphase schon hineingeschritten ist, desto schneller wird erkennbar, wie sich das Kardinalthema zeigt.

Daher ist es in vielen Fällen sinnvoll, nicht gleich zu Beginn des neuen Feldes bzw. der Lebensphase einen Wechsel durchzuführen, sondern darauf zu achten, wann das Neue bei der Führungskraft auch selbst ins Bewusstsein tritt.

Natürlich ist es das Ziel jeder Personalrekrutierung, die richtigen Spieler auf das Feld zu bekommen. Aber jeder Trainer weiß auch: Wichtig sind nicht nur die ausgereiften die erfahrenen Spieler. Wichtig sind auch die jüngeren, die zwar noch manches entwickeln müssen, aber dafür idealistischer, teamorientierter und manchmal entschlusskräftiger sind als jene, die jede Aktion abwägen.

Trotz kairologischer Führung werden Sie sich gelegentlich auch für den falschen Bewerber entscheiden. Insgesamt aber werden Sie in ganz neuer Weise mit der menschlichen Dynamik umgehen können. Allein diese Perspektive verwandelt Ihr Verhältnis zu Ihren Mitarbeitern.

3.6 Führungskräfte- und Mitarbeiter-Entwicklung

3.6.1 Mitarbeiter Entwicklung

Das eigentliche Kapital eines Unternehmens sind seine Mitarbeiter. Daher scheint es nahe liegend zu sein, ein Unternehmen eher als einen Organismus denn als Organisation zu deuten. Aber der Vergleich passt nicht ganz. Denn auch beim Menschen ist das Eigentliche nicht sein Organismus, sondern das Potenzial seines Menschseins. Dieses wird wesentlich bestimmt von seinen Entfaltungskräften. Die Kräfte des Menschen sind aber eng mit dem verbunden, was für ihn Bedeutung hat.

Praktisch angewandt heißt dies: Wie viel Bedeutung hat ein Job oder eine Position für jemanden? Wie lässt es sich erreichen, dass sich jemand möglichst stark mit dem Unternehmen identifiziert? Gerade in Führungspositionen kommt es naturgemäß auf die Mitarbeiter an, für die ihre Arbeit ihre Berufung ist. Wie lässt sich dafür das wahre Potenzial herausfinden? Lässt sich hier eine Art Lügendetektor entwickeln?

Dafür genügt es nicht, Fragen zum gegenwärtigen Denken und Wollen zu stellen, sondern die künftigen Wahrscheinlichkeiten herauszufinden. Wie kann das gehen?

Der ideale Mitarbeiter ist nicht der, der am meisten arbeitet, alle Wünsche des Chefs erfüllt, aber keine Ansprüche erhebt. Ideal ist der, der möglichst nah an seinem Kairos agiert. D. h. nämlich, dass er sehr genau seiner maximalen Energie folgt. Diese wird aus vier Kraftfeldern gespeist: Resonanzentfaltung, Selbstentfaltung, Lebensentfaltung, historischer Kairos.

1. Die drei Entfaltungen

Resonanz-, Selbst- und Lebensentfaltung sind anhand des Lebenslaufs zu prüfen.

Kairologisch sind alle Kairos-Lebensphasen in gewisser Weise aufeinander bezogen. So wird es möglich, aus der Entwicklung in L1 und L4 auf die Selbstentfaltung in L7 zu schließen.

3.6 Führungskräfte- und Mitarbeiter-Entwicklung

Wichtig ist zum Beispiel für die unternehmerische Kraft, was sich in L2 abspielt. Außerdem ist zu bedenken, welcher Horizont sich in L5 aufbaut. Was traut sich jemand zu? Welche Grundlagen werden dafür gelegt? Wie sehr ist das auf den historischen Kairos ausgerichtet?

Zu prüfen ist:

- Inwiefern gab es in L1 bis L3 große Krisen, furchtbare Ereignisse, Enttäuschungen? Wann genau?
- Aus welchen Kräften lebten die Eltern?
- Was wurde in L1 bis L3 am liebsten gemacht?
- Welche Stärken stellten sich in L4 heraus?
- Welche inneren Grundentscheidungen fällte man in L5?
- Worauf kam es einem in L6 an?

Es sollte eine gewisse Ausgeglichenheit zwischen den verschiedenen Kräften herrschen und die zeitliche Dominanz berücksichtigt werden. So gehört es z. B. zur optimalen Entfaltung in L6, dass die Firma als Personenverbund erlebt werden kann, aber auch genügend Zeit bleibt, um dies auch zu Hause – hier als Personenverbund der Familie – zu leben.

Wenn gerade in dieser Zeit zu wenig Zeit für die Familie da ist, verankert sich zu wenig die notwendige männliche Autorität in den Kindern und wird die Polarität der Eltern zu wenig erfahrbar. Das wird in L7 nicht mehr so notwendig sein. Wird es hingegen in L6 versäumt, kann eine große innere Distanz zu Partner und Kindern entstehen, was in der Folge belastet, Energie kostet, eventuell sogar zum Bruch führt.

Die Kraft ist immer auch gekoppelt mit gewissen Schwerpunkten der Entfaltung. Und jeder wird in der Praxis sich auf die Seite der Entfaltung wenden, die am stärksten ausgeprägt ist. Zu prüfen ist daher, wie sehr und von welcher Seite her das Potenzial der Aufgabe dem Mitarbeiter etwas bedeutet. Geht es ihm nur ums Geldverdienen, um den Kontakt mit Menschen, um Handlungsraum und Gestaltungsmöglichkeiten, Arbeitsplatzsicherheit oder um was sonst?

Wer die Resonanz zu anderen braucht, wird gern Konferenzen, Kongresse besuchen und es als Erfolg verbuchen, mit möglichst vielen geredet zu haben.

Für wen die Selbstentfaltung im Vordergrund steht, der wird es vorziehen, allein an einer Sache zu arbeiten. In beiden Fällen liegt es den Mitarbeitern oft nicht, rasche Entscheidungen zu treffen, die zur Verbesserung betrieblicher Abläufe und der Bilanzen führen.

Es könnte auch sein, dass die Person sich schwerpunktmäßig über seine außerberuflichen Kontakte definiert (Resonanz) und die Arbeit nur als Brotberuf ansieht. Auch wenn diese Person ihre Aufgaben ordentlich erledigt, wird sie nicht ihr Herzblut reingeben und damit nicht den persönlichen Mehrwert bringen, der gleichsam den Unterschied ausmacht.

2. Historischer Kairos

Beim historischen Kairos ist umgekehrt vorzugehen. Zuerst ist das Muster zu bestimmen, dann die Nähe der Person zum Muster.

Wer eine Führungskraft gewinnen kann, die angezogen ist von ihrem historischen Kairos, hat einen besonderen Glücksgriff getan. Die kreative Kraft quadriert sich praktisch. Dadurch steht eine außergewöhnliche qualitative Kraft für das Unternehmen zur Verfügung.

Bei Führungskräften ist oft deutlich zu sehen, wessen Energie aus dem historischen Kairos gespeist wird und wem es um seinen Erfolg geht. Steve Jobs oder Jack Welch sind Chefs gewesen, die voll auf den historischen Kairos ausgerichtet waren.

Beide konnten sehr hart zu ihren Mitarbeitern sein. Dabei gingen sie sehr unterschiedlich vor. Welch mobilisierte seine Führungskraft durch Großzügigkeit im Übertragen von Verantwortung und erwartete dadurch eine besondere Motivation. Jobs vermittelte das Gefühl, an einer großen Idee mitzuwirken.

Die Menschen um sie spürten den Unterschied und fühlten sich entsprechend angezogen. So ähnlich war das mit den großen Wissenschaftlern und politischen Führern aller Zeiten.

3. Vision

Wenn Kairos das Eigentliche ist, woran sich jeder Mitarbeiter orientiert, dann müsste man diesen Faktor in der Arbeitsvertragsgestaltung berücksichtigen können.

Man sagt: je sinnvoller die Arbeit, desto größer die Einsatzfreude der Mitarbeiter. Eine Arbeit als solche ist für den Menschen nie sinnvoll. Im Kopf der Mitarbeiter entscheidet sich, wie sinnvoll sie ist und welchen Einsatz sie Ihnen wert ist.

Also gilt es primär, das zu klären, was sich in diesen Köpfen abspielt. Im Assessment Center lassen sich konkrete Fähigkeiten erkennen, nicht aber die schöpferische Kraft und die Bedeutung. Das geht nur über die Kairos-Analyse.

Begeisterung ist nicht durch Sekundärleistungen zu erreichen. Geld, Arbeitszeiten, Urlaub sind für rationale Überlegungen hilfreich (und viele Unternehmen meinen immer noch, der Homo oeconomicus sei ein rationales Wesen), aber sie wecken nicht den vollen Einsatz. Man nimmt, was bequem und vorteilhaft ist, aber das führt bei niemandem zur Identifizierung mit der Aufgabe.
Daher stellen wir folgende Idee zur Diskussion:

Wenn einem Mitarbeiter für 20 Jahre garantiert wird, dass man auf seinen Kairos achtet und ihn entsprechend fördert, lässt sich dann im Gegenzug vertraglich regeln, dass er sich der Firma für eine gewisse Zeit verpflichtet? Das kairologische Sechseck (siehe Kapitel 3.4) sagt uns, dass der Nutzen des Mitarbeiters ab L9 nachlässt, sofern er nicht mit dem historischen Kairos verbunden ist.

Fazit:

Man möge nicht in den Fehler verfallen und die Kairoswissenschaft für eine intelligente Spielerei halten. Sie nimmt wesentlich einen praktischen Standpunkt ein, bleibt nur eben nicht auf der Oberfläche, sondern sucht die energetischen Veränderungen zu erfassen.

3.6.2 Neue Führungseigenschaften sind gefragt

In Zeiten immer austauschbarerer Produkte und Dienstleistungen stellt sich die Frage: „Warum sind in Größe, Portfolio und Zielmarkt ähnliche Unternehmen verschieden erfolgreich?" Wenn wir einmal den unbestrittenen Einfluss höherer Gewalt ausblenden, steht fest, dass die heutigen Ergebnisse das Resultat früherer Betrachtungs- und Denkweisen sowie Entscheidungen und Umsetzungen der Führungskräfte und Mitarbeiter sind.

Die Wettbewerbsfähigkeit und der Erfolg eines Unternehmens hängen viel weniger von der Konjunktur oder anderen äußeren Umständen ab, als die meisten Menschen annehmen.

Der Unternehmenserfolg ist in erster Linie abhängig vom Bewusstsein und Handeln des Personals.

Neue Eigenschaften	Sinnerfüllung	Gespür Gefühl	Innere Führung Vertrauen	Zeit haben	Ich gewinne Du gewinnst
Alte Eigenschaften	Leistung Erfolg	Erfahrung	Macht	Zeitliche Überlastung Zeitmanagement	Ich gewinne Du verlierst

Die Veränderungen und Herausforderungen unserer Welt erfordern neue Führungseigenschaften

Abb. 3.21 Neue Führungseigenschaften

Mitarbeiter, und damit immer einbezogen auch die Führungskräfte eines Unternehmens, sind es letztendlich, die mit ihrer Kreativität Produkte und Dienstleistungen entwickeln, die Prozesse im Unternehmen definieren und entscheiden, wo mit welcher Strategie verkauft wird. Sie legen die Organisation fest und sorgen für das Funktionieren. Das Ergebnis ist die Reaktions- und Anpassungsfähigkeit, ist die Innovationskraft und Attraktivität des Unternehmens.

Führung ist die entscheidende Kompetenz, um Mitarbeiter zur Entfaltung ihrer Talente und Fähigkeiten zu bringen und überragende Ergebnisse zu erzielen.

Die Unternehmenskultur, das damit verbundene Wertesystem und das Betriebsklima beeinflussen das betriebswirtschaftliche Unternehmensergebnis zu 24-30 Prozent. (siehe Kapitel 3.3)

Dies deckt sich mit der Aussage, dass Verliererfirmen in erster Linie die Organisation entwickeln, Gewinnerfirmen jedoch die Menschen.

Es ist viel Bewegung im Markt und es ändern sich zu viele Faktoren.

Die Steuerung des Unternehmens nach Zahlen begrenzt unseren Horizont. Buchhaltung und Abweichungsanalysen sind wie Autofahren durch den Rückspiegel. Kein Blick nach vorn durch die Windschutzscheibe. Keine Betrachtung des menschlichen Potenzials im Unternehmen.

In der von Volatilität, Unsicherheit, Komplexität und Ambiguität (VUKA) geprägten Welt braucht jedes Unternehmen für eine sichere Zukunft einen **guten Personal-Mix aus Denker, Fühler und Macher.**

Abb. 3.22 Denker – Fühler – Macher

Vor dem Hintergrund der rasanten Entwicklung in Forschung und Technologie sowie dem enormen Wandel in Gesellschaft und Wirtschaft, ist lebenslanges Lernen für jeden eine Pflichtaufgabe.

Schließlich ist auch jeder für seine Beschäftigungsfähigkeit und Teilhabe an der Gesellschaft zunächst selbst verantwortlich.

Jede Aufgabe erfordert die richtige Person, mit dem richtigen Wissen, Können, Wollen und Tun.

Die Handlungskompetenz eines einzelnen ergibt sich aus dessen

- Sozialkompetenz
- Selbst-/Persönlichkeitskompetenz
- Methodenkompetenz
- Fachkompetenz.

In der folgenden Tabelle haben wir beispielhaft am anspruchsvollen Beruf des Verkäufers 51 Einzelkompetenzen gelistet:

Sozialkompetenz
- Beharrlichkeit / Stehvermögen
- Durchsetzungsfähigkeit
- Eigener Antrieb / Ego Drive
- Einfühlungsvermögen
- Frustrationstoleranz
- Humor
- Kommunikationsfähigkeit
- Konfliktfähigkeit
- Kontaktfähigkeit
- Selbstmotivation
- Teamfähigkeit
- Überzeugungskraft

Selbst-/Persönlichkeitskompetenz
- Disziplin
- Ehrlichkeit
- Einstellung Ethik
- Fleiß
- Flexibilität
- Kreativität
- Lernkompetenz
- Offenheit
- Respekt
- Verlässlichkeit
- Vertrauenswürdig
- Werte

Methodenkompetenz

- Abschlusstechniken
- Argumentationsfähigkeit
- Digitalkompetenz
- Datenkompetenz
- Benimm und Stil
- Einwand-Behandlungstechniken
- Fragetechniken
- Fremdsprachenkenntnisse
- Gesprächsführung / Gesprächsaufbau zielgerichtet
- Kenntnisse der Rollenerwartungen und des Rollenverhaltens
- Kontakt- und Beziehungsaufbau
- Medienkompetenz
- Preis- und Konditionengespräche
- Problemlösungskompetenz
- Rhetorische Fähigkeiten
- Visualisieren und Präsentieren
- Ziel- und Zeitmanagement / Selbstorganisation
- Zuhören, besser Hinhören

Fachkompetenz

- Anwendungs-/ Verarbeitungskenntnisse
- Branchenkenntnisse
- Kenntnisse der technischen Abläufe
- Kundenkenntnisse Marktkenntnisse
- Marketing- und Vertriebskenntnisse (Strategie + Konzepte)
- Produktkenntnisse
- Vertriebsabläufe / Kenntnisse der Vertriebswege
- Unternehmenskenntnisse
- Wettbewerbskenntnisse

Empfehlung:

Betreiben Sie systematische Personalentwicklung entlang der Vision, den strategischen Zielen, der vorhandenen und notwendigen Skill-Kapazität sowie den Fähigkeiten / Bedürfnissen der Mitarbeiter; es ist ein Schlüsselthema erfolgsorientierter und nachhaltiger Unternehmensführung.

4. Kairos in der Unternehmensführung

Jeder Mensch ist Teil des Ganzen – von der Familie, von Organisationen und Unternehmen sowie der Gesellschaft in ihren kulturellen und geschichtlichen Dimensionen.

Gerade in Anbetracht der rasant steigenden Dynamik und Komplexität in allen Lebensbereichen können bewusst handelnde Menschen aus der Kairologie enorm an Orientierung und Sicherheit schöpfen.

Für die Unternehmens- und Personalführung ist die Kairologie ein völlig neuer Ansatz. Sie ist im Kern der Humus, auf dem unternehmerisches Handeln in einer günstigeren Relation von Aufwand und Ertrag gedeiht und zu besseren Ergebnissen führt.

Die eigene Lebensdynamik der für die Unternehmensentwicklung entscheidenden Menschen, das sind in erster Linie die Inhaber und/oder die Geschäftsleitung, wirkt direkt auf die Entwicklung des Unternehmens.

Bisher wurden vor allem Fachkenntnisse und Erfahrung der Geschäftsleitung in Technik, Betriebswirtschaft, Strategie und Führung als Erfolgsfaktoren apostrophiert.

Heute wissen wir, dass für jeden Menschen, und demzufolge für jede menschliche Organisation, die Auseinandersetzung mit der eigenen Lebensdynamik ein ungeheuer großes Potenzial an Erkenntnissen in sich trägt. Es geht um nicht weniger als die Selbst-, Resonanz- und Lebensentfaltung, die sich im jeweiligen Kairos – dem Handeln im rechten Augenblick – zeigt.

Im übertragenen Sinne ist Kairos nicht nur Stadtplan oder Landkarte, sondern Navigationsgerät. Es ermöglicht energiesparendes, bequemes Autofahren auf dem optimalen Weg. Der Unterschied ist im konkreten Handeln (Fahren) beobachtbar. Handeln wir gestresst oder entspannt, befürchtend oder vertrauend?

Sparringspartner, Berater und Coachs nutzen die Kairologie für die nachhaltige Erfolgssteigerung und Zukunftsgestaltung ihrer Klienten.

Anwendungsfelder sind beispielsweise

- Persönlichkeitsentwicklung und Karriereplanung,
- Personalgewinnung, speziell unter Berücksichtigung von Lebensphasen,
- Umgang mit Diversität bzgl. Alter, Geschlecht und Herkunft in Teams, Unternehmen sowie der Gesellschaft,
- Teamentwicklung,
- Unternehmensstrategie,
- Unternehmenskultur,
- Nachfolgeregelung.

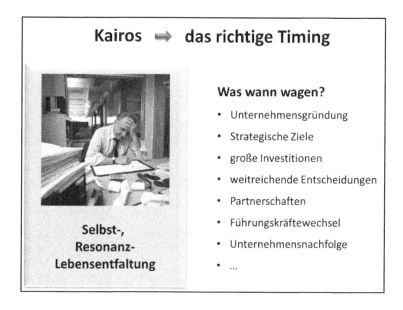

Abb. 4.1 Kairos → das richtige Timing

Wie bereits beschrieben, ist Kairos die für eine Angelegenheit zu einem Zeitpunkt optimale Konstellation der geistigen, emotionalen, rationalen und körperlichen Kräfte.

Er ist ein Impuls für das richtige Timing in unserem Leben.

Obwohl wir bereits in den Kapiteln 3.1 und 3.4 über die energetische Hierarchie im Unternehmen geschrieben haben, möchten wir an dieser Stelle die Gedanken ergänzen.

Die berufliche Lebensentfaltung ist in den wichtigen Lebensjahren zwischen 25 und 51 durch spezifisch schöpferische Entwicklungsstufen bestimmt.

- In der Kairos-Lebensphase fünf (L5) geht es um die strategische Weitsicht.
- In Kairos-Lebensphase sechs (L6) um das Zusammenwirken der Menschen und die Beziehung zur Sache, während
- in Kairos-Lebensphase sieben (L7) die Struktur und Form einer Angelegenheit wichtig sind. Und
- in Kairos-Lebensphase acht (L8) die konkrete Umsetzung, das erfolgreiche Handeln am meisten befriedigt.

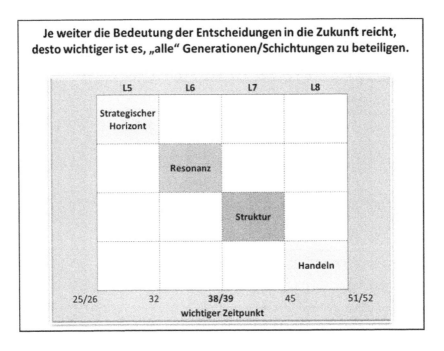

Abb. 4.2 Die energetische Hierarchie

Damit wird auch verständlich, dass neben der fachlichen und sozialen Kompetenz, auch das Lebensalter bei der Zusammensetzung von Arbeitsgruppen/Teams bedacht werden sollte.

Auch im Führungsverhalten von Vorgesetzten sollten die Lebensphasenunterschiede berücksichtigt werden.

Beispiel: Verschiedene Alter und Sichtweisen

In einem Fall ging es um die Unternehmensnachfolge. Der ursprüngliche Verkauf an einen externen Interessenten war mangels Finanzierung gescheitert. Außerdem hatte der potenzielle Käufer bei den Mitarbeitern einen unqualifizierten Eindruck hinterlassen.

Nach dieser Erfahrung kontaktierte der Inhaber einen Berater und bat diesen, ihn bei der Nachfolgelösung zu unterstützen.

Im Rahmen der Projektarbeit hielt der Berater den stellvertretenden Geschäftsführer mit seinen 37 Jahren für einen guten Nachfolger und begann dies mit konkreten geschäftlichen Aufgabenstellungen, ergänzenden Übungen und Gesprächen zu prüfen.

Der Berater fragte beispielsweise sowohl den Inhaber als auch den Stellvertreter, wie sie denn die Beziehungen zwischen Kunden, Führungskräften, Mitarbeitern und Lieferanten im Unternehmensalltag wahrnehmen.

Hierfür stellte der Berater Schachfiguren zur Verfügung und bat, die Beziehungen auf einem vorbereiteten Formular durch Stellen der verschiedenen Figuren zu dokumentieren.

Wie Sie in der Abb. 4.3 unschwer erkennen, gibt es deutliche Unterschiede zwischen dem Geschäftsführer und dessen 30 Jahre jüngeren Stellvertreter und designierten Nachfolger.

Während der Springer des Nachfolgers direkt gegenüber dem Kunden (König) positioniert ist, der amtierende Geschäftsführer daneben steht und die übrigen Figuren in unmittelbarer Nähe, hat der Geschäftsführer klar anders aufgestellt. Er selbst steht dem Kunden gegenüber und sein Stellvertreter (Springer) steht neben ihm mit (bewunderndem?) Blick zum Geschäftsführer, statt zum Kunden.

Auch die übrigen Figuren stehen klar strukturiert und mit deutlichem Abstand zueinander.

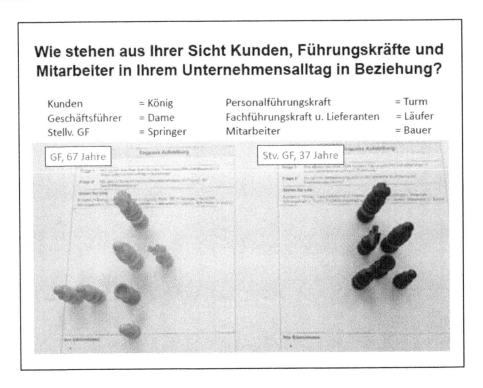

Abb. 4.3 Die Beziehungen im Unternehmensalltag

Die Visualisierung der Sichtweisen überraschte nicht nur den Inhaber / Geschäftsführer, sondern bestätigt eindeutig die prinzipiellen Aussagen der Kairologie zu den einzelnen Lebensphasen.

Der stellvertretende Geschäftsführer befindet sich in der Lebensphase 6. Diese Phase ist geprägt von dem Miteinander, der Resonanz und Beziehung zueinander. Er ist nicht nur nahe am Kunden, sondern auch nahe bei seinem Team und allen anderen Protagonisten.

Heute, im dritten Jahr nach dem Management Buy-out, befindet sich das Unternehmen mit frischen Ideen und Wachstumsimpulsen weiterhin auf Erfolgskurs.

Ein weiterer Beleg für die hohe Relevanz der Kairologie in der Mitarbeiterführung sowie der Organisations- und Personalentwicklung.

Beispiel: Merkmale unserer perfekten Firma

In dem folgenden Beispiel eines Beratungsprojektes sehen Sie die Bandbreite der Aussagen von Mitarbeitern, wie sie sich das Unternehmen als perfekte Firma vorstellen. Maximal fünf Nennungen waren möglich.

Die wichtigsten Merkmale unserer perfekten Firma:

	Nr.	Merkmal
●	1	Wirtschaftlicher Erfolg
●	2	Sicherer Arbeitsplatz mit Perspektive
●	3	Vielseitiges und interessantes Aufgabengebiet
○	4	**Standing im Marktsegment**
○	5	Gestaltungsmöglichkeiten
○	6	Teamgeist, positives Betriebsklima
○	7	Kompetente Mitarbeiter und Führungskräfte
○	8	Kundenorientiertes Arbeiten (nicht so sehr mit sich selbst beschäftigen)
○	9	**Status und Unternehmensziele sichtbar**
○	10	**Gerechtes Gehaltsgefüge**
○	11	**Klar definierte Strukturen**
○	12	Handlungsraum und Vertrauen
○	13	Gegenseitige Anerkennung der Leistung
●	14	Gleitzeit bzw. Zeiterfassung

6 „menschliche" vs 4 **sachliche** Themen ○ ○ ○

Abb. 4.4 Die wichtigsten Merkmale unserer perfekten Firma

Mit unterschiedlicher Häufigkeit wurden insgesamt 14 verschiedene Merkmale genannt. Bei den Punkten 1-3 sah man keinen Handlungsbedarf, alles war im grünen Bereich. Merkmal zehn wurde an der Stelle nicht diskutiert.

Von den restlichen zehn Merkmalen betrafen sechs konkrete menschliche Bedürfnisse (Gestaltungsmöglichkeiten, Anerkennung, Vertrauen…) und Verhaltensmuster (Teamgeist, kundenorientierteres Arbeiten…).

In der quantitativen Häufung und auf das Kernthema der jeweiligen Lebensphase der Teilnehmer bezogen, korrelierte der Mix der in Abbildung 4.4 genannten Bedürfnisse mit dem Ergebnis der in diesem Unternehmen parallel erstellten Kairos-Lebensphasenstrukturanalyse des Personals (siehe auch Kapitel 3.4).

4.1 In den Kairos-Lebensphasen 1 bis 4 werden die Weichen für Unternehmer gestellt

Ein Unternehmen zu gründen ist im Grunde auch nichts anderes als eine Familie zu gründen. Hier werden ein Kind (oder mehrere Kinder) gezeugt. Dort geht es darum, eine Idee oder mehrere Ideen zu zeugen, in die Welt zu bringen, für ihr Wachstum zu sorgen und schließlich anderen zu übergeben.

Bei Kindern können wir relativ leicht unterscheiden, ob jemand noch in der Grundschule ist oder schon auf das Abitur zugeht.

Schwerer fällt das bei Unternehmen. Sie haben aber genauso bestimmte Kairos-Lebensphasen zu durchlaufen. Vielfach ergeben sich diese so selbstverständlich wie im sonstigen Familienleben auch. Aber nicht alle besitzen die entsprechende Offenheit und Geduld dafür. So gibt es auch hier oft ein zu früh oder zu spät.

Alles hat Folgen. Die Folgen nicht zeitgerechten Verhaltens sind anstrengend. Sie kosten oft nicht nur Nerven, sondern auch Geld und Personal. Schlimmstenfalls führt es in die Insolvenz. Wer um die Logik von Kairos weiß, kann vorbeugen.

Viele unterscheiden ganz klar zwischen ihrem Hobby und ihrer Arbeit. Nun kann ein Hobby ein kleiner Ausgleich sein oder auch das eigentliche Interesse binden. Man will oder wagt es nicht, damit nach außen zu treten. Das Hobby bleibt so meine persönliche Sache.

In einem Unternehmen dagegen verbindet sich eine Idee mit der ganzen Liebe einer Person, um damit für Andere einen Nutzen zu stiften. Jeder übernimmt in seinem Beruf Verantwortung.

Die Verantwortung des Unternehmers ist allerdings gesteigert, grundsätzlicher, existenzieller. Er glaubt daran, etwas Sinnvolles für die Gesellschaft zu produzieren und so zur Verbesserung in der Welt der Bedürfnisse beizutragen.

Von der Idee bis zur Geburt des Unternehmens ist schon ein Weg zurückzulegen, der bei einigen mehr von Selbstzweifeln geprägt ist als von Freude und Zuversicht.

Manche sind ängstlich und betreiben ihr Unternehmen nur nebenbei, immer im Schutz eines Berufs oder verdienenden Partners. Sie stehen zwar in Beziehung zu ihrer Idee, aber wagen es nicht, die volle Verantwortung dafür zu übernehmen.

Je länger man allerdings wartet, desto schwerer fällt es, noch den Einstieg ins Unternehmerdasein zu schaffen. Man traut sich einfach nicht mehr. Das Risiko ist zu hoch, das Arbeitspensum, das am Anfang wartet, wirkt zu anstrengend.

Das gleiche gilt übrigens auch für die Aufstiegschancen in Unternehmen.

Unternehmensvorbereitung

Wer ein Unternehmen gründen will oder verstehen möchte, welchen Weg er gehen kann, oder sich darüber klar werden will, worauf es ihm ankommt, der gehe am besten den Weg seines Lebens bis zum Anfang zurück. Auf einer energetischen Ebene werden die Weichen sehr früh und mit einer gewissen Systematik gestellt.

Jede Unternehmensvorbereitung beginnt kairologisch in der ersten Lebensphase (L1). Schon am Anfang formt sich unser möglicher Gestaltungshorizont, der sich sowohl auf die schöpferische Kraft wie auf die geistigen Muster bezieht.

Von Anfang an erfahren wir Differenz und suchen Einheit. Unternehmerische Tätigkeit ist immer auch die schöpferische Lösung für eine Not. Wer in vollkommener Einheit und Fülle lebt, hat keinen Grund, sich anzustrengen und etwas Neues zu schaffen. Ohne eine gewisse Spannung zwischen dem, was man sich eigentlich wünscht, und der Realität, entsteht nichts Neues.

Genauso gilt: ohne eine gewisse Kraft zur Lösung bleibt die Spannung unfruchtbar. Die Angst, zu verlieren, ist dann größer als die Zuversicht, etwas zu gewinnen.

Ferner kommt es auch auf die Art der Spannung an. Ist sie eine, die nur die eigene Person betrifft, oder vergegenwärtigt sich in ihr eine kollektive oder gar historische Spannung?

In viel höherem Maße, als wir oft meinen, verkörpern Eltern und Erzieher kollektive Muster, die so selbstverständlich daher kommen, dass das Kind nie in seinem Leben auf die Idee käme, daran zu rütteln.

Die Art und Weise, Raum und Zeit wahrzunehmen, ein Ich von einem Wir abzugrenzen, mit Gott und der Welt in Beziehung zu gehen, sind tief in der geschichtlichen Gegenwart verankert. Genauso formt uns die Muttersprache.

Wenn uns die Eltern von Beginn an bejahen, so tun sie es doch unterschiedlich.

Manche Muster sind für den einen selbstverständlich, für den anderen nicht. Manchmal ersetzen bestimmte Denkmuster nicht vorhandene Kräfte, manchmal sind sie Ausdruck starker Kräfte.

L1 (0-6)
ist aber schon äußerst bedeutsam für den Werdeprozess bis Ende L4 (25). In jeder Lebensphase muss sich die Einheit stiftende Kraft des Werdeprozesses auf neue Weise bewähren und zugleich differenzieren. Sie will das Empfangene bis zur letzten Konsequenz in das Eigene verwandeln. Das lässt sich schön am Beispiel des so genannten Gewissens zeigen:

Was wir Gewissen nennen, spiegelt in besonderer Weise die Veränderung der Beziehungen zum Wir und seinen Normen.

- Das frühkindliche Gewissen, das noch ganz von der Anwesenheit der Bezugspersonen abhängig ist, soll sich über das autoritäre Gewissen von L2 (6-12), über das pubertäre Gewissen von L3 (12-18), bis hin zur Ausbildung des mündigen Gewissens in L4 (19-25) entwickeln.

- Nicht wenige bleiben auf der Stufe des autoritären Gewissens (L2) stehen. Sie nehmen ihr Leben lang Normen als absolute Gebote, denen man sich blind unterwerfen muss, oder haben überhaupt kein Verhältnis dazu.

- Andere bleiben auf der Stufe L3 stehen. Ihr Leben wird zu einem dauernden Protest gegen jede Autorität und Vernunft.

Was immer sich am Anfang abspielt: jeder erhält seine schöpferische Unternehmensidee in L1 in energetisch verkapselter Form. Sie wird ihm in L5 (25-32) zum bewussten Akt. Die Stärke der Kreativkraft erfährt man am deutlichsten in L8 (45-51), in der es am schwersten ist, innerlich das Tun zusammenzuhalten.

L2 (6-12)
entscheidet in hohem Maße über die Gestaltungskraft, die wir uns insgesamt zwischen L5 und L8 (25-52) zutrauen. Insbesondere aber ist L2 wichtig für die Ausbildung der Art und Stärke der eigenen menschlichen Autorität. Dies wiederum wird wichtig, weil es später darum geht, andere Menschen für die eigenen Ideen zu gewinnen.

- Welches Verhältnis gewinnt das Kind zu Leistung?
- Werden Ideen gefördert und Ergebnisse anerkannt?
- Wie erfährt es seine gleichaltrigen Kameraden?
- Geht es mit älteren oder jüngeren in Resonanz?
- Wie gut kann es sich durchsetzen? In welchen Bereichen?
- Wird es ungerechterweise bestraft?
- Werden schon wichtige eigene Entscheidungen gefällt?

In L3 (12-18)

wachsen das Ich und seine Vernunft zu einer eigenen Größe heran, so dass es die Differenz zu den bisherigen Bezugspersonen und Autoritäten immer stärker erfährt. Es grenzt sich auf vielfältige Weise ab und sucht zugleich nach einem Weg, eine neue Einheit in der Differenz zu gewinnen.

Jeder wird in Schule und Ausbildung mit Gegensätzen konfrontiert. Manchmal sind es unlogische Aussagen, manchmal weichen Reden und Handeln zu sehr voneinander ab, manchmal passen Alter und Anforderungen, Menschen und Gruppen nicht zusammen. Wichtig ist, wie sehr man zu vertrauen lernt in die Lösung solcher Probleme und die Behauptung der eigenen Vernunft

- Was hier abgespeichert wird, wird wichtig für L7. Dann wird es vor allem darum gehen, inwiefern jemand an neue vernünftige Lösungen zu glauben und diese durchzusetzen fähig ist.

- L3 ist auch bedeutsam für die Entwicklungen in L9 bis L12 (52-78). In L9 stellt sich die Frage: Welchen Wert hat nun überhaupt das, was ich in L1 bis L8 gemacht habe? Die eigenen Leistungen werden auf ihre bleibende Sinnhaftigkeit hin geprüft.

Hier muss dann mancher Unternehmer damit zurechtkommen, dass die eigene Sache und die Tendenzen der Wirtschaftsentwicklung auseinander laufen. Seine Gewissheit, dass es möglich ist, beides zu verbinden, - auch über die Nachfolge - hängt wesentlich mit der Hoffnungskraft zusammen, die er in L3 gespeichert hat.

L4 (19-25)

bildet den Abschluss des Lebensalters des „Empfangens und Werdens". Einerseits hat sich die bewusste Aneignung der aktiven Maßstäbe zu vollenden. Andererseits werden oft schon spontan und spielerisch die individuellen Stärken und Ideen in Form erster Unternehmungen erprobt.

- Was zieht mich spontan an?
- Wie prägen mich Begegnungen mit Menschen, Techniken, Ländern, Dingen?
- Zu welcher Leistungskraft bin ich fähig?
- Wie sehr integriere ich in mir meine weibliche und männliche Seite?

All das wird energetisch bedeutsam für die Bewältigung von L8 45-52). Den Schwung dieser Lebensphase braucht man auch für die individuellen Grundentscheidungen in L5 (25-32).

L1 bis L4 ist die energetische Vorbereitung des nun folgenden unternehmerischen Gestaltens.

Es sind unterschiedliche Musterebenen, die bis dahin zu durchlaufen waren, und unterschiedliche Arten von Kreativkräften, die nun die Akkus bilden, die in einer bestimmten Reihenfolge zum Einsatz kommen.

Bei wem alle vollgeladen sind, der wird mit großer Energie durch die Zeiten des „Gestaltens" brausen. Selten ist aber alles so im Gleichgewicht. Manche Hürden übersteigen die aktuellen Kräfte.

Jeder hat eine andere Konstellation von Kairos. Diese aber wird der Maßstab des möglichen Lebenserfolgs sein.

4.2 Die kairologische Lebenslinie des Unternehmens

In der üblichen Betrachtungsweise durchläuft ein Unternehmen fünf oder sechs Phasen: 1. Die Gründung, 2. die Wachstumsphase, 3. die Reifephase. Stagnation und Rückgang kennzeichnen die vierte und fünfte Phase.

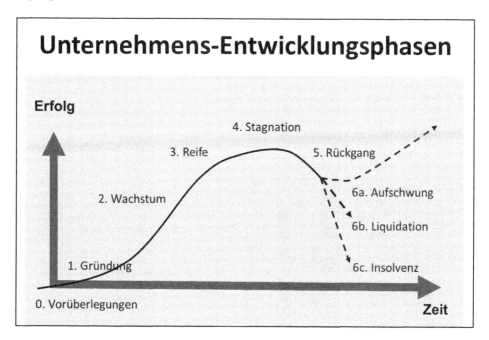

Abb. 4.5 Unternehmens-Entwicklungsphasen

Sofern nicht gegengesteuert und das Unternehmen nicht kontinuierlich entsprechend der Umfeldveränderungen angepasst wird, folgen früher oder später die Insolvenz oder Liquidation. Die sechste Phase kann aber auch ein erneuter Aufschwung sein, wenn die richtigen Maßnahmen umgesetzt werden.

Doch hier heißt es genau hinzuschauen. Äußeres Wachstum kann über inneren Niedergang hinwegtäuschen. Bei langanhaltender Stagnation oder schleichendem Rückgang verliert in Wirklichkeit das Unternehmen energetisch und es kommt zur Insolvenz.

Ein neuer, nachhaltiger Aufschwung scheint am ehesten möglich, wenn mit bahnbrechendem Denken und Handeln neue Produkte/Dienstleistungen und ein zeitgemäßes Geschäftsmodell angeboten werden. Stichworte sind u. a. Disruption und Digitalisierung.

Häufig stecken Unternehmen in der vierten Phase (Stagnation), wenn die Unternehmensnachfolge begonnen wird. Dies ist ein denkbar ungünstiger Zeitpunkt für einen Unternehmensverkauf. Aber ein meistens günstiger Zeitpunkt, wenn es um eine familieninterne Lösung geht und ein geeigneter Nachfolger bereit ist. (siehe Kapitel 5.4)

Alle Phasen können unterschiedlich lang sein. Es hängt von der Dynamik innerhalb einer Branche, der Unternehmensfitness und letztlich von der Geschäftsführung und den Mitarbeitern ab.

Die Kairologie ermöglicht einen vertiefenden Blick in das Potenzial und die wahrscheinliche Entwicklung eines Unternehmens.

4.2.1 Unternehmensgründung und -führung

Sicherlich ist schon fast in jedem Alter gegründet worden. Es ist also immer möglich und immer finden sich auch Beispiele dafür, dass es erfolgreich sein kann. Doch ist jeder Zeitpunkt aufschlussreich. Denn er sagt einiges aus über die Relation von Unternehmern zu dem, was sie wie und mit welcher Energie aufbauen.

Ein Unternehmensaufbau durchläuft kairologisch bestimmte menschliche Felder und Stufen. Ein Unternehmen ist gleichsam ein Kind, das vielleicht schon lange als Wunsch da ist, in einem Willensentschluss „gezeugt" wird, das Licht der Öffentlichkeit erblickt und dann gewisse Wachstumsstufen durchläuft.

Interessant ist, dass diese Wachstumsstufen einer ganz bestimmten Dynamik folgen. Ob jemand sein Unternehmen mit 30 oder 40 gründet, macht nicht nur einen äußeren Unterschied der Lebensumstände, sondern auch einen inneren.

4.2 Die kairologische Lebenslinie des Unternehmens

Wie Sie mit dem Kind „Unternehmen" umgehen und wie dieses mit Ihnen umgeht, hängt von den Kairos-Lebensphasen ab. Sie stellen menschliche Energiefelder dar, die Ihre Kreativkräfte gewissermaßen formatieren. Sie bestimmen den energetischen Raum, in dem Sie sich bewegen. Je besser Sie Bescheid wissen über das Potenzial dieser Ihrer Felder, desto klarer können Sie sich an seinen Entfaltungsenergien ausrichten.

In **L4** (18-25) ist eine Unternehmensgründung meist eine Glückssache. Man hat einen genialen Gedankenblitz – und fängt einfach an. Ich probiere mal. Es genügt, dass einige Freunde die Sache gut finden. Geht es schief, wirft es einen auch nicht um. Man ist gewöhnlich noch nicht reif dafür, einen langen Weg zu gehen.

Kairologisch am günstigsten ist **L5**, die Zeit zwischen 25 und 32. Das Kind „Unternehmen" kann sich mit dem geringsten Energieaufwand entwickeln. In dieser Phase sind Gründer noch echt begeistert von ihrer Idee. Sie sind in höchstem Maße bereit, das zu lernen, was für eine Firma notwendig ist.

- Wie sich organisieren?
- Wie Angebote und Rechnungen schreiben?
- Wie mit Finanzamt, Banken, Gewerbeamt umgehen?
- Wie Kunden gewinnen?
- Wer hilft?

Der Anfang ist mit Neugeborenen und neuen Unternehmen gleich hart und es dauert, bis man sich sicher sein kann, ob das Kind überleben wird. Aber man ist bereit, dafür den vollen Einsatz zu bringen.

Nicht selten geschieht es, dass zweimal gegründet wird. So hat Steve Jobs mit Anfang 20 aus Liebe zu seiner neuen Idee und aus der inneren Kraft heraus seine erste Firma gleichsam in der Garage geboren. Später haben ihn andere, die die Geschäftsführung übernommen hatten, dazu gebracht, dass er ausstieg. Schließlich, mit 31, kam sein zweites „Kind" zur Welt. Nun, auf dem Höhepunkt von L5 ging er die Sache strategisch an. Fortan blieb er der Herr im Haus.

Auch jene drei Jungunternehmer, deren Unternehmen „Zalando" 2014 an die Börse ging, starteten in L4 einen ersten spontanen Versuch, der scheiterte. Erst mit der Unterstützung und Anleitung der Samwer-Brüder gelang eine Gründung, die hoffen lässt, dass sie Bestand hat.

Ab 32 ändert sich das Kraftfeld (**L6**). Das wird meist nicht gleich offenkundig. Denn äußerlich überlappen sich die Felder der Kairos-Lebensphasen. Es kann das Alte nach außen noch bis zu 3 Jahre in der neuen Lebensphase bestimmend sein. Je früher aber das Neue bewusst gemacht wird, desto weniger Energieaufwand benötigt es zur Durchsetzung.

Wer Mitte 30 seinen Betrieb gründet, dessen Kräfte sind schon anders ausgerichtet und gestaltet als mit 27 oder 43. Der Energieaufwand für die typischen Anfangsaufgaben wird als wesentlich höher empfunden.

Die Stärke liegt im Miteinander, in der Kundenorientierung. Die Führungskraft geht aus der unmittelbaren Autorität hervor und diese aus der inneren Sicherheit, mit der man seine Sache vertritt.

Mit 38 haben z.B. Bewerber für eine Führungsposition ein großes Selbstbewusstsein. Sie können wie hohe Autoritäten auftreten, sehr gewinnend.

Entscheider aber sollten wissen: Die Kandidaten kommen in Kürze in ein neues menschliches Kraftfeld. Diese Kairos-Lebensphase (**L7**) beginnt mit fast 39 und endet mit 45 Jahren. Welche Wahrscheinlichkeiten nun zu erwarten sind, hängt von verschiedenen Relationen zu früheren Lebensphasen ab.

Eines aber lässt sich allgemein sagen: Je mehr ihre Wirkung in der Überzeugungskraft ihrer Person selbst begründet liegt, desto schwerer hat sie es in L7, in der ihr Wirkungskreis wesentlich von dem vernünftigen Umgang mit einem Problem zusammenhängt.

Wer in L7 ist, für den ist es energetisch am günstigsten, wenn sein Unternehmen in L3 ist, also zwischen 12 und 19 Jahre alt.

Hat man seine Gewissheit in L5 aus seinen Inspirationen und in L6 (32-38) aus der Resonanz mit Kunden und Mitarbeitern gesogen, so erreicht nun die Firma eine Größenordnung, in der sie ein wachsendes Eigenleben entwickelt.

Jetzt wird eine andere Art von Führungsstärke erwartet. Der Unternehmer muss sich zunehmend auf die Entwicklung tragfähiger Strukturen konzentrieren, die auch funktionieren, wenn er nicht da ist. Das persönliche Verhältnis wird distanzierter. Man braucht mehr Mitarbeiter, die sich selbständig entsprechend der Logik des Unternehmens verhalten. Man wird manche verlieren, denen vor allem der vertraute Umgang miteinander aus L6 das Maß bleibt. Das aber blitzt oft nur noch bei den jährlichen Betriebsfesten auf.

Eine Unternehmensgründung in L7 ist oft schon eine Reaktion auf schwierige Erfahrungen in L5 oder L6. Manche haben in der bisherigen Arbeit gelitten unter mangelnder Anerkennung oder unfähigen Vorgesetzten und wollen jetzt ihr eigener Herr sein. Man will unabhängig seine eigenen Ideen verwirklichen.

Die einen bieten sich als Manager an, andere als Coach. Für eine eigene Firma reicht oft nicht die kreative Kraft. Wer es sich leisten kann, „adoptiert" gern ein anderes unternehmerisches Kind, das schon eine vernünftige Größe erreicht hat, oder man bietet sich an, ein solches zeitweise zu betreuen. Schließlich sieht man schon, wie gut, intelligent, organisiert oder erfolgreich es ist.

In **L8**, zwischen 45 und 51, ist das Kreativfeld so geartet, dass zunehmend ein erwachsen gewordenes Unternehmen erwartet wird. Die Beziehung zwischen Chef und Belegschaft wird immer funktionaler. Der Chef hat idealerweise die Zusammenhänge im Blick.

Es wird maximal gewinnorientiert gearbeitet. Besprechungen sind auf Zwecke konzentriert. Chef oder Chefin haben wenig Zeit, Sie müssen sich um Aufträge und um evtl. Kooperationen, nicht direkt um Kunden, kümmern. Die Aufgaben werden klar verteilt. Werden Manager eingestellt, so interessiert an ihnen nur ihre Funktion. Erwartet wird, dass sie effizient erledigt werden.

Die vielfältige Spezialisierung führt dazu, dass der Chef manche Leute und deren Arbeit kaum mehr kennt.

Man will nur noch lernen, was dieses Managen noch effektiver macht. Auch aus den Mitarbeitern der Anfangszeit sind, soweit noch da, kleine Chefs geworden.

Die ursprüngliche Idee hat sich in eine „Sache" verwandelt. Führung ist daher effizientes Zeit-Management.

Die größte Gefahr ist jetzt, das Ganze innerlich nicht mehr zusammenhalten zu können, nur noch den Druck der Zeit, den Kampf mit Konkurrenten und Rahmenbedingungen wahrzunehmen. Wer nicht aufpasst und sich überschätzt, steuert auf einen Zustand zu, der sich etwa als Burnout, Hirn- oder Herzinfarkt äußern kann.

Wer in L7 sehr gut an der Entwicklung neuer Ordnungen mitgearbeitet hat, tut sich in L8 oft schwer, wenn er erlebt, wie die Durchsetzung des Vernünftigen an Machtfragen scheitert.

Umgekehrt ist von einem 48 oder 50jährigen Geschäftsführer zu erwarten, dass er ergebnisorientiert arbeiten will. Es geht um Fakten und Bilanzen. Er hat wenig Sinn für den engagierten Aufbau langfristiger persönlicher Beziehungen oder für den Freiraum, den neue Projekte brauchen. Er drängt den Vertrieb und setzt Projektgruppen unter Druck. Er ist gut für ein Unternehmen, das selbst in L4 ist und seine wesentliche Entwicklung hinter sich hat.

Frauen haben es als Führungskräfte in L8 besonders schwer. Sie hauen ungern auf den Tisch, sondern führen sublimer durch Netzwerken.

Das alles gilt auch, wenn jemand seinen Weg als Führungskraft innerhalb eines großen Unternehmens geht. Dort läuft das Gleiche dann in einem Teilbereich ab.

Die 50er Jahre bringen wichtige Veränderungen.

Der Chef ist ab 52 in **L9**, das Unternehmen innerlich in L5 (25-32). Wie sehr lässt er nun zu, dass das Unternehmen seinen eigenen Weg weitergeht? In welchem sachlichen und finanziellen Horizont kann es auf Dauer am Markt bestehen? Welche Maßstäbe, die sich unter der Führung des ersten Chefs entwickelt haben, sollen beibehalten, müssen aufgegeben oder verändert werden?

Wenn aus der Familie ein Nachfolger aufgebaut werden soll, ist es am günstigsten, wenn sich die grundsätzliche Bereitschaft in L9 (52-58) zeigt.

Eine andere Grundentscheidung ist es, sich persönlich zu lösen und die Sache den freien Kräften des Marktes zu überantworten. Das Unternehmen erhält eine entsprechende Rechtsform. Das macht unabhängig von den subjektiven Verhältnissen der eigenen Familie, bietet die Chance zur Dauer, die allein in der Großartigkeit der Geschäftsidee begründet ist. Die Gefahr dabei ist, dass relativ bald die Firma herabgewirtschaftet sein kann, wenn nicht auf den Kairos geachtet wird.

L9 ist günstig für Sekundär-Gründungen. Die Selbstständigkeit erwächst aus der Stärke der in den Lebensphasen fünf bis acht (25-52) gewonnenen Kompetenz, verbunden mit der voll ausgereiften Selbstentfaltung. Nun gründet Führungskraft in der persönlichen Überlegenheit.

L10 (58-64) ist eine günstige Zeit für Übergaben, wenn die nächste Generation selbst in L6 (32-38) ist. Beiden Seiten ist es wichtig, eine familiäre Kontinuität zu schaffen. Problematisch wird es für den Übergang nur, wenn der Gründer auf seine Vorstellungen fixiert bleibt und kein Verständnis für den veränderten Horizont der Jüngeren hat. Da kann es leicht zum Bruch kommen.

4.2.2 Kairologisches Standardmodell

Ausgehend von der für eine Gründung optimalen Lebensphase fünf lesen Sie in der folgenden Tabelle eine Gegenüberstellung der Schwerpunkte in den Lebensphasen des Unternehmers und des Unternehmens (Firma).

Abb. 4.6 Kairologisches Standardmodell

Unternehmer	Unternehmen (Firma)
L5 (25.7-32.0 Jahre) • Grundentschiedenheit • maximaler geistiger Horizont • Lernbereitschaft • Man fühlt eine große Idee, will sich und anderen etwas beweisen	**L1** (0-5.11) • größte Gefahr des Scheiterns • Chef entscheidend • geistiger Aufbau • Hilfe von außen
L6 (32.1-38.7) • persönliche Autorität • Kreativität • notwendig: hohe Resonanzfähigkeit • Beweglichkeit • Man kommt gut in Resonanz mit anderen Menschen.	**L2** (5.11-12.4) • Personaler Aufbau • Erfolg durch Resonanz mit Kunden und Mitarbeitern • Chef als natürliche Autorität • Scheitern an fehlender Kundenresonanz
L7 (38.8-45.1) • Glaube an rationale Struktur • Vertrauen auf Grundprinzipien • Mitarbeit auf Basis der Vernunft • Bildung geheimer Seilschaften mit ähnlichem Denken • Man glaubt an bestimmte Prinzipien, will sich selbst entfalten.	**L3** (12.5-18.11) • rationaler struktureller Aufbau • neue Projekte • Ausprobieren von „Filialen" • Erfolg über neues Programm • Scheitern an mangelnder rationaler Ausrichtung

Unternehmer	Unternehmen (Firma)
L8 (45.2-51.8) • Sachorientiertheit • absolutes Überzeugt sein vom Eigenen • wenig Kritikfähigkeit oder Lernbereitschaft • distanziertes Verhältnis zu Mitarbeitern, • sachliche Kooperation • Man hat Kompetenz, auf deren praktischen Erfolg man setzt.	**L4** (18.12-25.6) • sachlicher Aufbau • Erfolg über funktionelle Abläufe und maximale Spezialisierung
L9 (51.9-58.3) • Erfahrungswissen • Unternehmerpersönlichkeit • höhere Gelassenheit • Nachfolgegedanken • Man will seine Persönlichkeit und Kompetenz vermarkten.	**L5** (25.7-32.0) • Problem der Dauer • Weiterentwicklung • Erneuerung der Ursprünge • Was überhaupt bewahren?
L10 (58.4-64.10) • Wie setzen andere meine Autorität fort? • Wie gehe ich in Beziehung zu meinen Nachfolgern? autoritär – vertrauensvoll?	**L6** (32.1-38.7) • Neue Kundenbeziehungen • Geschäftspartnerbeziehungen • Geschäftsfelder • Stilwechsel

Unternehmer	Unternehmen (Firma)
L11 (64.11-71.4) • Worin liegt in meinem Werk die dauerhafte Vernunft?	**L7** (38.8-45.1) • Strukturelle Veränderung • Entwicklung eines neuen Arbeitsprogramms (Geht es uns z.B. um Maschinen oder um menschliche Systeme, für die auch solche Maschinen relevant sind?)
L12 (71.5-77.11) • Wie erweist sich die Dauer im neuen Handeln? • Lasse ich den Nachfolger handeln oder behalte ich alle Macht bei mir?	**L8** (45.2-51.8) • Eine erste faktische Beständigkeit des neuen Handelns erwiesen • Wenn in L5 die Weichen richtig gestellt wurden, ist jetzt neuer Erfolg zu erwarten

4.3 Der historische Kairos für Unternehmen

Der historische Kairos ist der unsichtbare Fluchtpunkt für jedes Unternehmen.

Er taucht so wenig im Blickfeld auf wie der perspektivische Fluchtpunkt eines Gemäldes. In beiden Fällen aber begründet er den Sinn und die Harmonie aller Einzelheiten.

Trotzdem ist mit Einwänden zu rechnen. Vielleicht fragen Sie sich jetzt: Ist das Thema historischer Kairos für mich wirklich so wichtig? Ich will nur meine Schrauben, Boote, Handtücher verkaufen. Ich will, dass meine Hotels gut laufen und die Leute meine Kinos füllen. Schrauben, Boote oder Bücher wird man immer brauchen. Was hat das schon mit einem größeren Ganzen zu tun?

Vielleicht doch! Wer etwas verkauft, erreicht dies, weil er besser als sonst einer in der Lage ist, jemandem im Sinne dessen Vorstellung von Optimum zu bedienen.

Ob jemand bei Booten oder Schrauben landet, hat sicher auch mit individuellen Umständen zu tun. Doch kommt es nicht nur auf die Sache an, sondern auch auf die Bedeutung, die sie hat, und darauf, wie es für einen am sinnvollsten ist.

Vielen fällt die besondere Beziehung zu ihrem Verkaufen vermutlich nicht auf. Sie haben das Gefühl, Sie machen nur etwas, was alle lernen könnten.

Allerdings wird hier in der Regel die umfassende Bedeutung des Faktors Mensch unterschätzt. Hinter dem Thema des historischen Kairos verbirgt sich eine sehr grundsätzliche Frage:

Worin liegt für uns die eigentliche Sinnhaftigkeit unserer Arbeit?

Das ist keine Frage nach unserem Bewusstsein, sondern nach unserer Energie. Gerade dort, wo diese Sinnhaftigkeit in hohem Maße gegeben ist, wird sie kaum thematisiert. Sie zeigt sich vor allem im Umgang mit den Umständen.

- Sehen wir Widrigkeiten als schöpferische Herausforderungen?
- Steigern sie unseren Einsatz oder schwächen sie uns?

- Leben wir unser Unternehmen oder benützen wir es, z.B. um unabhängiger zu sein, mehr zu verdienen, anerkannt zu sein?
- Ziehen wir unsere Mitarbeiter in unseren Bann oder leben wir an ihnen unseren Narzissmus aus?

Wen Widrigkeiten anstacheln, wer für seine Aufgabe lebt und wer Mitarbeiter ganz natürlich hochzieht, der schöpft seine Energie nicht bloß aus seinem Charakter oder seinen natürlichen Kräften, sondern auch aus dem historischen Kairos.

Unser historischer Kairos ist die Grundlage unseres bewussten Horizonts für optimales Handeln. Seine Quelle ist das, was wir Zeit-Geist nennen. Dieser Zeit-Geist ist nicht zu verwechseln mit den mehr oder weniger gesteuerten oder vermuteten Trends, die als Zeitgeist bezeichnet werden.

Beispiel IBM:

IBM verlor den Software-Markt an Microsoft. Microsoft musste Google die Position als führendes Internetunternehmen überlassen und Google konnte nicht die Kommunikationsmacht von Facebook brechen – warum?

Die eigentliche Antwort liegt für die Kairologie nicht in den vielen Sachgründen, die sich aufzählen lassen. Sie ist energetisch. Sie hat mit dem ungeheuren menschlichen Energiesystem zu tun, das schon seit Jahrhunderten seine Kreise zieht. Sie liegt begründet im historischen Kairos.

Er bestimmt den möglichen Horizont der menschlichen Energie. Hier geht es um (gewöhnlich unbewusste) Ideale des Maximums an sinnvoller Leistung. Wie sich dieses Maximum geschichtlich verändert, kann hier nicht genauer erörtert werden. So viel aber ließe sich zeigen: IBM gehört zu einem historischen Generationsfeld, dessen Jahrgänge von 1922/23-1948/49 reichen. Die Leistung dieses Unternehmens lag in der Entwicklung moderner Technik der Informationsspeicherung. Das war für die Industrie sehr wichtig. Das blieb aber auch die Grenze seines marktbeherrschenden Horizonts.

Der historische Kairos hat immer zwei Seiten, weil der Zeit-Geist zwei hat.

Zum einen zeigt sich der Zeit-Geist als unser historischer Kairos. Er wirkt mit an meiner Entfaltung, indem er mich in eine höhere Sinnhaftigkeit hineinnimmt. Diese ist aus dem Ganzen des kulturellen Feldes abzuleiten.

Das Wissen um Kairos-Generationen und Schichtungen bzw. Schichtungstypen ist ein wichtiges Hilfsmittel, um den Zeit-Geist zu analysieren. So stellt sich für jeden Jahrgang das Grundmuster seiner Kairos-Generation etwas anders dar. Daher kommt es z.B. bei einem Produkt

- für die einen eher auf die damit verbundene Vision,
- für die anderen auf die damit verbundene Kommunikation,
- für die dritten auf das System an, aus dem es hervorgeht und
- für die vierten auf dessen praktische Funktion an.

So stiften in differenzierter Weise die Muster des Systems für Millionen von Menschen eine Art Sinneinheit und gemeinsame Bewegung.

Zum anderen zeigt sich der Zeit-Geist als mein Kairos: Jeder von uns wirkt in einmaliger Weise energetisch mit an der Entfaltung des Zeit-Geists, indem er sich darauf einlässt.

Wir können ihn nicht durch gezielte Infostreuung oder die Kontrolle der öffentlichen Meinung steuern. Auch wird etwas nicht dadurch Ausdruck des Zeit-Geists, weil wir stark an unser Produkt glauben. Wer seine Freunde überzeugt und von seinen Beratern bestätigt wird, hat deshalb noch nicht notwendig den Zeit-Geist erfasst.

Überhaupt dauert es oft bis in die Lebensphase 9 (ab 51/52), ehe ein historischer Kairos sich im eigenen Leben klar zeigt. Gerade weil es sich um eine tiefe Dynamik handelt und nicht um ein bestimmtes Bewusstsein, ist es die Ganzheit des Lebens, die den historischen Kairos offenbart.

4.3.1 Merkmale und Bedeutung der aktuellen Kairos-Generationen

Für unsere Gegenwart und im Rahmen dieses Buches sind aus dem kairologischen System drei Generationen relevant:

1. Die gegenwärtige b-Generation umfasst die Geburtsjahrgänge 1922/23 bis 1948/49.

Die Vertreter dieser, zum großen Teil schon abgetretenen Generation haben das geistig Neue der a-Generation in verbindliche Formen verwandelt. Bezugspunkt für ein Maximum an Sinnhaftigkeit sind objektive Lebenswerte. Und man streitet höchstens darüber, welche dazu zu zählen sind. Es zählt, ob ein Bewusstsein oder Handeln objektiv richtig oder falsch ist. Mithilfe dieser objektiven Mittel lässt sich für jeden der Zweck seines Lebens erreichen. Die Generation schätzt, was geistig oder materiell machbar ist.

2. Die gegenwärtige c-Generation umfasst die Geburtsjahrgänge 1948/49 bis 1974/75. Ihr Optimum: die Einheit von Gegensätzen im Bewusstsein. So wird zum Beispiel das objektiv Gültige der b-Generation mit lebendiger Selbsterfahrung der c-Generation in Beziehung gesetzt. Mit dem gemeinsamen Bewusstsein verbindet sich die maximale Kraft.

Wo hier Führungskräfte ihren historischen Kairos voll leben, haben Mitarbeiter nicht bloß zu funktionieren im Sinne der Güter und Werte, die ein Unternehmen produziert.

Es wird als bedeutsam erkannt, dass die Mitarbeiter persönlich beteiligt sind, mitdenken, ja pro-aktiv tätig werden. Die Mitarbeiter, vor allem die jüngeren, sollen ihr Arbeiten selbst organisieren. Was dabei herauskommt an Werten, Arbeitsverhalten, ist dann auf die sachlichen Unternehmenszwecke zu beziehen.

Dafür sind gemeinsame Verantwortungsziele zu entwickeln, auf die sich alle verpflichten. Es herrscht der Glaube, dass dadurch die bestmögliche Arbeitskraft frei wird.

3. Die folgende a-Generation umfasst die Jahrgänge 1974/75 bis 2000/01.
   Für eine a-Generation gilt allgemein: die gemeinsame Kraft des Geistes bestimmt den Wert des Denkens und Handelns. Der Wert des Bewusstseins ergibt sich daher erst aus der Stärke der dahinter stehenden Sinnkraft. Sinnvoll ist, was sich in der gemeinsamen Lebenserfahrung als sinnvoll erweist.

Hier kann dann eine Regierungsbeteiligung auch schon mal abgebrochen werden, wenn der gemeinsame Geist nicht spürbar gewesen sei. Es wäre aus dieser Perspektive ein Missverständnis, wenn die enttäuschte Gegenseite dann annähme, man habe von vornherein nicht mitmachen wollen. Eine a-Generation kann die letzte Gewissheit nur aus der gemeinsamen Lebenserfahrung gewinnen. Sie erst bestimmt den Wert von Sätzen und Taten

Danach folgt wieder eine b-Generation usw.; der Dreier-Rhythmus setzt sich fort.

Stellen wir kurz die Relationen der abc-Generationen zueinander gegenüber:

- Eine a-Generation bricht geistig auf, eine b-Generation schafft Ordnung, eine c-Generation stellt Beziehung zwischen Ordnung und Leben her.
- a setzt Zeichen, b schafft Ergebnisse, c vermittelt die Ergebnisse.
- a stellt die Weichen, b fährt, c reflektiert die Fahrt.

Die meisten der heute einflussreichsten Akteure (Unternehmer, Politiker, Führungskräfte, Gewerkschafter…) gehören der c-Generation an (Geburtsjahrgänge 1948/49 bis 1974/75). Deshalb gehen wir an dieser Stelle etwas näher darauf ein.

4.3.2 Die vier Schichtungen

Jede Generation unterteilt sich in vier Schichtungen. Zu welcher Schichtung der c-Generation gehören Sie?

Wenn Sie ihre Schichtung identifiziert haben, können Sie gemäß den folgenden Aussagen prüfen, inwieweit ihre Mitarbeiterführung dem entspricht:

Schichtung 1 (1948/49 – 54/55):

„Mir kommt es darauf an, eine Vision, ein umfassendes Bewusstsein, strategisches Denken umzusetzen."

Schichtung 1 fragt: Trägt Sie eine geistige Einheit?

Beispiel 1: Angela Merkel (geboren 17.7.1954)

Als Bundeskanzlerin nahm Angela Merkel wahr, dass der AKW-Unfall von Fukushima in Deutschland sichtbar machte, was die Mehrheit wirklich wollte und was sie dafür zu tragen bereit war. Sie verstand es, den Sachverhalt AKW und die Betroffenheit der Vielen in ein gemeinsames Ziel zu verwandeln, das die Mehrheit innerlich mittragen konnte.

Der Ausgangspunkt für das neue Handeln war ein größtmögliches kollektives Bewusstsein. Die Frage nach dem geeignetsten Weg konnte dabei noch offenbleiben.

Unter Richtlinienkompetenz versteht sie nicht, Werte vorzugeben, sondern Ziele zu bestimmen, die möglichst viele mittragen können.

Es ist bemerkenswert, was nun mit den Stromerzeugern geschah. Sie und ihre Lobby wurden kalt erwischt. Fukushima war für sie ein Zufall, der in den Wahrscheinlichkeitsberechnungen längst verarbeitet war. Er änderte also überhaupt nichts an der Sachlage. Ältere Manager wie Großmann, aber auch ehemalige Politiker wie Kohl, die schon Tschernobyl gemanagt hatten, konnten weder die Energiewende nachvollziehen noch damit sinnvoll umgehen.

Kairologisch ist es interessant zu sehen, wie innerhalb kurzer Zeit Manager aus Schichtung 2 und 3 der c-Generation Führung übernahmen. Die älteren Chefs hatten sich noch als Funktion einer komplexen Realität verstanden, bei der sie glaubten, sie im Griff haben zu können.

Für die Jüngeren sollte ein Konzern sein neues Image gerade aus der Beziehung ziehen, die er zwischen den Bedürfnissen der Menschen und den objektiven Anforderungen der Stromwirtschaft herstellte. Die neue Frage war: wie sah der günstigste Weg zu dem neuen Ziel aus? Volkswirtschaft ist mehr als die Summe der Wirtschaftsfunktionen eines Landes.

Beispiel 2: Steve Jobs (geboren: 24. Februar 1955, gestorben: 5. Oktober 2011)

Beruf: US-amerikanischer Unternehmer, Mitgründer und langjähriger CEO von Apple.

Jobs ist ein eindrucksvolles Beispiel für ganzheitlich gelebten historischen Kairos. In ihm verbindet sich ein starker ästhetischer Sinn mit der Kraft, ein Bewusstsein für die Einmaligkeit seiner Produkte zu schaffen und sie weltweit durchzusetzen. Diese dreigliedrige Entfaltungseinheit seiner Person richtet sich auf eine Vision aus, die in dieser Weise nur am Ende der ersten Schichtung der aktuellen Beziehungsgeneration kairologisch möglich ist.

Dahinter steht zugleich eine Not. Ihm fehlt die ursprüngliche Erfahrung des positiven, unmittelbaren In-Beziehung-seins und so entwickelt er Medien, die genau dies bezwecken.

Seine Existenz gründet bereits in dem Versprechen, sich durch eine große Tat dafür zu rechtfertigen. Seine Mutter (L4) gibt ihn zur Adoption nur unter der Bedingung frei, dass seine aus der Arbeiterklasse stammenden Adoptiveltern ihm ein College ermöglichen werden. Sie halten das Versprechen ein, aber der hochbegabte junge Mann entzieht sich sehr rasch dieser Bürde und folgt von da an nur noch seinen inneren Antrieben.

In L4 gründet er mit einem Freund das erste Unternehmen - mit großem Erfolg. Doch mit 30 wird Jobs aus der Firma gedrängt. Jetzt erst (L5) stößt er zu dem Lebenshorizont vor, der seine Gestaltungskraft ordnet.

Er erkennt seinen historischen Kairos darin, ein vollkommenes, universal benutzbares Instrument dafür schaffen zu wollen, mit seiner Welt in Beziehung zu sein. Mensch und Elektronik sollen eine unmittelbare Einheit bilden, ohne Maus, ohne Stift, ohne stationäre Bindung. Absolut funktional und zugleich ästhetisch, perfekt auch dort, wo es niemand sehen kann; ein geschlossenes System, in das niemand eindringen können soll. Seine Vollendung findet dieses Anliegen in der Entwicklung des iPhones. Es ist das Produkt, mit dem mit Abstand größten Ergebnisanteil von Apple.

Damit hat er ein Instrument geschaffen, das die Menschen in ihrer Kommunikation so frei wie möglich machen sollte. Sie können nun überall und jederzeit in Beziehung sein mit ihren Interessen, ihrer Musik, ihrer Informationswelt, ihren Kontakten. Frei von allem, was die Kommunikation mit sich und anderen an irgendwelche Glaubensdogmen, gesellschaftliche oder körperliche Beschränkungen bindet.

Schichtung 2 (1955 – 61/62):

„Ich spreche mit dem Kandidaten. Mir kommt es nicht zuerst auf den Inhalt des Gesprächs an, sondern auf mein Gefühl dabei. Kommt bei mir Vertrauen oder Misstrauen auf? Kann ich seine Ziele nachvollziehen und mittragen?"

Schichtung 2 fragt: Wie groß ist Ihre Resonanzgemeinschaft?

Stärke dieser Generation und Schichtung: Aus der personalen Begegnung sich darüber klar werden, ob und wie jemand zum Team passt. Die Führungskraft schenkt Vertrauen, erwartet aber auch die entsprechende Übernahme von Verantwortung für eine Sache.

Beispiel 3: Barack Obama (geboren 1961, US-Präsident 2009-2017)

Obama steht am Ende der zweiten Schichtung. Er war besonders geeignet, für die Balance zwischen Geist und Handeln. So gewann er vor allem seine Generation für sich.

Seine Bewusstseinsbildung ging dahin,

a) die Kräfte von Lebenshaltungen zu wecken (Bereitschaft, für andere da zu sein) und

b) die entsprechende Verantwortung einzufordern (Verantwortung der Lehrer für ihre Schulen, der Industrie für die Ökologie usf.).

Für Obamas politisches Handeln war die größtmögliche Bewusstseinseinheit die Völkergemeinschaft. Er dachte weniger in Nationen als vielmehr in Völkern, Volksgruppen, Gemeinschaften. In diesem Sinne sah er sich als Anwalt aller Völker, sofern ihnen das Nötige an Leben und Freiheit vorenthalten wird.

In seiner Person stellte sich die USA wieder stärker an die Spitze der globalen Völkergemeinschaft, als dass sie ihre Macht zeigte.

Siehe auch Beispiel in Kapitel 5.4: Frau Leibinger-Kammüller (geboren 1959)

Schichtung 3 (1961/62 – 67/68):

„Für mich ist es wichtig, dass jemand seine Vorstellungen logisch vorträgt, systemisch denkt und sagt, was er oder sie an Erkenntnissen gewonnen hat. Ich gebe eine strukturelle Freiheit, dafür erwarte ich eine besondere Verantwortungsbereitschaft."

Schichtung 3 fragt: Beweisen Sie sich ständig den Wert gewisser Synthesen, auf die es Ihnen ankommt?

Stärke: Bereitschaft, dem einzelnen in Bezug auf die Selbstgestaltung seines Arbeitsplatzes sehr weit entgegenzukommen. Entsprechend des eingeräumten Freiheitsraumes muss die Verantwortungskraft zunehmen.

Je mehr Verantwortungsübertragung, desto mehr Einsatz.

Wer führt, trägt Verantwortung für das Ganze.

Nähe und Distanz.

Beispiel 4: Jens Weidmann (geboren 20.04.1968, Bundesbankpräsident seit 2011)

Optimal ist für Jens Weidmann, in allem wichtigen Handeln das Unten, das Oben und das Dazwischen zu einem System zu verbinden, ohne sie zu vermengen oder einen Aspekt davon zu verabsolutieren.

Das Oben ist im Falle des Bundesbankpräsidenten der Geldwert, der zu bewahren ist, ohne dass ein EZB-Präsident das Recht hat, damit direkt in die anderen zwei Faktoren (Geldpolitik, Selbstverantwortung von Nationen) einzugreifen.

Das Unten ist der Markt, das Volk, die Menschen, die Nationalstaaten. Für Weidmann ist daher jeder europäische Staat für seine Schulden und Leistungen zunächst selbst verantwortlich.

Das Dazwischen sind in diesem Fall vor allem die Politik und ihre eigene Verantwortung, die sie zum Beispiel nicht einfach an die EZB abgeben darf. Dazu gehört es auch zur Verantwortung eines Bundesbankpräsidenten, bei jeder für Deutschland relevanten Veränderung öffentlich und in den Medien Stellung zu beziehen.

Gemäß diesem Sinnmuster ist jeder der drei Aspekte zunächst für sich zu würdigen und erst in einem zweiten Schritt aufeinander zu beziehen. Eine solche tri-funktionale Perspektive auf das Problem ganzheitlichen Handelns ist bezeichnend für die besten Repräsentanten von Schichtung 3.

Schichtung 4 (1967/68 – 74/75):

„Für mich ist es wichtig, wie überzeugt von sich einer auftritt. Er sollte viele verschiedene Erfahrungen und Leistungen einbringen können und die Bereitschaft zu regelmäßiger Fortbildung mitbringen."

4.3 Der historische Kairos für Unternehmen

Schichtung 4 fragt: Glauben Sie, dass die individuelle Bewältigung komplexer Herausforderungen das Höchste ist?

Stärke: Regelmäßig Kompetenz und persönliche Einstellung zu aktualisieren zur Schaffung des Firmenbewusstseins, bringt die größten Kräfte zum Tragen.

Der Personalverantwortliche geht mit gutem Beispiel voran.

Diese Unterscheidungen sind aufschlussreicher als viele annehmen. Es hat durchaus gravierende Konsequenzen, ob sich z. B. ständig im Handeln eine bestimmte Struktur erweist (= Schichtung 3) oder ob der Wert der Struktur überhaupt erst im Handeln liegt (= Schichtung 4).

Beispiel 5: Larry Page (geboren 1973)

Larry Page gehört zur vierten Schichtung der aktuellen Beziehungsgeneration. Ihre Jahrgänge reichen bis 1975.

Er gilt auf seine Weise genauso genial und erfolgreich wie Steve Jobs. Aber während dieser sich auf das einmalige universale Gerät konzentrierte, das die ganze moderne Beziehungswelt in sich vereinen kann (iPhone), produzierte der andere nahezu unendlich viele Info-Beziehungen (Google). Er will jetzt auch noch jene technologischen Errungenschaften (siehe Tesla-Auto) mit den Fähigkeiten seiner Suchmaschinen durchdringen, die bisher von „alten" menschlichen Fähigkeiten und einem 100-jährigen technologischen Know-how abhängig zu sein schienen.

Jobs warf Page angeblich öfter vor, er würde mit Google „zu viel Zeug" machen. „Und du machst zu wenig Zeug", gab dann Page zurück. (Die Zeit vom 21.5.2015, 22)

Die Art des Horizonts gibt die Größe und Grenze des Wirkungskreises vor. Page, erst in seiner „programmatischen" Lebensphase, wird in den nächsten zehn Jahren noch sehr viel bewegen. Er wird aber wiederum keine echte Konkurrenz zum Ansatz von Facebook aufbauen können. Das wäre ihm theoretisch möglich, zieht aber nicht seine Kräfte an, weil es nicht seinem Kairos-Horizont entsprechen würde.

Wie verändert sich das menschlich-energetische Potenzial? Das ist die große Frage der Kairologie. Alles ist zu seiner Zeit bedeutsam. Entscheidend ist angesichts dessen ein Wissen um die Hierarchie dieser Bedeutsamkeit. Diese hängt von einer Reihe kairologischer Faktoren ab. Sie geben das Maß für die reale geschichtliche Entfaltung vor. Sie gehen qualitativ den vielen Statistiken voraus, die unsere Zukunftsforschung und Zeitgeist-Konferenzen bestimmen.

Hier jetzt noch ein kurzer Blick auf die folgende **a-Generation** und Stärken der Schichtungen:

Schichtung 1 (1974/75 – 80/81):

Im geistigen Austausch zeigen sich die eigentlichen Kräfte. Die Führung richtet vielleicht einen Blog für alle ein, formuliert das aktuelle gemeinsame Wollen.

Schichtung 2 (1980/81 – 87):

Im gegenseitigen Vertrauen zeigen sich die Kräfte, wenn es darauf ankommt. Die Führung repräsentiert weiblich und männlich die Erfahrungen der Begegnung. Marc Zuckerberg (geboren 1984) hat ein Medium ständiger Begegnung geschaffen (Facebook).

Schichtung 3 (1987 – 93/94):

Im gemeinsamen Bildungsprozess bildet sich die größtmögliche Entschiedenheit heraus.

Praktische Anregungen:

Das Wissen um den historischen Kairos hilft überhaupt, ein Unternehmen sinnvoll aufzustellen. Unternehmensführung dient bekanntlich immer dem Ziel, ein Maximum an menschlicher Kraft zu wecken und für die Arbeit zu aktivieren.

Zum einen geht es um die Auswahl der Führungskräfte.

4.3 Der historische Kairos für Unternehmen

Sie sollten den Wandel von Zielgruppe und Kundenstamm einigermaßen abbilden.

Insgesamt sollen alle Schichtungen repräsentiert sein.

Man sollte wissen, dass für jede Schichtung das Höchste sich anders darstellt. Ein Unternehmen braucht alle Ansätze, will es ganzheitlich geführt sein.

Missverstehen ist der Ausgangspunkt kreativen Schaffens.

Die Unterschiede von Feuer – Luft – Wasser – Erde können als ein gutes Bild gesehen werden, um die unterschiedliche Bedeutung der Mitarbeiter für das ganze des Unternehmens zu umreißen.

Ein Unternehmen braucht einige Mitarbeiter, die innerlich von Feuer erfüllt sind und sich immer wieder neu für ihre Aufgaben begeistern können.

Andere sind dafür da, dem Feuer die positive innere Unterstützung zu geben, die für das Ganze sinnvoll ist.

Es braucht auch jene, die auf das Einhalten von Strukturen achten. Sie sorgen gleichsam dafür, dass ein Unternehmen „flüssig" bleibt. In jedem Aggregatszustand hat Wasser die Struktur H_2O. Ob es allerdings total kalt wie Eis daher kommt, fließt oder dampft, hängt vom Feuer ab.

Umgekehrt löscht zu viel Wasser-Vernunft das Feuer aus. Andererseits ordnen und transportieren Leute aus einer dritten Schichtung gleichsam die Hitze wie das Wasser in einem Heizungssystem.

Schließlich braucht es auch die Erdhaften. Sie arbeiten, bewegen Produkte, reagieren nur langsam auf das Feuer der Visionären, aber halten die Wärme lange. Sie nehmen vom Wasser auf, was sie brauchen, stehen verlässlich. Sie geben dem Feuer eine feste Hülle - wie ein Heizkörper.

**Zu prüfen ist,
welche Art von Personalführung im ganzen Unternehmen
die menschlichen Energien am stärksten weckt.**

4.4 Zukunftsorientierte Unternehmensführung

Alle großen Probleme haben wir, weil wir früher die Konsequenzen unseres Handelns nicht zu Ende gedacht haben, zu wenig zukunftsorientiert handeln. Ein „weiter so wie bisher" erscheint nicht sinnvoll. Änderungen stoßen auf massive Widerstände.

Aber wir sehen bereits Symptome, deren Folgen für die Gesellschaft und Wirtschaft immer unkalkulierbarer werden; hier nur zwei Stichworte: Klimawandel – durch Waldvernichtung und Umweltvergiftung; Flüchtlingsströme – wegen Krieg, Perspektivlosigkeit und zunehmende Unbewohnbarkeit von Landstrichen.

4.4.1 Zukunftsorientierte Unternehmensführung …

… hat zwei Seiten, eine aktive gestalterische und eine reaktive. Sie bedeutet, besser vorbereitet zu sein. Je weiter wir auf der gestalterischen Seite in die Zukunft schauen und an das Unwahrscheinliche denken, desto geringer sind der Konkretisierungsgrad und die Verbindlichkeit des Erreichens.

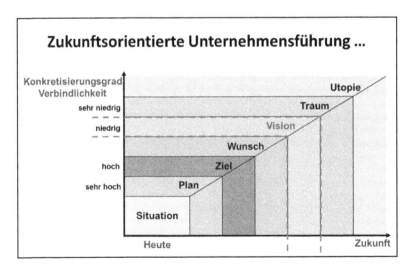

Abb. 4.7 Zukunftsorientierte Unternehmensführung

Ziele sind immer terminiert und messbar. Wünsche sind die optimale Zielerreichung ohne Termin, während Visionen hochgesteckte und wahrscheinlich nicht zu erreichende Ziele, ohne Maßeinheit und Termin sind. Und noch unwahrscheinlicher scheint es, dass Träume oder gar Utopien in Erfüllung gehen.

Aber eines steht ganz sicher fest und hat die Vergangenheit gezeigt: alles, was der Mensch denken kann, kann er auch realisieren. Denn er hat bereits ein geistiges Bild und damit eine konkrete Vorstellung von dem Unwahrscheinlichen.

Vor 50 Jahren hatte vermutlich noch niemand eine Idee gehabt von Smartphone und iPad, vom Internet of Things, Solarzellen, Laser, Nanotechnologie und unzähligen weiteren Erfindungen in allen Lebensbereichen.

Zur Zukunftssicherung gehört auch, sich auf Unvorhergesehenes vorzubereiten. Denn es spart wertvolle Zeit und führt zu wirkungsvolleren Reaktionen.

Die erprobte Methode hierfür ist die Szenario-Technik. Mit ihr werden verschiedene Szenarien, z. B. plötzlicher gravierender Umsatzeinbruch oder überraschender Verlust wichtiger Mitarbeiter, durchgespielt und geeignete Maßnahmen präventiv entwickelt. Im Ernstfall kann der Maßnahmenplan dann aus der Schublade gezogen und ohne Verzögerung umgesetzt werden.

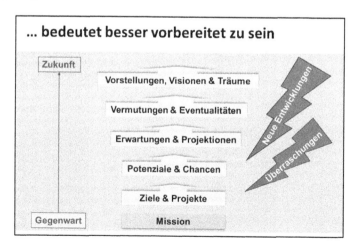

Abb. 4.8 Besser vorbereitet sein

In der folgenden Abbildung sehen Sie den „klassischen" Verlauf vieler Produkte und Organisationen. Wenn es nach stürmischem Wachstum ruhiger wird, beginnt meist operative Hektik und Erhöhung des Drucks; der Ton wird rauer, es werden „andere Gänge geschaltet", die Frequenz erhöht, um – ähnlich dem Mountainbike-Fahren – trotzdem nur langsam voran zu kommen.

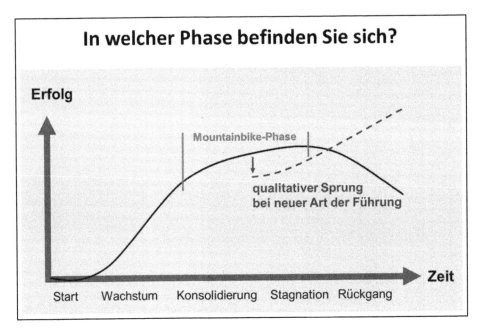

Abb. 4.9 In welcher Phase befindet sich Ihr Unternehmen?

Natürlich ist es schwierig, frühzeitig und objektiv die Phase, in der man sich befindet, zu bestimmen. Noch herausfordernder ist es, dann mit dieser Erkenntnis auch die richtigen Schlussfolgerungen zu ziehen und adäquate Maßnahmen umzusetzen.

Die Lebenskraft eines Unternehmens liegt nicht in der Ernte, sondern in der Aussaat. Wer ständig ernten will, muss auch ständig säen.

Wer überleben will, muss den Kunden zuhören, Nachfrage schaffen und sich ständig weiterentwickeln – Innovationen hervorbringen und den Kunden Nutzen liefern

Zukunftsoffenes Denken

Aufgrund der Ungewissheit in Märkten und Branchen sowie den technologischen und allgemeinen Umfeldern sollten wir nicht mehr versuchen, die Zukunft exakt vorherzusagen, sondern stattdessen mehrere, vorstellbare Zukunftsbilder entwickeln und beschreiben.

Abb. 4.10 Opfer oder Schöpfer?

Und von Zeit zu Zeit sollte das gesamte Geschäft durchdacht werden – so, als ob Sie es neu begründen würden – und ein qualitativer Sprung für neues Wachstum initiiert werden. Spätestens 20-25 Jahre nach der Gründung ist auf jeden Fall eine grundlegende Runderneuerung des Unternehmens fällig.

4.4.2 Vision

Der Sinn der Arbeit braucht eine Richtung, braucht Ziele für die nächsten drei Monate oder das laufende Geschäftsjahr. Und es sollte in den Köpfen der Belegschaft ein Bild entstehen, wohin sich das Unternehmen in den nächsten fünf bis zehn Jahren entwickelt; ein Bild von der idealen Unternehmenszukunft, eine Vision.

Eine Vision ist ein hohes qualitatives Ziel, kaum erreichbar, aber trotzdem sehr attraktiv. Sie beschreibt, wo ein Unternehmen oder eine Organisation in den nächsten fünf bis zehn Jahren stehen möchte und bildet die Grundlage für die Strategieformulierung und Zieldefinition.

Abb. 4.11 Vision

4.4 Zukunftsorientierte Unternehmensführung

Warum eine solche Vision hilfreich ist, möchten wir an einem kleinen Beispiel erläutern: Nehmen wir einmal an, wir hätten drei identische Puzzle zu je 2.000 Teilen. Wir bilden aus einer Gruppe von 15 Personen drei Teams mit je 5 Mitgliedern.

1. Die eine Gruppe erhält kommentarlos die Puzzleteile in einem durchsichtigen Plastikbeutel. Für die Puzzleteile wurden die Farben braun, hellblau, dunkelblau und weiß verwendet.

2. Die zweite Gruppe bekommt ebenfalls die Teile in einem Plastikbeutel, aber zusätzlich den Hinweis, dass es sich bei dem Motiv des Puzzles um ein Verkehrsmittel handelt. Den Hinweis können die anderen beiden Gruppen nicht hören.

3. Und die dritte Gruppe bekommt das Puzzle in der Originalverpackung auf der das Motiv abgebildet ist. Die anderen Gruppen können das Motiv nicht sehen.

Die Aufgabe für die drei Teams besteht nun darin, ihr Puzzle so schnell wie möglich zusammen zu setzen.

Was glauben Sie, welche Gruppe ist zuerst fertig?

1. Diejenige ohne Information, oder
2. diejenige mit dem Hinweis, es handelt sich um ein Verkehrsmittel, oder
3. die dritte Gruppe, die das Motiv sieht, zu dem sie die Teile zusammensetzen soll?

Natürlich die Gruppe mit dem Bild. Sie hat einfach eine klarere Vorstellung von der Aufgabe und dem Ziel, kann sich schneller und effektiver organisieren.

Welches Motiv hatte das Puzzle? (*Auflösung am Ende des Kapitels)

Kairologie hilft

Mithilfe der Kairologie können wir feststellen, in welchem Ausmaß Kräfte zur Verfügung stehen, um möglichst nahe und schnell an die Vision heranzukommen.

Mithilfe der Lebensphasenstruktur-Analyse (siehe Kapitel 3.4) und der Mitarbeiter-Kompetenz- und -Engagement-Analyse (siehe Kapitel 3.1) können aus den zur Verfügung stehenden Möglichkeiten der im Unternehmen beschäftigten Menschen passgenauere anspruchsvolle, aber erreichbare Ziele formuliert und Maßnahmen umgesetzt werden. Aus Möglichkeiten werden Wahrscheinlichkeiten.

Die kairologische Lebenslinie (siehe Kapitel 4.1) und der historische Kairos (siehe Kapitel 4.3) sind weitere Quellen, um den bestmöglichen Weg des Unternehmens zur Vision-Erreichung zu definieren.

* Das Motiv des Puzzle ist ein Segelboot: braun der Rumpf und Mast, dunkelblau das Wasser, hellblau der Himmel, weiß die Segel und Wolken.

4.5 Kairologische Voraussetzungen für potenzielle Marktführer

Klemens Kalverkamp, geboren 1956, bis 2013 Geschäftsführer des deutschen Weltmarktführers für Geräte zum Anbau von Kartoffeln, brauchte 15 Jahre, bis er begriffen hatte, „dass gute Stimmung im Unternehmen der wesentliche Erfolgsfaktor" und eine vertrauensvolle Umgebung wesentlich sei, um Kreativität und Entscheidungsfähigkeit „maximal nutzen zu können". Er sagte 2011: „Um zu den besten technischen Innovationen zu kommen, braucht es das richtige Betriebsklima."[7] Und: „Nur wer das Innovationspotenzial aus allen technischen Disziplinen und das Prozesspotenzial hebt, hat die Chance, morgen vorne dabei zu sein."

Mit 57 Jahren machte Kalverkamp sich als Mittelstandsberater, Coach und Keynote-Sprecher selbstständig. Er wollte die ihm nun voll bewusst gewordene Vision weitergeben, die da lautet: Vom Ich zum Wir durch miteinander und füreinander.

Der Fall Kalverkamp zeigt eines deutlich: Es genügt für Führungskräfte nicht, Hiobsbotschaften zu verarbeiten, Engpässe zu überwinden, Minimumfaktoren zu erkennen. Wer nur das bewältigt, was nicht wie geschmiert läuft, wird nicht Weltmarktführer – so wenig einer zum Heiligen wird, der nur Gebote befolgt und möglichst wenige Fehler macht.

Wer nicht schlecht ist, ist noch lange nicht gut. Was aber ist die Quelle dafür, aus der kreative Stimmung und richtiges Betriebsklima entstehen?

Es ist die Wahrnehmung dessen, was im Hier und Jetzt bedeutsam ist. Man könnte auch sagen: ein Kairosbewusstsein. Ein solches lässt sich nicht beim Nachbarn abschauen.

Jeder hat jederzeit einen etwas anderen Kairos. Das Bekenntnis von Kalverkamp demonstriert, wie lange es oft dauert, bis jemand sich dessen bewusst wird, worin sein Optimum liegt. Der ehemalige Manager wirkt heute wie ein Leuchtturm, dessen

---

[7] K. Kalverkamp, „Wir bewegen uns auf eine neue Epoche zu", in: Süddeutsche Zeitung v. 20.1.2011, 31.

Lichtkegel ein bestimmtes Gebiet klar erfasst. Für die Kairologie ist es allerdings auch relevant, zu wissen, wo ein solcher Leuchtturm steht und wie weit seine Orientierung reicht.

Jedes Spitzenunternehmen braucht solche Führungskräfte wie Kalverkamp. Denn es ist nach den menschlichen Kreativkräften ausgerichtet, die einen Mehrwert schaffen. Das WAS ist eng mit dem richtigen WANN verbunden. Und zwar auf der Ebene der persönlichen Entfaltung, der Zusammenarbeit, der kreativen Leistungsfähigkeit und der historischen Wellen.

Bestimmte Fähigkeiten haben eben auch ihre Zeit, in der sie am besten entdeckt und gelebt werden können. Bestimmte Berufungen haben nicht nur mit Charakter, Herkunft, Mentalität, Ausbildung zu tun, sondern auch mit dem Platz im geistigen Kreativfeld der eigenen Generation.

Der Wandel von echten Trends ist weder zufällig noch bloß die Funktion von Werbekampagnen. Er hat mit kreativen historischen Wellenbewegungen zu tun, die tiefer begründet sind und aus einem großen System hervorgehen.

So ist zu wissen um die mikro- und makrohistorischen Kreativfelder:

1	Selbstentfaltung	Wann will sich was in wem zum Ausdruck bringen?
2	Resonanzentfaltung	Wann kann wer am besten mit wem?
3	Lebensentfaltung	Wer kämpft sich wann wohin?
4	kulturelle Entfaltung	Worin liegt bei wem sein historischer Kairos?
5	Historische Resonanzentfaltung	Auf welchen geschichtlichen Wellen lässt sich surfen?
6	kulturell-historische Entfaltung	Wie kann man sich im aktuellen historischen Spannungsfeld am besten behaupten?

Es kommt nicht nur darauf an, dass persönliche Kompetenz, Zielbewusstsein, genaue Regelung der Funktionen und persönliche Hierarchien gegeben sind – das ist die Außenseite.

Die folgende kurze Analyse soll hingegen zeigen, welche Kraft sich entfalten kann wenn alle Kraftebenen des Kairos zusammenspielen:

Beispiel Reinhold Würth (Würth Gruppe)

Reinhold Würth wurde am 20.4.1935 in eine Ordnungsgeneration (1922/23 - 1948/49) und Schichtung geboren, deren Zeit-Geist bestimmt wurde aus einem System persönlicher Bindungen für Ziel, Teamarbeit und funktionaler Resonanz. Hierfür wurde zweckorientierte Verantwortung übertragen. Autorität galt als Funktion einer Gruppe. (nachvollziehbar?)

Reinhold Würth erkämpft sich gegen den Willen des Vaters den Zugang zur Oberrealschule. Er liebt es, Violine zu spielen. Der Vater meldet ihn jedoch mit 14 Jahren von der Schule ab. Mit 16 macht er im Auftrag des Vaters seine erste erfolgreiche Vertriebsreise. Als er 19 ist, stirbt sein Vater. Das Geschäft fortzuführen und möglichst schnell eine Familie zu gründen (mit 21), hat für ihn oberste Priorität.

Sein Traum ist ein Vertriebsmodell, in dem sich Geschäft und Kultur verbinden. In L5 wird ihm bewusst, dass sein Horizont die Welt der Völkergemeinschaft ist.

In L6 erprobt er die Verbindung von Vertrieb und Kunst. Mit 38 kauft er für seine Familie ein Schloss in der Nähe seiner Heimatstadt. Bis dahin ist seine Stärke der Verkaufserfolg mittels seiner Überzeugungskraft.

In L7 beginnt er mit der Entwicklung eigener Produktlinien. Gleichzeitig beschäftigt sich Reinhold Würth nach eigenem Bekunden schon im Alter von 39 mit der Nachfolgeregelung für sein damals noch relativ kleines Unternehmen.

In L8 gelingt ihm die Markteinführung und wirtschaftliche Durchsetzung des Neuen.

Kennzeichen seines weltweiten Imperiums wird die Verbindung von Verwaltung und Kunstgalerie. In L9 macht er diese Verbindung zu seinem Vermächtnis. Im Alter von 52 Jahren bringt Würth das gesamte Betriebsvermögen durch einen vorgezogenen Erbgang in eine Familienstiftung ein. Zweck der Stiftung ist die Versorgung der Familie.

Mit 58 (L10) zieht sich Reinhold Würth aus der aktiven Geschäftsleitung zurück auf die Position des Beiratsvorsitzenden.

Von nun an widmet er sich der umfassenderen Weitergabe seines Geschäftsmusters und damit seiner Weltsicht. Er sucht die Resonanz zur nachwachsenden Wirtschaftselite und organisiert für sich eine Honorarprofessur an der TU Karlsruhe. Dort vermittelt er vier Jahre lang Studenten sein Modell. Sein Buch dazu: Erfolgsgeheimnis Führungskultur.

Was in L10 in direkter Resonanz abläuft, führt in L11 zur Weitergabe seines gesamten Weltverstehens in Buchform.

Es trifft ihn schwer, dass ihm als 73-jährigen (L12) in einem Prozess seine Ehre infrage gestellt wird. Er tut alles dafür, um eine Rufschädigung zu verhindern.

Kairologische Wertung: In der Biografie von Würth verbinden sich in glücklicher Weise Resonanz-, Selbst- und Lebensentfaltung. Er hat die besondere Gabe, andere für sich und seine Sache gewinnen zu können. Er besitzt auch eine künstlerisch-kreative Seite (Musik, Kunst, Produktivität in L7). Schließlich handelt er entschieden unternehmerisch und kraftvoll von Jugend an.

Zum historischen Kairos von Würth:

Dieses dreifache Engagement macht aber aus einem Schraubengeschäft noch keinen Weltmarktführer. Man könnte mit dem Thema Befestigungstechnik auch ganz anders umgehen.

Schauen wir daher zuerst, worauf es dem Unternehmer Würth ankam. Er sah die größte Kraft-Einheit in einer lebendigen Funktionsgemeinschaft. Bei ihm bedeutet dies:

- Unternehmen als Familie
- Glaube an die Kraft der Person
- Resonanz zur Belegschaft in Entsprechung zu deren persönlichen Leistungen
- Persönliche Integrität (Ehre) als Grundlage personaler Unternehmenskraft
- Unternehmenserfolg = Vertrieb und Kunst.

Für ihn ist das Unternehmen wesentlich eine offene Vertriebsgemeinschaft. Ihre Erfolgsmotivation speist sich vor allem aus dem Vertrauen zwischen dem Chef als Vertriebsvorbild und den vielen Vertretern. Seine Hochachtung für seine Mitarbeiter bringt er dadurch objektiv zum Ausdruck, dass er ihnen kostbare Kunstwerke anvertraut. Aus dieser persönlichen Vertrauensbeziehung sollte jeder seine Kraft und Einsatzfreude für die Firma schöpfen. Auf der anderen Seite erwartet er, dass die Mitarbeiter sich persönlich für das Wachstum des Unternehmens einsetzen.

Warum legt Würth gerade auf diese Resonanz zwischen ihm und den Mitarbeitern den Fokus? Worin gründet für ihn die Sinnhaftigkeit seines Vorgehens, die dann sein Weltmarkterfolg bestätigt?

Kairologisch spielt hier sein Platz im Ganzen des historischen Systems eine entscheidende Rolle. Mit Jahrgang 1935 gehört er an den Höhepunkt der zweiten Schichtung seines Generationsfeldes. Dessen „Fluchtpunkt" ist die Objektivierung des Ideals einer „offenen Gesellschaft". Die Schichtung wiederum findet sein Optimum in der Resonanzgemeinschaft. Die hier praktizierte offene Vertriebsgemeinschaft kann daher als vollgültiger Ausdruck dieses historischen Kairos gewertet werden.

Fazit: Ein Leben, das den historischen Kairos des Jahres 1935 in unnachahmlicher Weise den Lebensphasen entsprechend ausfaltet.

Ein Marktführer braucht ...	
Erfolgsfaktoren	**Aspekte**
Strategisches Denken	Vision, Ziele, Ideen, Strategien
Gute Leute	Wissen, Können, dürfen, wollen, tun
Gute Strukturen	Aufbau, Ablauf, Marketing, Verkauf
Zeiteffizienz	Geschwindigkeit, Flexibilität
Gute Produkte	ausgereift, attraktiv, wertschöpfend

Abb. 4.12 Ein Marktführer braucht

4.6 Die kairologische Unternehmens-Entwicklungs-Analyse

Gewöhnlich richten wir den Blick nach außen. Wir wollen uns entwickeln, weil wir sonst Kunden verlieren, weil sich die Verhältnisse ändern, weil neue Erkenntnisse integriert werden müssen.

Der Blick nach innen fokussiert „Entwicklung" anders. Wir wollen uns entwickeln, weil wir als Menschen in einer bestimmten inneren Dynamik leben. Wie beim Meer sind die Wellen schon da. Was machen wir damit?

Die Dynamik drückt sich aus in dem, was wir tun und wollen. Sie ist nicht nur eine Sache von Ideen, sondern von Kräften, die sich durchsetzen wollen.

Eine Unternehmensentwicklung hat zuerst diesen Kräften zu entsprechen. Sie sind geistig, zeitlich und ihrer Stärke nach organisiert. Das Anliegen ist, jeden von uns auf sein Maximum und Optimum auszurichten.

Das darf nicht verwechselt werden mit den eigenen Vorstellungen von Glück und Erfolg. Nicht sie, sondern die Kreativkräfte sind das Maß für unsere Vorstellungen. Ihre aktuelle Konstellation erfahren wir im Kairos. Was heißt das praktisch?

Sie sind Berater? Dann ist es der Kairos Ihrer Klienten, um den es geht.

Sie verkaufen Schrauben? Es ist davon auszugehen, dass das Material und die Produktion relativ zeitunabhängig organisiert sind. Doch ob Ihre Schrauben oder die von anderen gekauft werden, hängt wesentlich vom Einsatz und der Überzeugungskraft Ihrer Mitarbeiter ab.

Ein Unternehmen hat den größten Erfolg im Außen, wenn es auf der Höhe der Zeit ist. Die „Höhe der Zeit" ändert sich wie Wellenberge. Wichtiger als das „was man sieht", sind die Strömungen des Wassers und des Windes.

Nun hat die Gesellschaft insgesamt bestimmte Strömungen, genauso aber auch jeder Geschäftspartner.
Diesem äußeren Erfolg muss allerdings intern die Kairos-Orientierung entsprechen. Die Mitarbeiter, auf die es ankommt, sollten entsprechend ihrer je eigenen „Strömung" behandelt und gefördert werden.

Bis zu einem gewissen Alter strebt jeder Mensch zu einer Verbesserung seiner individuellen Situation. Bei Unternehmen ist es genauso, denn sie werden von Menschen gegründet, geführt und gelebt.

Nehmen wir an, Sie möchten ihr Geschäftsvolumen vergrößern und/oder Ihren Verantwortungsbereich auf ein höheres Leistungsniveau führen. Dann brauchen Sie, als Gegenpol zur Definition des Ziels, auch eine klare Sicht auf die heutige Ausgangssituation.

Meistens werden hierfür Instrumente eingesetzt, mit denen vor allem die betriebswirtschaftlichen Aspekte, die Stärken, Schwächen sowie Markt und Wettbewerb untersucht werden. Dabei sind vor allem die betriebswirtschaftlichen Zahlen im Prinzip rückwärtsgewandt, weil sie lediglich das Ergebnis früherer Entscheidungen und Handlungen widergeben. Und die meisten sonst üblichen Analysen beschreiben nur den gegenwärtigen Ist-Zustand.

Beide Analyseformen geben jedoch keine begründete Auskunft über die wahrscheinliche künftige Entwicklung. Wir halten das im Sinne einer fundierten und ganzheitlichen Betrachtung für nicht ausreichend.

Denn die Mitarbeiter (einschließlich aller Führungskräfte) sind der entscheidende Erfolgsfaktor. Sie legen die Ziele und Strategien fest, entwickeln Konzepte und setzen diese, mehr oder weniger erfolgreich, um. (siehe Kapitel 3.1 und 3.3)

Wenn wir das **EVA-Prinzip** auf die Unternehmensführung beziehen, dann bedeuten

E ingabe = Vision, Ziele, Ideen, Strategien, Maßnahmen, Aktionen…

V erarbeitung = Umsetzung in Form von Prozessen, Handlungen, Verhalten…

A usgabe = Finanzergebnisse, Kunden- und Mitarbeiterzufriedenheit…

Die „Eingabe" sowie die „Verarbeitung" sind eindeutig auf den Faktor „Mensch" im Unternehmen zurückzuführen.

Die „Ausgabe" ist das quantitative Ergebnis aus der qualitativ hochwertigen „Eingabe und Verarbeitung".

In Anlehnung an das bekannte EVA-Prinzip haben wir zur Lage- und Potenzialbestimmung des Unternehmens die „Kairologische Unternehmens-Entwicklungs-Analyse" konzipiert. Sie ist im Prinzip ein „Werkzeugkasten" mit drei Fächern und zum Teil völlig neuen, jedoch praxiserprobten, Analysewerkzeugen.

4.6 Die kairologische Unternehmens-Entwicklungs-Analyse

In der folgenden Tabelle sehen Sie die drei Ebenen: Kairologisch, Energetisch, Materiell und ausgewählte Analysemethoden.

Kairologische Unternehmensentwicklungs-Analyse

Ebene	Analysen *
Kairologisch: Das menschliche Potenzial	• Kairologische Lebenslinie des Unternehmens • Lebensphasen-Struktur des Personals • Teamanalyse • Mitarbeiter-Kompetenz und -Engagement • Kairologischer Erhebungsbogen • Persönliche Kairos-Analyse • Unternehmens-Kairos-Analyse
Energetisch: Die Leistungsebene	• Erfolgs- und Renditetreiber • Strategische Bilanz • Spannungsbilanz • SWOT
Materiell: Die Ergebnisse	• BWA, GuV, Bilanz • KPI Key Performance Indicator (Schlüsselkennzahlen)

Abb. 4.13 Kairologische Unternehmensentwicklungs-Analyse

* Kurzbeschreibung:

- **Kairologische Lebenslinie des Unternehmens** (s. Kap. 4.1)
- **Lebensphasen-Struktur des Personals** (s. Kap. 3.4)
- **Teamanalyse** (Zusammensetzung und Zusammenarbeit von Teams)
- **Mitarbeiter-Kompetenz und –Engagement** (s. Kap. 3.1)
- **Kairologischer Erhebungsbogen** (Der historische Kairos von der Unternehmensgründung bis heute; Fakten als Zeichen der Dynamik des Zeit-Geists (Generationsfelder, Schichtungen), s. Kap. 4.3)
- **Persönliche Kairos-Analyse** (s. Kap. 1.10)
- **Unternehmens-Kairos-Analyse** (s. u. 4.6)

- **Erfolgs- und Renditetreiber** (Mitarbeiterbefragung zu 246 Aussagen in 26 Kategorien über „alle" internen/externen Unternehmensaspekte)
- **Strategische Bilanz** (Attraktivitäten/Abhängigkeiten in wichtigen Strategiefeldern)
- **Spannungsbilanz** (Qualität und Nähe der immateriellen Faktoren zu den Anforderungen der Kunden/des Marktes)
- **SWOT** (Strengths, Weaknesses, Opportunities, Threats / Stärken, Schwächen, Chancen, Gefahren)

- **BWA, GuV, Bilanz** (Finanzkennzahlen)
- **KPI Key Performance Indicator** (Status der Schlüsselfaktoren)

Die kairologischen Analysen gehen über die klassischen Zahlen/Daten-Analyseformen weit hinaus.

Mit der Kairologie ist es möglich, die menschlichen Potenziale sichtbar zu machen und genauer zu qualifizieren. So können wir eintretende Wahrscheinlichkeiten aus den vorhandenen Möglichkeiten des Unternehmens ableiten. Das Unternehmen selbst kann seine Fähigkeiten passgenauer einsetzen sowie energiebewusster arbeiten.

Der große Unterschied zwischen der kairologischen und der Zahlen/Daten-Betrachtungsweise liegt darin, dass die Kairologie die innere Dynamik im Lebensverlauf der handelnden Menschen berücksichtigt. So entsteht eine qualifizierte Verbindung zwischen der Vergangenheit, Gegenwart und wahrscheinlichen Zukunft des Unternehmens bzw. der Menschen.

Wie formulierte der geschätzte Kollege Siegfried Menninger einst so treffend?

> „Die Vergangenheit lehrt uns die Erfahrung.
> Die Zukunft verlangt Planung.
> Und die Gegenwart verpflichtet zur Tat."

Für die Festlegung des Lösungswegs zwischen der Ausgangssituation und dem Entwicklungsziel sind
- die zur Verfügung stehenden Ressourcen,
- das Know-how,
- der gewünschte Zeitpunkt und
- der vorhandene Wille zur Zielerreichung.

wichtige erfolgskritische Parameter.

4.6.1 Unternehmens-Kairos-Analyse

Eine kairologische Unternehmensführung orientiert sich nicht bloß am direkten Gewinn oder der momentanen Nutzenmaximierung, sondern wesentlich auch am historischen Kairos. Je näher die Führung da dran ist, desto stärker werden die tatsächlichen menschlichen Kräfte mobilisiert und desto zeitgemäßer und nachhaltiger entfaltet sich der Unternehmenserfolg.

Wie sieht eine Unternehmens-Kairos-Analyse (UKA) aus und was leistet sie?

Die Unternehmens-Kairos-Analyse zeigt einerseits den Reifegrad und die Entwicklungsstufe wichtiger Unternehmensbereiche und Methoden an. Andererseits wird die erreichte Unternehmensentwicklung in Beziehung zu den im Unternehmen tätigen Menschen und deren individueller Lebensphase gesetzt.

Die Analyse ist weder mit einem psychologischen noch mit einem betriebswirtschaftlichen Gutachten zu vergleichen. Sie stellt eine radikal neue Methode dar. Sie zeigt die aktuelle Unternehmenssituation in Verbindung mit der Lebensdynamik aller Beschäftigten. Es ist eine völlig neue Herangehensweise, um Potenziale und Wahrscheinlichkeiten für die nahe Zukunft des Unternehmens zu identifizieren.

Im ersten Schritt

definiert die UKA das maximal mögliche aktuelle Potenzial des Unternehmens. Die dafür erstellten Kairogramme beziehen sich sowohl auf den mikro- wie makrohistorischen Faktor des Unternehmens.

Der mikrohistorische umfasst die Kairogramme der Mitarbeiter und damit das Potenzial an Motivation, Kreativität, und sozialer Resonanz, das sie der Firma zur Verfügung stellen können. Dabei spielt das WANN eine entscheidende Rolle.

Der makrohistorische Faktor bestimmt die grundsätzliche Relation des Unternehmens zur aktuellen gesellschaftlichen, wirtschaftlichen und politischen Dynamik.

Die Kairogramme fixieren die objektiven Bezugspunkte für das weitere Vorgehen, indem sie das real mögliche Optimum bezeichnen. Diese Punkte sind noch recht abstrakt, geben aber klar die Richtung vor, in die in der Folge zu arbeiten ist.

Der zweite Schritt

liefert eine knappe Basiserhebung und erste Hinweise auf die tatsächliche Lage des Unternehmens, was seine aktuellen humanen Ressourcen betrifft. Daraus sind die Ansatzpunkte für eine vertiefte Kairos-Analyse abzuleiten, in der die interne Resonanz von Gruppen, Teams, Führungsmannschaft genauso, wie das Maß an kreativer Selbstentfaltung und Anerkennung von Leistung genauer angeschaut wird.

In Einzelfällen bedarf es auch einer Persönlichen Kairos-Analyse. Eine solche kann angebracht sein, wenn jemand als Führungskraft aufgebaut werden oder eine neue

Aufgabe erhalten soll. Oder wenn jemand in seinen Leistungen stark abbaut, ein Burn-out droht oder sich sein Umgang mit anderen Mitarbeitern verschlechtert.

In einer persönlichen Kairosanalyse wird der bisherige Weg genauer verfolgt, um die Zukunftswahrscheinlichkeiten und die damit verbundenen Maßnahmen präziser bestimmen zu können. Eine solche Kairosanalyse hat nicht primär die Mängel aufzudecken. Sie soll die vorhandenen (vielleicht bisher missverstandenen) Kräfte bewusst machen und klären, wann auf was in nächster Zeit zu bauen ist.

Genauso ist es oft geboten, den makrohistorischen Faktor genauer zu analysieren; das kann von der Bestimmung von Grundtendenzen bis hin zu einer Expertise über die unternehmensbezogenen Zukunftswahrscheinlichkeiten reichen.

Das Ergebnis all dieser Analysestufen ist die Basis für eine Festlegung konkreter Empfehlungen und Maßnahmen, die zu einer energiebewussteren menschengemäßen Aufstellung des Unternehmens führen.

4.6.2 Zum Einsatz der neuen Methode der Unternehmens-Kairos-Analyse

Ein gutes Unternehmen erschöpft sich nicht in seinen Funktionen und in der ständigen Verbesserung der damit verbundenen Optimierungsprozesse. Es gleicht eher einem Organismus, der in gewissen Problemfällen einen Arzt braucht, der richtig diagnostizieren und die passenden Heilmittel verschreiben kann.

Allerdings hat ein Facharzt gegenüber einem Unternehmensberater einen entscheidenden Vorteil. Er kann bei gravierenderen Fällen auf die Hilfe der radiologischen Diagnostik zurückgreifen. Für die Unternehmensanalyse fehlte bisher Entsprechendes.

Bei dieser Einsicht setzt kairologische Führung an. Die spezifisch menschliche Dynamik war bisher eine Sache von Erfahrung und Intuition, von Versuch und Irrtum. In der Kairologie wird die menschliche Dynamik erstmals eine Sache der Erkenntnis.

Dieses Wissen befähigt Unternehmer und Unternehmensberater, schneller, sicherer und ganzheitlicher die menschlichen Problemfelder eines Unternehmens anzugehen und die menschlichen Potenziale zu nutzen.

So lässt sich die Energieleistung in einem Unternehmen signifikant erhöhen. Nutzen bringt dies vor allem bei der Neueinstellung von Führungskräften, bei Fragen der Positionierung, bei Teambildungen und -spannungen, bei wichtigen Entscheidungen oder gar bei der Klärung künftiger Kundentendenzen.

Eine Kairos-Analyse klärt, wo und wann gerade die größte Energie gegeben ist und was sich an Wahrscheinlichkeiten ableiten lässt.

Welchen Nutzen bringt das?

Es wird Ihnen klarer, wie eng Sie sich bisher an ihre schöpferische „Kurve" gehalten haben. Wichtige Ereignisse, Entscheidungen und Richtungsänderungen des bisherigen Lebens bzw. der Unternehmensgeschichte lassen sich besser einordnen.

Sie gewinnen Einsichten für die eigene Rolle, die Gestaltung der nahen Zukunft und anstehende Entscheidungen.

Nehmen wir das Phänomen des „Burnout". Dieser hat in vielen Fällen direkt mit der sträflichen Unterschätzung des Zeitfaktors Kairos zu tun. Denn nur zur „rechten Zeit" entfalten die vorhandenen Fähigkeiten und Kräfte ihre maximale Wirksamkeit.

Es hat einen wesentlichen Einfluss auf die Art und Intensität des Engagements, ob jemand 40 oder 48 Jahre alt ist. Denn dafür sind die unterschiedlichen Merkmale der verschiedenen „Kreativfelder", Kairos-Lebensphasen und Kairos-Lebensquanten (Neuntel einer Lebensphase) maßgebend.

Der 40-jährige ist in L7 und damit in der dritten Phase des „Gestaltens". Daher ist er gut zu gewinnen für programmatische Arbeit, für die Entwicklung von Grundsätzen, Zielausrichtungen, neue Strukturen, ihre Entwicklung und Durchsetzung.

Der 48-jährige ist mit derselben Aufgabe sehr wahrscheinlich nicht mehr so zufrieden. Seine Beziehung dazu hat sich unwillkürlich verändert; ohne dass er vielleicht weiß, warum.

Wer aufmerksam ist, kann solche Unterschiede wahrnehmen. Richtig damit umgehen, vor allem auch präventiv, kann nur, wer die unsichtbare Dynamik versteht, die sich hinter den Symptomen verbirgt.

Kairologische Führung weiß: In dieser achten Lebensphase geht es ihm innerlich nicht mehr um Programme, sondern er will eine selbstständige Position, in der er Ergebnisse liefern kann. Da ihm das bisher nicht gewährt wurde, macht er längst Dienst nach Vorschrift. Er beteiligt sich kaum an irgendeiner Art Ideenentwicklung. Es ist also höchste Zeit, ihm einen neuen Betätigungsraum mit neuen Perspektiven anzubieten.

Kairologisch handelt es sich hier nicht um einen bloßen Altersunterschied. Der Mann ist schon seit drei Jahren in einem neuen Kreativfeld. Kairologisch ist also gut zu wissen, wie der Kräfteabfall genauer begründet ist, wann welche Veränderungen von der Gesamtdynamik her zu erwarten sind.

Auf der Basis dieser Erkenntnisse lässt sich präziser sagen, wo und wie in der Prävention oder im Umgang mit dem schon eingetretenen „Burnout" anzusetzen ist. Je früher energetische Einbrüche erkannt werden, desto zielgerichteter lässt sich bei Mitarbeitern vorbeugen.

Radiologische Verfahren dienen bekanntlich dazu, sich in Bereichen zu vergewissern, die nicht direkt wahrnehmbar, aber für das Ganze bedeutsam und sensibel sind. Genau auf das Gleiche zielen die verschiedenen Formen der Kairos-Analyse ab.

In manchen Fällen geht es nur um die aktuelle Kairos-Konstellation. Anders liegt der Fall, wenn die optimale Resonanz von Gruppen- oder Teammitgliedern zu erheben ist.

Komplexer wird es, wenn Zukunftswahrscheinlichkeiten zu eruieren sind. Denn dafür ist es notwendig, die bereits durchlebten Kreativfelder in Relation zueinander genauer zu untersuchen.

Insgesamt eröffnen sich durch die Kairos-Analyse radikal neue Wege des Verstehens menschlicher Potenziale und Prozesse.

4.7 Das magische Dreieck menschenorientierter Unternehmensführung

4.7.1 Unternehmenserfolg verursachen

Ein Unternehmen ist ein auf drei Ebenen geschaffenes Wirkgefüge von Ideen-, Informations-, Material- und Geldflüssen. Menschen bauen, nutzen und steuern es.

Der Erfolg des Wirkgefüges wird zu 95 % von den Entscheidungen und Handlungen der Menschen und höchstens zu 5 % von der Struktur und Ausstattung des Unternehmens beeinflusst. Und genau genommen, werden die Struktur und die Ausstattung des Unternehmens auch von Menschen entschieden.

Die Unternehmens-Vitalität		
Das Wirkgefüge • Forschung & Entwicklung • Infoströme, Steuerung • Material, Anlagen, Abläufe • Absatz, Service • Personal, Kommunikation • Kapital, Struktur • Know-how, Ziele	Energie- / Beziehungs-Ebene	**Mensch** 95 % Wirkung
	Leistungs- / Steuerungs-Ebene	**Struktur** 5 % Wirkung
	Vermögens- / Substanz-Ebene	**Ausstattung**

Abb. 4.14 Die Unternehmens-Vitalität

Da bekanntlich eine Treppe von oben nach unten gekehrt wird, haben die Führungskräfte im übertragenen Sinn Vorbildcharakter. Ihre Aufgabe ist es, Erfolg vorzuleben und zu initiieren.

Unternehmer arbeiten zu viel im und zu wenig am Unternehmen.

Eine Studie über die Produktivität bei 334 deutschen mittelständischen Unternehmen ergab folgendes Ergebnis: „Die Firmenbosse nutzen nur 2% ihrer Zeit für die aktive Führung ihrer Angestellten. Vielen Chefs fehlt die Fähigkeit zu delegieren: Sie beschäftigen sich fast zur Hälfte ihrer Arbeitszeit (43%) mit Verwaltungsarbeit, ein weiteres Viertel verbringen sie mit delegierbaren Tätigkeiten." Wie ist das bei Ihnen? Inwieweit sind Sie mit Ihrem Zeiteinsatz zufrieden?

Es gibt einen direkten Zusammenhang von Führung, Mitarbeiter- und Kundenzufriedenheit sowie Unternehmenserfolg. Je besser der Einklang der Ziele des Unternehmens mit den Bedürfnissen der Mitarbeiter und den Anforderungen der Kunden/des Marktes, desto besser die Ergebnisse. (s. a. Kap. 3.1)

Abb. 4.15 Das magische Dreieck

Der Kunde will etwas haben, was seinen Vorstellungen entspricht. In seinen Vorstellungen sucht er ein Maximum individueller Entfaltung.

Der Mitarbeiter will sich entsprechend seinen Kräfte entwickeln können. Das Unternehmen will erfolgreich sein.

Gelingt es Ihnen nicht, die Schnittmengen der drei Schlüsselfaktoren zu vergrößern, müssen Sie mit Beeinträchtigungen verschiedener Art rechnen, zum Beispiel:

- innere Kündigung der Mitarbeiter, Demotivation,
- erhöhte Kundenfluktuation,
- Verfehlen der Unternehmensziele.

Führungsstärke zeigt sich nicht darin, kernige Ziele zu vereinbaren, sondern knackige Resultate zu erreichen.

- Durch den Wertewandel im Umfeld der Unternehmen vollzieht sich ein Strukturwandel. Der „mündige Mitarbeiter" will seine Potenziale im Unternehmen zur Entfaltung bringen, zum Nutzen des Unternehmens und damit der Sicherheit des eigenen Arbeitsplatzes.

- Dazu ist ein Führungsklima nötig, in dem nicht der Mächtige den Schwachen, sondern der Bewusste den Unbewussten führt.

- Die neue Führung muss ihre Erfahrungs- und Handlungsblockaden erkennen und den Mitarbeitern den Raum schaffen, sich zu entwickeln. Sie eröffnet die Möglichkeit, dass der Mitarbeiter seine Lebensgestaltung im Einklang mit den gemeinsamen Unternehmenszielen zur Wirkung bringt. Erfolgreiche Unternehmensführung heißt, einen Prozess der Energieentfaltung anzustoßen, der immer weiterläuft.

Oder anders ausgedrückt, Mitarbeitern die Möglichkeiten zu geben, sich zu entfalten und zu veranlassen, die richtigen Dinge in richtiger Weise und richtiger Haltung zu tun.

Bei der Führungsarbeit geht es darum, den Geist der Menschen positiv anzuregen und unternehmerisch mitzunehmen. Dazu gehört, dass Mitarbeiter informiert sind über das, was das Unternehmen nicht nur heute tut, sondern wohin es sich künftig entwickeln soll. Mitarbeiter müssen ernst genommen werden und ihnen kann man nichts vormachen. Sie spüren sehr wohl, ob die Geschäftsleitung einen Plan hat und wie die Führungskräfte dazustehen.

Führen heißt: Visionen in konkrete Ziele übersetzen, Sinn und Perspektiven geben, durch Vorangehen und Raum öffnen den Weg zeigen und Veränderungen initiieren. Geist und Herz werden angesprochen.

- Voraussetzung: soziale Kompetenz (Klima, Kommunikation, Vertrauen, Förderung, Offenheit, Mitwirkung, Identifikation …)

- Beispiel: Führung bedeutet, Emotionen zu wecken, andere den Wunsch haben zu lassen, etwas zu tun, von dem sie überzeugt sind, dass es nötig ist. Oder wie Antoine de Saint-Exupéry es formulierte: Wenn Du ein Schiff bauen willst, dann trommle nicht Männer zusammen, um Holz zu beschaffen, Aufgaben zu vergeben und die Arbeit einzuteilen, sondern lehre sie die Sehnsucht nach dem weiten, endlosen Meer.

Managen heißt: Andere zu leiten und zu befähigen, um Ziele zu erreichen. Dazu gehört Planung, Organisation und die Durchführung von geeigneten Maßnahmen/Aktionen sowie Controlling. Der Verstand und der Bauch werden angesprochen.

- Voraussetzung: Fachkompetenz (Organisation, Abläufe, Entscheidungen, Ziele, Beurteilung, techn. Hilfen, Produktivität …)

- Beispiel: Die Besprechung eines Auftrags oder der Einsatzplanung. Oder wie es Rockefeller einmal sagte: durchschnittlichen Leuten zu zeigen, wie man überdurchschnittlich arbeitet.

Im Grunde genommen geht es darum, die richtigen Dinge zu tun und die Dinge richtig zu tun.

4.7 Das magische Dreieck menschenorientierter Unternehmensführung

Abb. 4.16 Führen und managen

In der Führung die richtigen Dinge zu tun, heißt, mit den Menschen richtig umzugehen und ihnen bedeutsame Ziele zu geben:

- Vernünftige Ziele vermitteln,
- den Kunden Nutzen bieten,
- das Unternehmen und die Menschen qualifiziert führen,
- die Attraktivität des Unternehmens für den Kunden-, Personal-, Beschaffungs- und Kapitalmarkt zu steigern und insgesamt,
- Sog zu erzeugen, statt Druck zu machen.

Im Management die Dinge richtig zu tun, heißt, die Angelegenheiten zu planen, Voraussetzungen zu schaffen, Maßnahmen zu ergreifen, Aktionen umzusetzen und die Wirksamkeit zu überprüfen, heißt:

- etwas mit Sympathie und Motivation erreichen zu wollen,
- die richtigen Kompetenzen, Strategien und Kontakte zu haben,
- statt auf Status und Macht zu bauen, den Mitarbeitern vertrauen und den nötigen Handlungsraum zu geben sowie
- die Herausforderungen und Probleme wirklich zu verstehen.

Keime von Erfolgsstrategien…

…sind die Fantasie und ein gutes Urteilsvermögen, Sinn und Ziele, die Unternehmenskultur, Ressourcen und Fähigkeiten einer Organisation.

Ein wirkungsvoller Strategieansatz lautet „lieber spitz als stumpf". Dieser wird am besten durch die bereits in den 70er Jahren von Wolfgang Mewes entwickelte Engpass-konzentrierte Strategie (EKS®) verwirklicht.

Das Prinzip der Methode ist einleuchtend:

1. Konzentriere deine Stärken
2. auf das Erfolg versprechendste Geschäftsfeld sowie
3. die Erfolg versprechendste Zielgruppe und
4. auf deren brennendstes Problem.
5. Entwickle und biete Innovationen und
6. kooperiere zur Verstärkung mit geeigneten Partnern.
7. Bearbeite das konstante Grundbedürfnis der Zielgruppe.

Oder vereinfacht ausgedrückt:
Konzentriere dich spitz auf den wirkungsvollsten Punkt und verzettele dich nicht!

4.7 Das magische Dreieck menschenorientierter Unternehmensführung

Die EKS® orientiert sich in großartiger Klarheit an der Logik der Natur und zielt auf wirtschaftliches Wachstum. Eine menschenorientierte Führung geht einen Schritt weiter und praktiziert die Kairos-Strategie. Sie orientiert sich an der Logik des Kairos. Ihr Maß ist das menschliche Wachstum. In diesem Sinne können wir diese sieben genannten Punkte weiterführen:

1. konzentriere deine Kreativkräfte
2. auf den aktuellen Kairos und
3. darin auf den wichtigsten Kairosaspekt sowie
4. auf die wichtigste gesellschaftliche Resonanzgruppe
5. und deren Kreativfeld.
6. Bestimme den kairologischen Maximumsfaktor
7. Und baue ein kairosgemäßes Netzwerk auf.
8. Entwickle eine konstante Kairos-Strategie, die die Kairos-Lebensphasen der Mitarbeiter wie auch den Zeit-Geist berücksichtigt.

Unternehmen sind ja menschliche Schöpfungen und werden von Menschen geführt und gelebt. In der folgenden Tabelle können Sie anhand der Faktoren und Merkmale die Parallelen von Menschen und Unternehmen sehen.

Gleichzeitig enthält sie zahlreiche Ansatzpunkte für qualitatives und quantitatives Wachstum.

Abb. 4.17 Parallele Faktoren von Menschen und Unternehmen

Faktoren	Menschen	Unternehmen
Körperlich ▪ Volumen ▪ Gewicht ▪ Länge	Größe, Gewicht, Länge	Beschäftigte, Umsatz, Rendite, Kapital, Aktienkurs, lokal → global

Geistig-seelisch • qualitativ • Vernetzung • Gesundheit	Wissen, Können, Wollen, Kreativität, Ideen, Bekannten- und Freundeskreis, Vitalität, Bonität, Ansehen, Flexibilität, Mobilität	Betriebsklima, Innovationen, Patente, Organisation, Niederlassungen, Märkte, Marktanteil, Liquidität, Kreditwürdigkeit, Image, Anpassungsfähigkeit
Funktionen / Vitalität	Atmung Puls Stoffwechsel Knochen Elastizität Körperwachstum Ehrgeiz „Biss"	Information, Kommunikation Leistung, Anerkennung, Entlohnung Widerstandsfähigkeit Anpassungsfähigkeit Unternehmenswachstum Zielorientierung Konsequente Umsetzung
Zellteilung	Zellteilung	Profit Center Tochtergesellschaften
Düngung • Kalk • Kali • Phosphorsäure • Stickstoff	Ernährung, Resonanz, Anerkennung, Lernen	Kompetenz u. Know-how, Kundenorientierung, Mitarbeiterzufriedenheit, Weiterbildung
Maßnahmen	Erholung, Nachdenken, Umsetzen	Wartung, Die richtigen Dinge … … richtig tun

Genetische Faktoren	Erbanlagen	Führungsqualitäten
Entwicklungsfaktoren	Hormone, Durchblutung, Innervierung (anreizen)	Visionen, Ziele, Anerkennung, Kommunikation, Prozesse, Leitbild, Werte, Prämien
Außenfaktoren	Ernährung Lichtverhältnisse Temperatur Lebensraumgröße Vitamine	Entlohnung, Arbeitsplatzgestaltung, Sonderaufgaben, Handlungsräume, Motivationen

4.7.2 In Beziehung sein

Gemäß der Gallup-Studie der letzten Jahre sind in einer Schwankungsbreite von 1-2 Prozent nur 15 Prozent der Mitarbeiter mit Engagement bei der Sache und setzen sich für die Entwicklung des Unternehmens ein.

Weitere 15 Prozent haben keine innere Beziehung zum Unternehmen und haben bereits innerlich gekündigt. Die restlichen 70 Prozent machen Dienst nach Vorschrift.

In anderen Umfragen sind 70 – 80 Prozent der Befragten jedoch mit Ihrem Arbeitsplatz und Arbeitgeber zufrieden.

Was ist nun richtig? Sicher beides. Es kommt auf die genaue Fragestellung und den Kontext der Fragen an. Bei Gallup geht es in erster Linie um die Qualität der Führung. Bei anderen Umfragen liegen die Schwerpunkte eher in der Betrachtung des Arbeitsumfeldes, der Entlohnung und der Arbeitsplatzsicherheit.

Aus kairologischer Sicht ist es für die Zufriedenheit und den Erfolg ausschlaggebend, in welcher Beziehung ein Mensch zu anderen Menschen oder Sachverhalten steht. Je mehr sich ein Mensch mit einer Angelegenheit verbindet, desto mehr Energie fließt.

Das Optimum des Energieflusses ist erreicht, wenn sich die geistigen, emotionalen, rationalen und körperlichen Kräfte in einer optimalen Konstellation befinden. Wir sprechen dann von einem Kairos.

Abb. 4.18 In Beziehung sein

Im Sinne eines verantwortungsbewussten und nachhaltigen Wirtschaftens empfehlen wir, genau diesen Aspekt stets im Auge zu behalten. Prüfen Sie, wie es um die Kunden- und Mitarbeiterzufriedenheit steht. Sie wissen ja, zufriedene Kunden kommen von zufriedenen Mitarbeitern.

Prüfen Sie auch alle anderen Beziehungen zu ihren Geschäftspartnern, Lieferanten, der Öffentlichkeit, den Behörden, dem Aufsichtsrat/Beirat, den Mitarbeitern und Führungskräften untereinander usw.

Definieren Sie entsprechende Schlüsselkennzahlen, vereinbaren Sie Ziele und geeignete Maßnahmen, um die Ziele zu erreichen. Und prüfen Sie regelmäßig die Entwicklung oder besser, lassen Sie Ihre Mitarbeiter die Entwicklung prüfen und ggf. Verbesserungsmaßnahmen einleiten, wenn unerwünschte Abweichungen eintreten.

4.7.3 Gelingende Führung

Führungskräfte müssen nicht die besten fachlichen Experten ihrer Abteilung sein, sondern Sie müssen vor allem etwas vom Wesen und Funktionieren des Menschen verstehen.

Die wichtigste Energiequelle des Menschen sind die Dynamik seiner Entfaltungskräfte und dessen Gefühle. Die Gefühle bestimmen die Intensität und Richtung der Handlungen. Ärger, Angst und Unsicherheit lähmen, während Freude, Begeisterung, Verbundenheit und Freundschaft die Einsatzbereitschaft und Leistung beflügeln.

Wer seine Mitarbeiter und deren Leistung anerkennt, sie ermutigt und ein ehrliches Interesse an ihnen hat, wird automatisch bessere Ergebnisse erzielen, als mit Kritik, Druck und Drohung von Stellenabbau. Und das kostenlos!

Statt Geld in Motivations-Programme zu stecken, ist es viel sinnvoller, Leistung hemmende Demotivationen abzubauen. Demotivationen sind nach Reinhard Sprenger alles, was in einem Betrieb Energie, Zuversicht, Optimismus, gute Laune, Begeisterung, Zusammenarbeit, Kollegialität und Teamarbeit stört.

Auf den Punkt gebracht...

...heißt es, wer bessere Ergebnisse erzielen will, muss mit seinen Mitarbeitern besser umgehen.

Mitarbeiter sind bei adäquater Führung - wie zig-tausendfach bewiesen - jederzeit bereit, „eine Schippe drauf zu legen" oder „den Gürtel enger zu schnallen", um ihren Arbeitsplatz zu retten und den Erhalt des Unternehmens sicherzustellen.

Zu häufig besteht der Mangel darin, dass Führungskräfte ihre Mitarbeiter nicht mitdenken lassen. So fühlten sich 60 % der bis 30-jährigen Arbeitnehmer in Deutschland unterfordert. Joachim Sauer, lange Zeit Personalchef bei Airbus Deutschland und Chef des Bundesverbands der Personalmanager hält daher das Boreout-Syndrom bei Mitarbeitern für ein viel größeres Problem als Burnout.

Beispiel:

> Nehmen wir mal an, ein Unternehmen mit 100 Beschäftigten hat 10 Führungskräfte. Von den 10 Führungskräften sind – wie es in vielen Unternehmen der Fall ist – nur wenige, vielleicht sechs, daran beteiligt, die Strategie und Unternehmensentwicklung sowie Optimierung des Geschäftsergebnisses zu bedenken und mitzugestalten.
>
> Die anderen 94 Mitarbeiter des Unternehmens werden nicht angeregt, sich Gedanken über die Arbeit und Zukunft zu machen, also an dem Entwicklungs- und Entscheidungsfindungsprozess nicht aktiv teilnehmen.
>
> Verschwenderischer kann man mit dem Wissen, der Erfahrung, der Leistungsbereitschaft und Loyalität der Mitarbeiter nicht umgehen!
>
> Die in unserem Beispiel 94 nicht aktiv einbezogenen Mitarbeiter verfügen in Summe - im Vergleich zu den sechs „Denkern" - über das annähernd 16-fache an Gehirnkapazität, über das 16-fache Potenzial an Ideenreichtum und Kreativität! Das soll ungenutzt bleiben?
>
> Ein Naiver kann bekanntlich mehr kluge Fragen stellen als 100 Weise beantworten können.

Das Prinzip erfolgreicher Führung lautet:

Kooperativ statt autoritär, führen durch
mitwissen, mitdenken, mitentscheiden, mitverantworten, mitmachen, mitlernen und natürlich auch mitfeiern.

Die Wirkung des Prinzips ist direkt und nachhaltig zugleich. Die Mitarbeiter wissen, wo es hingeht, was erreicht werden soll und welcher Beitrag von ihnen erwartet wird. Sie sollen mit darüber nachdenken, wie es gemacht werden könnte. Sie entscheiden sich gemeinsam für den besten Weg und tragen für das Ergebnis gemeinsam Verantwortung. Natürlich hat der Chef das letzte Wort. Alle machen mit, weil es auch ihre gemeinsame Sache ist. Sie sammeln Erfahrungen und ziehen Schlussfolgerungen, korrigieren gegebenenfalls, und feiern auch gemeinsam den Erfolg.

Fragen Sie Ihre Mitarbeiter und Kollegen:

1. Wie können wir dazu beitragen, dass in kürzester Zeit bessere Ergebnisse erzielt werden?
2. Wie können wir unseren Kunden einen Zusatznutzen verschaffen?
3. Welche Möglichkeiten gibt es, die Kosten zu senken, die Preise zu erhöhen und die Qualität der Produkte und Dienstleistungen zu verbessern?
4. Auf welchen Wegen können wir an neue Kunden kommen?
5. Wie schaffen wir es, mit der Hälfte unseres Aufwands das doppelte Ergebnis zu erreichen (= Vervierfachung der Leistung)?

4.7.4 Ohne Kommunikation keine Motivation

Motivation kommt vom lateinischen Wort ‚motio' = Bewegung. ‚Motivieren' bedeutet also sich oder andere Personen ‚in Bewegung setzen' (aktivieren, zur Erledigung von Aufgaben bewegen). Die Mittel können verschieden sein und haben entweder Sog-Wirkung oder Druck-Charakter.

Sog-Wirkung

- Sinnvolle, herausfordernde, lohnende Ziele

- Wettbewerbskampagne („sportlicher" Wettbewerb)
- Herausfordernde, interessante Aufgaben
- Kooperative Führung (Mitarbeiter und deren Meinung einbeziehen)
- Interesse zeigen
- Anerkennung
- Überzeugen
- Vorbild sein
- „Zuckerbrot"

Druck-Charakter

- „Peitsche"
- Überreden
- Drohen

Motivation ist die Frage nach dem WARUM des menschlichen Handelns und Erleben. Motivation ist dann vorhanden, wenn in einer bestimmten Situation aus dem Zusammenwirken meist mehrerer Motive eine bestimmte konstruktive Verhaltensfolge entsteht, die auf ein bestimmtes Ziel gerichtet ist.

Entscheidend sind dabei

- der Sinn,
- die Stärke des Wunsches, des Bedürfnisses,
- der Handlungswille,
- die Handlungsfähigkeit,
- die Ressourcen,
- das tatsächliche Handeln.

Nach Prof. Dr. rer. Nat. Hans Eberspächer können wir nicht andere motivieren, sondern nur andere dazu anregen, sich selbst zu motivieren. Motivation setzt Eigenleistung voraus. Eigenleistung wiederum setzt Eigendynamik voraus.

Es geht also zum einen darum, Rahmenbedingungen zu schaffen, unter denen sich die Talente und Fähigkeiten der Menschen freiwillig entfalten und zur Wirkung kommen können. Und dabei sollte berücksichtigt werden, dass Verlustangst stärker als die Gewinnchance ist.

Motivation kann auf verschiedene Weise aktiviert werden:

1. Die Kraft der Vision nutzen
2. Sich mit Menschen vernetzen, von denen man lernen kann
3. Auf die Stärken (statt die Schwächen) konzentrieren
4. Sich selbst anspruchsvolle, lohnende Ziele setzen und für deren Erreichung sorgen.

Zum anderen hat Führung auf die Eigendynamik der Mitarbeiter zu achten und deren Kairos-Lebensphasen als Konstanten ihrer Motivation einzubeziehen.

Kreativkräfte haben ihren eigenen Rhythmus. Eine Kairos-Lebensphase ist wie Einatmen, Ausatmen und am Ende eine kurze Zeit der Ruhe.

Das „Einatmen" ist durch eine große Offenheit für Neues, das „Ausatmen" durch stärkere Willenskraft ausgezeichnet.

Bei Menschen umfasst diese „Ruhe" die letzten neun Monate einer Lebensphase. Das ist üblicherweise eine Zeit, in der manchmal eine innere Müdigkeit gespürt wird, verknüpft mit der Sehnsucht nach Neuem, ohne dafür schon die Kraft zu haben. Der eine oder andere wirkt träge, geistig etwas abwesend oder sehr empfindlich. Man will eher Aufgaben loswerden als welche übernehmen.

Ein Unternehmen, das im Personalbereich um den Rhythmus seiner Mitarbeiter weiß, wird Wege suchen, hier hilfreich zu reagieren. Wer auf diesen Rhythmus der Lebensphase bei der Vergabe von Aufgaben und der Planung von Karrieren Rücksicht nimmt, trägt zu einem Maximum an motivierten Mitarbeitern bei.

5. Die Unternehmer-Nachfolgeregelung

Unternehmensnachfolge und Unternehmensverkauf sind besonders im Mittelstand zentrale Themen, denen sich jeder Inhaber früher oder später stellen muss.

Jährlich werden etwa 100.000 Unternehmen übergabereif. Als übergabereif bezeichnet man Unternehmen, bei denen innerhalb von fünf Jahren der Eigentümer-Geschäftsführer wechselt.

95 Prozent aller Unternehmen sind in Deutschland Familienunternehmen. Das Institut für Mittelstandsforschung (IfM Bonn) schätzt, dass nur jedes fünfte Unternehmen übernahmewürdig ist. Als übernahmewürdig gelten Unternehmen, wenn sie jährlich einen Unternehmerlohn von mindestens 54.000 € zuzüglich einer Mindestverzinsung des Eigenkapitals erwirtschaften. Unternehmen mit weniger als 100.000 € Jahresumsatz wird unterstellt, dass sie den Mindestgewinn nicht erwirtschaften. Sie werden daher nicht als übernahmewürdig angesehen.

Es ist für unsere Volkswirtschaft ein bedeutendes und inhaltlich komplexes Thema. Das Problem der Nachfolge ist oft größer, als man glaubt. Eine falsche Lösung kann die Existenz des ganzen Unternehmens infrage stellen. Gewöhnlich sind hier drei Fragenkomplexe miteinander gekoppelt: Wann? Wer? Wie?

In den folgenden Kapiteln geht es uns nicht um steuer- und erbrechtliche sowie sonstige formale Sachverhalte. Vielmehr betrachten wir wichtige menschliche Aspekte und Handlungen im Lebensverlauf des Unternehmers/der Unternehmerin sowie des Unternehmens, die für eine erfolgreiche Nachfolgeregelung von Bedeutung sind.

5.0.1 Das Problem der Nachfolge im Spannungsfeld von Not und Kraft

Was macht einen schöpferischen Menschen, einen großen Unternehmer, eine geschätzte Person des öffentlichen Lebens aus?

5. Die Unternehmer-Nachfolgeregelung

Es sind jene, die ihrem Kairos gerecht geworden sind. Sie leben ihren Kairos so sehr, dass sie von ihm nichts merken. Alles, was sie machen, scheint ihnen natürlich, logisch, notwendig zu sein. Sie sagen im Grunde: Es ist gut, wie es ist. Auch die Zukunft wird sich geben. Die Vergangenheit beschäftigt mich nicht sonderlich.

Mit dem gelebten Kairos ist es nämlich so ähnlich wie mit der Schwerkraft. Es erscheint uns natürlich, dass ein Apfel vom Baum fällt und unser Teller nicht davonschwebt während des Essens. Makrokosmisch haben wir aber nur das Glück, dass die Erde gerade ein einigermaßen stabiles Gravitationsfeld besitzt.

Wem es im Leben wirklich gut geht, der hat das Glück, in Beziehung zu sein mit seinem Leben und so in einem Schwerkraftfeld eigener Art zu leben. Immer schon hat man gewusst, dass die Bejahung des Lebens für den Menschen nicht selbstverständlich ist. Sie setzt eine Kraft voraus.

Die Theologen leiteten diese Kraft aus der Gnade Gottes ab, Psychologen aus dem Urvertrauen. Sie alle machten deutlich, dass die menschliche Dynamik einer vorausgehenden Kraft bedarf. Sie schufen verschiedene Erklärungsmodelle für die Formen, in denen diese Kraft auftritt. Sie erklärten aber nicht, wann sie wie wirkt, was die persönliche Lebensbewegung mit der geschichtlichen Bewegung zu tun hat.

Die Kairologie hat dazu ein Verständnis der schöpferischen Kräfte entwickelt, das uns neue Perspektiven eröffnet. In einem schöpferisch gestalteten Leben sind vier Faktoren zu unterscheiden:

1. Unserer realen Lebensdynamik liegen **schöpferische menschliche Kraftfelder** (sogenannte Kreativfelder) zu Grunde. Ein wichtiger Typus dieser Kreativfelder sind die Kairos-Lebensphasen. Ein solches Kraftfeld hat seine materielle Basis in der neurologischen Verfasstheit des Menschen. Das Gehirn ist so etwas wie die Platine im Computer. Eine notwendige, aber unzureichende Voraussetzung für ein Verständnis.

Kairos-Lebensphasen nehmen wir nur indirekt wahr. Das ist so ähnlich wie mit dem Sendefeld eines Radiosenders. Niemand kann sehen, wo es endet. Wir erkennen die Existenz der Frequenz anhand der Sendungen, die wir deutlich empfangen. An den

Rändern des Feldes wird der Ton schwer verständlich und auf einmal ist er weg. Und wir suchen nach einem neuen Sendefeld.

Manchmal fallen uns diese Veränderungen bei Beziehungen auf. Manche werden für uns einfach bedeutungsloser, andere stressiger und bei den Dritten empfinden wir eine gewisse Sympathie, die früher nicht da war.

2. Diese Kraftfelder allein schaffen aber noch keine großen Menschen. Es bedarf eines zweiten Faktors: **die Erfahrung einer bestimmten Not und damit einer Not-Wendigkeit**.

Von der Art und Tiefe dieser Not hängt wesentlich ab, welche Art von Unternehmertum und welche Größenordnung angestrebt werden. Unsere These ist: Je früher das Problem auftritt, desto grundlegender ist die Lösung, die gesucht wird. Denn die Urmuster unseres kulturellen Systems empfangen wir bereits ganz am Anfang. Ein Beispiel wäre für uns Steve Jobs. Wer seine Biografie genauer studiert, kann sehen, dass die Umstände seiner Geburt und das Problem seiner besonderen Adoption grundlegende Folgen für seine Lebensgestaltung hatten.

Nach unserer Beobachtung entsteht bei den meisten Unternehmern die Basis für ihren Willen, in dieser Weise etwas Besonderes zu leisten, vor allem in L2. Hier geht es vor allem um Anerkennung durch die maßgebenden Autoritäten. Manchmal speichert man die Not des Lebens, der man unterworfen ist, manchmal die Not, nicht gewürdigt zu werden.

Eine Not kann auch darin bestehen, sich auf niemanden verlassen zu können und daher natürlich auch nicht zu wollen. Ein solcher verborgener Lebenshass neigt dazu, die eigene Not auf andere zu übertragen. Das ist wie bei einem Finanzmakler, der für das verkaufte Produkt sofort die Provision kassiert, während der Käufer das ganze Risiko der Fondsentwicklung zu tragen hat. Man verringert also sein eigenes Lebensrisiko, indem man das von anderen erhöht.

Es gibt viele Formen von Not. Und eines darf auch nicht vergessen werden: Not macht nicht notwendig erfinderisch. Das gilt nur, wenn die Not mit einer gewissen Kreativität verbunden ist.

3. Der dritte Faktor, den es braucht, ist also der **Geist und seine Vorstellungskraft, Kreativität und Produktivität**. Man muss nicht nur erkennen, dass etwas noch nicht gut genug ist, sondern auch eine Ahnung oder ein Gefühl dafür haben, wie das Problem gelöst werden kann.

Gutes Beispiel ist die berühmte Kosmetikpäpstin Elena Rubinstein. Man muss, wie sie, früh erfahren haben, sich helfen zu können, in seiner Leistung gebraucht zu werden.

Solche Lebenskraft kann sich auch in der Kraft der Empörung über Ungerechtigkeiten zeigen.

4. Der vierte Faktor aber ist, dass die **Ausgeglichenheit von Not und Stärke** groß genug ist.

Schulden können zum Beispiel der Beginn eines Riesenerfolgs oder des Untergangs sein. Die großen Unternehmer gingen dieses Risiko ein. Sie glaubten an sich und schafften es, andere in ihren Sog zu ziehen.

Dafür braucht man zugleich einen Überschuss und eine Not: ungerechte Zurechtweisung, Unterdrückung, Bloßstellung, aber auch Willenskraft, innere Gesundheit, Überzeugungskraft und Durchsetzungskraft.

Es bedarf aber auch einer angemessenen **Freiheit**. Sie muss wenigstens so groß sein, dass sich das eigentlich angestrebte Ziel erreichen lässt.

Wie jemand Unternehmer wird und führt, hängt, so lässt sich insgesamt sagen, wesentlich mit der Art und Form der Beziehungskräfte zusammen, die er in den ersten vier Lebensphasen abgespeichert hat.

Die Konstellation bei ihm ist so, dass er bereit ist, etwas oder sogar sein Leben insgesamt zu wagen. Sein Handeln zeigt die vorhandene Stärke. Was für viele Menschen gelegentlich gilt, durchzieht das ganze Leben eines Unternehmers. Er ist stets damit beschäftigt, die Not ins Positive, Aufbauende zu wenden.

Jedes reale produktive Leben steht im Bezug zu diesen vier Faktoren. Jeder dieser Faktoren kann für große Schwierigkeiten sorgen. Wenden wir das zum Beispiel auf das Nachfolgeproblem in Familienunternehmen an.

1. Vater und Sohn oder Tochter liegen gewöhnlich mindestens eine Kairos-Generation auseinander. Die Kinder können nicht mehr die Perspektive des Vaters haben.

Problematisch wird es, wenn das Bild einer gewünschten Fortsetzung so fest und dogmatisch vertreten wird, dass der Sohn/die Tochter es nicht ablehnen kann, ohne sich selbst aufzugeben. Das ist vor allem für Unternehmer in einer vierten Generationsschichtung (1967/68 – 74/75, 93/94 – 2001/2) ein Problem: zu sehr fixiert zu sein (vergleiche L8), die Familie als größte Sinneinheit zu betrachten. Das gilt gegenwärtig vor allem für die Geburtsjahrgänge 1941/42 – 48/49 (siehe Schlecker, Werner, Rossmann, Fischer).

2. Dieselbe Not wie der Vater haben die Kinder gewöhnlich nicht mehr. Es kann aber sein, dass ein Kind vom Vater nur so weit in seiner Person akzeptiert wurde, als es bereit und fähig war, die Sache zu bewahren oder fortzusetzen.

Indem Sohn oder Tochter sich darauf einlassen, wollen sie sich die Zuwendung des Vaters erkämpfen. Ist dies aussichtslos, kommt der heimliche Rachegedanke: ausbeuten, zerstören, aussteigen.

3. Viele Nachfolger haben nicht mehr die geistige Produktivkraft des Vorgängers. Es ist schon viel, wenn sie das Gegebene erhalten können.

4. Die notwendige Äquivalenz von Not und Kraft erklärt somit auch manches Nachfolgeproblem bei Unternehmen. Sie ist nur selten gegeben.

All diese Faktoren sind zu berücksichtigen, wenn es um die Frage geht, wer die Nachfolge antreten soll. Es bedarf also einer großen Portion eines tieferen Realismus, um die richtige Lösung zu wählen. Im Idealfall berücksichtigt sie alle vier Faktoren.

An welcher Stelle stehen Sie mit Ihren Überlegungen zur Unternehmensnachfolge bzw. dem Firmenverkauf? Das Thema ist aus verschiedenen Gründen nicht trivial. Wenn noch nicht geschehen, sollten Sie unverzüglich ein entsprechendes Projekt aufsetzen. Denn die Übergabe des Unternehmens innerhalb der Familie kann häufig komplexer sein als der Unternehmens verkauf. Beide Varianten sollten einen möglichst langen Vorlauf haben. Nur so kommen individuell optimale Lösungen zustande.

Ohne Unterstützung geht es selten. Wer hat schon alle betriebswirtschaftlichen, steuerlichen und rechtlichen Aspekte auf dem Radarschirm und dazu noch die Erfahrung in der Gestaltung erfolgreicher Unternehmensnachfolge?

In allen Fällen aber ist eines zu bedenken: Es genügt nicht, schöne Absichtserklärungen zu unterschreiben, Bilanzen zu studieren. Entscheidend ist, was sich in den Köpfen der Beteiligten abspielt. Es hilft sehr, genauer zu wissen, was zu hoffen oder zu befürchten ist.

5.0.2 Nicht selten misslingt eine Nachfolgeregelung

Ein abschreckendes Beispiel dafür ist, allerdings auch aus anderen Gründen als der Nachfolge, der Untergang des Familienunternehmens Schlecker.

Beim weltweit agierenden Familienunternehmen fischer Befestigungssysteme ist ein erster Versuch, von der 2. auf die 3. Generation zu wechseln, vor allem aus den oben genannten Gründen 2012 gescheitert.

Von 100 Firmen werden, laut Professor Dr. Birgit Felten von der FH für Wirtschaft und Recht in Berlin, 60 an die zweite Generation, 32 Unternehmen an die dritte Generation und nur 16 an die vierte Generation übergeben. Zu noch niedrigeren Werten kommt die Hans Lindner Stiftung aus Arnstorf bzw. Regensburg.

Der Spruch „Der Vater erstellt's, der Sohn erhält's, beim Enkel zerschellt's." wird nur allzu oft wahr.

5.0.3 Die zwei Seiten eines Nachfolgeprojektes

Jedes Unternehmensnachfolgeprojekt hat nicht nur eine sachliche, sondern auch eine menschliche Seite. Beide sind gleich wichtig.

Auf der sachlichen Seite sind es die Betriebswirtschaft, die rechtlichen und steuerlichen Aspekte sowie die Vorbereitung, Konzeption und Umsetzung der Nachfolgeregelung.

Auf der menschlichen Seite geht es um den/die Eigentümer, die Familie, die Mitarbeiter, Kunden, Geschäftspartner und Lieferanten sowie natürlich den/die Nachfolger.

5.0.4 Die psychologischen Aspekte einer Unternehmensnachfolge sind sehr bedeutsam.

Alle Beteiligten und Betroffenen haben unterschiedliche Interessen, möchten ihre individuellen persönlichen Ziele erreichen und sie nicht gefährden oder große Risiken eingehen. Dabei geht es auch immer um Gefühle, Werte und Motive. Hier ein paar Beispiele:

Gefühle
- Angst vor Veränderung und Ungewissheit
- Ärger über anders erwartete Entscheidungen
- Frustration über Desinteresse von Familienmitgliedern oder potenziellen Käufern
- Freude über gute Lösungen, neue Perspektiven
- Hoffnung, alles wird gut

Werte
- Vertrauen in die handelnden Personen

- Glaubwürdigkeit der Ziele, Aussagen, Verhaltensweisen und Handlungen aller Beteiligten
- Kompetenz der Begleitung im Nachfolgeprozess, fähiger Nachfolger
- Gerechtigkeit für die Erben

Motive

- Sicherheit für den Fortbestand des Unternehmens, die geeignete Nachfolge
- Gewinn – einen angemessenen Verkaufs- bzw. Übernahmepreis erzielen

Je offener, ehrlicher und kooperativer die psychologischen Hindernisse beseitigt werden, desto wahrscheinlicher ist der Nachfolgeerfolg. Manchmal jedoch müssen auch Interessenskonflikte gelöst und Entscheidungen durchgesetzt werden. Ein geeigneter Moderator kann hier viel Gutes zur Zufriedenheit aller bewirken.

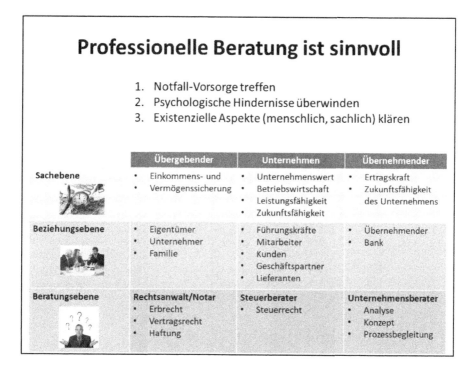

Abb. 5.1 Professionelle Beratung ist sinnvoll

Professionelle Beratung kostet nichts, denn sie refinanziert sich aus dem Nutzen einer klugen Nachfolgeregelung. Wer praktisch nur einmal im Leben damit zu tun hat, braucht für ein Nachfolgeprojekt sehr wahrscheinlich mehr Zeit. Denn diese Person verfügt selten über die nützlichen Hilfsmittel und die Erfahrung eines routinierten Beraters.

Und in Konfliktsituationen oder bei unterschiedlichen Interessenslagen fehlt häufig der objektive Moderator, der sich einem tragfähigen Kompromiss zwischen Übergebenden und dem Übernehmenden im Sinne einer WIN-WIN-Beziehung verpflichtet fühlt.

Bei der Unternehmensnachfolge sollten Sie nicht vom „Regelfall" der Übergabe aus Altersgründen ausgehen (86 %). Rund ein Sechstel aller Unternehmensnachfolgen sind durch Tod (10 %) und Krankheit (4 %) notwendig. Niemand ist vor Unfall, Schlaganfall, Herzinfarkt usw. geschützt.

Und was bedeutet eventuell eine Scheidung der/s Inhaber/s? Gibt es einen Ehevertrag, in dem der Fortbestand des Unternehmens im Ernstfall gesichert ist?

5.0.5 Ein Notfallplan ist Pflicht

Beantworten Sie sich einmal selbst die Frage, inwieweit sie für den Notfall vorgesorgt haben. Allein bei der Frage, wie die Geschäftsführung im Ernstfall geregelt ist und ob alle für eine Übernahme der Geschäftsführung notwendigen Unterlagen (Handlungs-, Bank-, Postvollmacht, Prokura, Passwörter usw.) vorliegen, ist Unsicherheit zu spüren.

- Gelten die Vollmachten sowohl bei vorübergehendem Unvermögen als auch über den Tod hinaus?
- Welche Regelungen enthält der Gesellschaftsvertrag?
- Was sollte im Testament wie geregelt werden?
- Ist ausreichend vorgesorgt, um eine Zerschlagung des Unternehmens zu vermeiden?

Diese Fragen und viele weitere Aspekte sollten in einer Notfall-Dokumentenmappe zweifelsfrei geregelt sein.

Notfallplanung ist keine Frage des Alters, sondern unabdingbare Vorsorge verantwortungsbewusst handelnder Unternehmer.

Abb. 5.2 Ein Notfallplan ist Pflicht

5.1 Kairologische Aspekte zum Thema Nachfolge

Einen kuriosen Fall eines Nachfolgeproblems liefert das englische Königshaus. Königin Elisabeth II wagt es trotz ihrer mehr als 90 Jahre nicht, die Königswürde an ihren erstgeborenen Sohn Charles abzugeben.

Man wundert sich vielleicht und fragt sich, wo das Problem liegt. Kairologisch lässt sich eine vernünftige Antwort geben. Es ist ein Problem des historischen Kairos. Königin Elisabeth II ist Jahrgang 1926, ihr Sohn 1948. Sie gehört zur ersten Schichtung, er an das Ende der letzten Schichtung einer Kairos-Generation, in der der Sinn des Ganzen in objektiven Werten gründet. Sie sieht den Sinn ihrer Aufgabe als Königin darin, die überzeitliche Einheit des Königshauses zu wahren. Charles erwies sich jedoch immer mehr als eigenwillige und eigenständige Persönlichkeit (Camilla, Öko-Gut), die sich auch nicht scheute, durch markante Aussagen zu polarisieren. Also schien er wenig geeignet für die Nachfolge. Chancen hat erst wieder Enkel William, der ihr, um zwei Generationen versetzt, kairologisch sehr genau entspricht.

Ganz anders stellt sich der folgende Fall von Nachfolge dar. Er ist in einem kairologischen Sinne sehr aufschlussreich.

Max hat den ersten Schritt zum eigenen Unternehmen 29 getan. Fast gleichzeitig hat er geheiratet und das erste Kind kam zur Welt, als er 30 war.

Er hat seine Firma stets auch als Familienangelegenheit behandelt, seine Frau und seine Kinder nicht abgeschoben oder auf Distanz gehalten, sondern frühzeitig positiv eingebunden.

Dadurch bildete sich nie eine Anti-Stimmung gegenüber dem Geschäft. Der Vater signalisierte, dass ihm das Unternehmen sehr viel bedeutet. Und er redete frühzeitig begeistert von seinen Idealen und Visionen.

Er sorgte dafür, dass seine Familie ihn selbst, aber auch seine Frau respektvoll behandelte. Zugleich achtete er auf die Neigungen seiner Kinder, die für soziales und unternehmerisches Leben Basis sind.

Je begeisterter der Vater für seine Sache eintrat und je mehr er dabei die Mutter auf seiner Seite hatte, desto wahrscheinlicher war es, dass auch die Kinder davon angezogen wurden.

Mit ca. 50 Jahren hatte der Unternehmer die größtmögliche, an seine unternehmerische Kraft gebundene Ausdehnung der Firma erreicht.

In Lebensphase L9 (51-58) erntete Max äußerlich die Früchte seiner Leistungen. Gleichzeitig fragte er sich, wie das Ganze so zu strukturieren sei, dass es auf Dauer existieren konnte. Er sah, wie andere in diesem Alter eine Organisationsform wählten, die der direkten Nachfolge vorgeschaltet war, zum Beispiel eine Holding.

Max vertraute auf seine Tochter. Die potentielle Nachfolgerin war in L5 (25-32). Ihre Zukunftsvorstellungen hatte er aufmerksam registriert, ihren Umgang mit dem Geschäft und den Mitarbeitern genau beobachtet.

Die konkrete Entscheidung für die Nachfolge fällte Max in L10. Nun wusste er als Unternehmer, wer das Unternehmen weiterführen konnte und sollte. Die Tochter erhielt ein bestimmtes Maß an Vollmacht, wurde aber noch persönlich begleitet vom Senior.

Dieser übernahm in L11 die Führung des Aufsichtsrats. Er achtete nicht mehr auf das Alltagsgeschäft, sondern auf die für die dauerhafte Erhaltung notwendigen Strukturen, bevor dann in L12 befriedigt feststellen konnte, dass das Ganze auch ohne ihn verlässlich lief. Auch wenn er manche Veränderungen nicht mehr verstand, ließ er sie im Vertrauen auf die nächste Generation zu.

5.1.1 Das Thema Nachfolge betrifft den Menschen existenziell

Jeder will das, wofür er seine Lebenskraft eingesetzt hat, irgendwie erhalten und gewürdigt sehen. Bei jedem aber liegt der Schwerpunkt dieses Einsatzes woanders.

Wo der Fokus die Familie, ein Hobby oder das außerberufliche Engagement war, interessiert die berufliche Nachfolge nur sehr beschränkt. Das ist auch der Fall, wenn die Motivation aus der Selbstentfaltung gezogen wurde.

Bei Unternehmen ist das meistens so nicht gegeben. Ihr Engagement ist eng mit ihrem Lebenssinn verknüpft. Man baute neues Wissen, vertrauensvolle Kontakte, eine erfolgreiche Lebensexistenz auf. Man ist stolz darauf und will es mit der gleichen Entschiedenheit, wie man es selbst durchgesetzt hatte, erhalten haben. Für die meisten Unternehmer hat Nachfolge daher eine besondere Qualität.

Der wahre Unternehmer will, dass seine Sache weitergeht. Er glaubt an ihre geschichtliche Sinnhaftigkeit. Je mehr auch er den natürlichen Verschleiß spürt, desto mehr trägt und beflügelt ihn die Gewissheit, etwas zum Fortschritt der Welt beigetragen zu haben.

Tragisch empfindet er es, wenn er zwar viele Manager als „Mietlinge" findet, aber keinen, der genauso wie er mit Leib und Seele an der Sache hängt. Hier scheint kein Rückzug oder Abschied möglich (siehe Müller, Scheffler, Thiele). Solche Menschen reißen nur der Tod oder eine persönliche Katastrophe, wie zum Beispiel ein gesundheitlicher Zusammenbruch, heraus.

5.1.2 Nachfolge ist ein komplexes Thema

In ihm verbinden sich Vergangenheit, Gegenwart und Zukunft eines Menschen. Es hat zwei große Anfänge: die eigene Geburt und die Geburt des Unternehmens.

Es hat eine zweifache Gegenwart, die eigene und die des Unternehmens. Man sollte jederzeit auch darauf vorbereitet sein, dass man nicht mehr leistungsfähig ist oder sterben muss. Wie kann es dann weitergehen?

Im Bewusstsein ist Nachfolge in erster Linie ein Zukunftsthema. Wir wollen unsere Nachfolge so regeln, dass wir uns danach im Alter an unserer Nachfolge erfreuen können. Es ist einer der kostbarsten Genüsse.

Dafür gilt es, sich zur richtigen Zeit für den richtigen Menschen, mit den richtigen Erwartungen auf die richtige Weise zu entscheiden.

Für kaum ein Thema ist das Wissen um Kairos so außerordentlich fruchtbar wie für die Nachfolgeregelung. Wer sich der Aufgabe verweigert, verweigert sich seinem Kairos.

Nicht selten kommt es vor, dass

- ein Unternehmer nicht loslassen kann,
- er außer sich keinem traut.
- die Ehefrau sich dem Unternehmen völlig untergeordnet hat.
- die Kinder oder Enkel nur darauf warten, verkaufen zu können und sich vom Erbe eine schöne Zeit zu gönnen.
- der Unternehmer lieber in die Insolvenz geht, als der nächsten Generation eine Chance zu geben.

Zu einer schwierigen Situation führt es auch, wenn die Ehefrau als Mutter, eventuell noch durch schlimme Unfälle motiviert, sich überbesorgt verhält oder den potentiellen Nachfolger zum „Muttersöhnchen" macht, während sie selbst nach dem Tod des alles dominierenden Vaters endlich selbst die Herrschaft übernehmen will, nachdem sie so lange das Ihrige geopfert hat.
Dann wagt es der Sohn vielleicht nicht, sich selbst vorne hinzustellen. Er versteckt sich hinter der Mutter. Er flieht vielleicht für lange Zeit.
Gerade bei der Nachfolge kann vieles schief gehen. Dann kommt es vielleicht zum Rückzug vom Rückzug. Das ist für alle Beteiligten peinlich. Und es kann bedeuten,

dass der potentielle Nachfolger sich so verletzt fühlt, dass er endgültig das Handtuch wirft und aus dem Ring steigt. Das wiederum kann ein tiefes Gefühl von Sinnlosigkeit beim Vater auslösen.

Oder der Vorgänger macht sich zum Aufsichtsratsvorsitzenden und redet nun in alles hinein. Das führt leicht zu schnellem Wechsel der Manager.

Und rasch entsteht eine tiefe Unzufriedenheit, nachdem endgültig alles abgegeben worden ist. Man wird depressiv, verkriecht sich vielleicht in ein fremdes Land. Man wird vergessen. Oder man kann es nicht lassen, nach zu tarocken.
Das Thema Nachfolge sollte einen Unternehmer nicht bloß punktuell beschäftigen, sondern ist seine wesentliche Aufgabe ab Anfang 50.

Einen tieferen Zugang zu dem, was man sein Leben lang getan hat, erhält man gewöhnlich erst ab L9 (51-58). Die Basis dafür ist L3 (12-18). Einen tieferen Zugang zu dem, was mich trägt, Kraft gibt, mein Wissen sinnvoll macht, kann ich erst ab L3 bekommen.

Die Frage der Nachfolge beginnt bewusst

- geistig in L9 (51-58).
- in der Suche nach einem Nachfolger in L10 (58-64).
- in der Frage nach der bleibenden Vernunft und der Weitergabe des Programms in L11 (64-71).
- in der faktischen Freigabe bei gelegentlichen Auftritten in L12 (71-77).

Über das Thema Nachfolge erschließt sich vielen Unternehmen erst der Sinn ihrer Lebensarbeit. Und es stellen sich Fragen:

- Wofür habe ich gearbeitet? Für wen?
- Was soll nach meinem Wunsch bleiben? Was kann bleiben?
- Ist das Unternehmen so aufgestellt, dass es gut weiter existieren kann? Hat es die Freiheit dafür?

- Was ist mein Vermächtnis?
- Mit wem kann ich?
- Wie lange muss ich noch?

Um zu klären, wie die Nachfolge ausschauen soll, muss man sich erst bewusst machen, warum man Unternehmer wurde.

- Welche Problemlösung verband sich damit?
- Welche Impulse hat man in den Lebensphasen 1-4 (0-25) empfangen?
- Was war das warum hinter dem warum?

Nur wenn das geklärt ist, kann eine Nachfolgelösung gefunden werden, die auf Dauer befriedigt.

5.1.3 Nachfolgelösungen

Eine Unternehmensgeschichte lässt sich gewöhnlich wie ein Staffellauf beschreiben. Ein Problem ist dabei die unterschiedliche Qualität der Läufer.

Staffelläufe bilden bei großen Leichtathletikmeisterschaften immer den Abschluss des Programms. Sie sind der spannendste Teil. In Sekundenschnelle laufen hier Prozesse ab, die im realen Leben oft über Jahre gehen: innerhalb eines definierten Korridors soll das Staffelholz übergeben werden. Der übergebende Staffelläufer sorgt für die sichere Übergabe des Staffelholzes und bremst ab, während der übernehmende Staffelläufer bereits angelaufen ist, übernimmt und stark beschleunigt.

Ein Familienunternehmen über Generationen am Leben zu erhalten, womöglich noch an der Spitze, das ist wie ein historischer Staffellauf. Zwei Probleme sind dabei zu lösen:

1. Wer ist der passende nächste Läufer?

Was hilft es, wenn der erste an der Spitze läuft, der nächste aber ans Ende des Feldes zurückfällt? Manchmal macht es dann für die späteren keinen Sinn mehr, das äußerste aus sich herauszuholen, da es nichts mehr bringt.

2. Wie übergibt der „ältere" Läufer am effizientesten an den „jüngeren"?

Die erste Frage haben wir im Zusammenhang mit der Unternehmensgründung und ihren Lebensphasen behandelt. (s. Kapitel 4.2) Die zweite Frage soll uns jetzt beschäftigen.

Ab L9 (51) spüren wir alle (mehr oder weniger schnell) eine neue Art von Lebensenergie. Wir stürmen nicht mehr blindlings vorwärts, sondern fragen uns, worauf es uns auf Dauer eigentlich ankommt. Wir wissen zu Beginn dieser Lebensphase sehr genau, was wir wissen und können. Schauen wir zurück, erkennen wir vielleicht den bisherigen Weg klarer und tiefer als auf dem Weg selbst. Ein Riseneinsatz liegt hinter uns. Am Ende interessieren bloß die Ergebnisse. „Es" sollte laufen, ganz gleich, welches Bild davon wir uns machen.

Mit ca. 50 wollen wir das, was wir uns in L5 (25-32) vorgenommen haben, realisiert haben, soweit es von unserer eigenen Arbeits- und Willenskraft abhing. Der eigentliche Grund ist nicht biologisch, sondern kairologisch. Für die Zeit des bewussten Gestaltens steht uns genauso viel Zeit zur Verfügung, wie zuvor für die Zeit des Werdens. Vier Kairos-Lebensphasen oder 26,2 Jahre (von der Zeugung an) dauert jede der beiden Kairos-Lebensalter Werden und Gestalten.

Die Zeit des Werdens (L1-4) vollzieht sich noch in deutlicher Verbindung mit der körperlichen und intellektuellen Reifung. Körperlich etwa erhält das Skelett als letztes seine endgültige Form. Intellektuell werden wir erst im Studium oder auf dem Weg zum Meister endgültig in den aktuellen Wissensstand der Gesellschaft auf unserem Spezialgebiet eingeweiht

Mit dem Beginn des Lebensalters des Gestaltens (L5-8) beginnt auch schon wieder der Abbau gewisser körperlicher Funktionen, vor allem im generativen Bereich. Die körperliche Menopause der Frau, der schon ab ca. 38 eine psychische vorausgeht, findet im Durchschnitt seinen endgültigen Abschluss zwischen 51 und 52 Jahren. Der Mann verliert nicht plötzlich seine Zeugungskraft, aber auch bei ihm stellen sich die Hormone zu diesem Zeitpunkt um.

Gegen Ende dieser Lebensphase 8 wissen wir, wie wir andere von unseren Überzeugungen überzeugen konnten, welche neuen Strukturen durch uns entstanden sind und wie weit unser Wille, unser Können unter Beweis zu stellen, geführt hat.

Welchen Wert all das für uns selbst hat, ist relativ leicht zu erkennen. Man sieht es an dem, was wir von unseren Plänen realisiert haben. Innerhalb von 20 und mehr Jahren wird überall sehr offensichtlich, was unsere echten Begabungen, Kräfte und Anliegen waren.

Wie in einer Familie nach 25 Jahren gut erkennbar ist, was sich tatsächlich in den Kindern verankert hat, wie sehr sie das Leben bejahen, mit anderen in Beziehung treten können, vernünftig argumentieren und selbstständig handeln können, so auch in einem Unternehmen.

Kinder stehen mit 25 vor der Frage, was sie nun aus dem Empfangenen machen wollen. Der Unternehmer steht in der neunten Lebensphase vor der Frage, wie es mit dem Geschaffenen weitergehen soll.

Die Frage der Nachfolge ist ein Teil eines Prozesses, der bis fast 80 gehen kann.

Haben wir in L7 (38-45) zu einer Innovation, einer betrieblichen Struktur, einer Teamkonstellation von Mitarbeitern gefunden, die für andere vernünftig nachvollziehbar und praktisch durchführbar war?

Und haben wir in L8 (45-51) Produktlinien, sachliche Funktionen und menschliche Selbstverantwortlichkeiten etabliert, die in sich autonom und erfolgreich wirken?

Wenn wir also zu Beginn von L9 (51-58) wissen, was wir leisten und worauf wir uns auch verlassen können, wenn wir einmal nicht da sind, dann können wir damit beginnen, die nächste große Lebensaufgabe anzugehen: die Sicherung und Weitergabe zu regeln.

Am Anfang steht die Frage nach dem historischen Wert unseres Werks. Haben wir etwas geschaffen, was es wert ist, für viele relevant zu sein? Es ist erstaunlich, welche neuen Kräfte es freisetzt, diese Frage mit einem klaren Ja beantworten zu können. Die Folge ist, nicht nur bewahren, sondern auf eine höhere Ebene kommen zu wollen.

Die Firma von Reinhold Würth hatte beispielsweise mittels Innovationen bis zum Ende von seiner L8 (45-51) den Umsatz verdoppelt. Aber erst ab L9 wuchs das Unternehmen zu einem Weltmarktführer im Bereich Montage- und Befestigungsmaterial heran. Das von Würth spezifisch entwickelte Vertriebskonzept funktioniert heute in über 80 Ländern.

In L10 (58-64) wurde es Würth ein Anliegen, junge Wirtschaftsstudenten von solcher menschengemäßen Unternehmensführung zu überzeugen und es auf diese Weise vielen zu ermöglichen, in diesem Stile weiterzuführen.

Diese Ebene kann nur erreichen, wer sich, zumindest in intuitiver Form, seines historischen Kairos bewusst wird. Er war immer schon präsent im bewussten Gestalten - gleichsam wie ein roter Faden, der ins wachsende Gewebe des Geschaffenen eingewoben wurde. Es mag sich äußerlich immer bloß um die nächsten Kunden, um Akquise, um Geld, um Wohlstand oder Macht gehandelt haben. Getrieben von den Verhältnissen, scheinen manche zwischendrin zu vergessen, worum es ihnen ursprünglich gegangen war.

Doch in L9 (51-58) stellt sich erneut die Frage nach der Sinndimension des Lebens. Wer hier
- nicht zurückfindet zu seiner ursprünglichen Vision und ihrer Bedeutung,
- bei wem nur die Angst vor dem Niedergang wächst,
- wer nur die nächste Krise fürchtet, die ihm alles rauben könnte oder
- wer sein Geschäft jetzt eher als Last empfindet, die er lieber heute als morgen los wäre, um endlich seine Freiheit und Ungebundenheit genießen zu können,

der befindet sich bereits auf dem absteigenden Ast seines Lebens.

Auch so jemand denkt über Nachfolge nach, aber nicht im Sinne einer erfolgreichen Weiterführung, sondern eines Loswerdens.

Solche Inhaber wollen nicht mehr investieren, sondern eine Melkkuh haben, die ihnen ein schönes Alter garantiert. Manche wollen auch an ihre Kinder und Enkel austeilen, weil sie denen gegenüber ein schlechtes Gewissen haben.

Immer sind auch die möglichen Wechselfälle des Lebens zu bedenken. Man erkennt dann bald klar, wie wichtig es für eine gelungene Nachfolge ist, allen Dimensionen möglichst gerecht zu werden. So stellen sich verschiedene Fragen:

- Können bei einem vorzeitigen Tod Frau und Kinder notfalls übernehmen? Das hängt von ihrer Stärke und diese wiederum von der aufgebauten Beziehung zu allen Beteiligten ab.
- Sind enge Mitarbeiter so eingeweiht, dass sie entweder das Unternehmen führen oder es zumindest verwalten können, bis der Nachwuchs reif ist?
- Ist eine Rechtsform gewählt, die eine gewisse Bewahrung des Aufgebauten sichert?

In den folgenden Kapiteln beschreiben wir aus verschiedenen Perspektiven und Zeiträumen (Zeit-Geist) einige bedeutende Aspekte, denen unbedingt mehr Aufmerksamkeit geschenkt werden sollte.

5.2 Zukunftsfähigkeit und Unternehmensnachfolge

Dauerthemen umsichtiger Führung sind Produktivität, Rentabilität, Innovationskraft, Kundennutzen sowie Kunden- und Mitarbeiterzufriedenheit.

Zur Unternehmens- und Personalführung gehört aber auch die Selbstreflexion des Unternehmers über seine Erwartungen und Wünsche zur Zukunft seines Unternehmens.

- Was bedeuten ihm das Unternehmen, die Familie, die gesellschaftliche und kulturelle Entwicklung des Landes?
- Was ist der Sinn seines Lebens?
- Was sind seine Träume und Sehnsüchte, aber auch Ängste?
- Wie stellt er eine Balance zwischen den Lebensfeldern seiner persönlichen Bedürfnisse und Ziele, seiner Arbeit, seinem Beruf/seiner Berufung, seiner Familie und den Freunden/der Gesellschaft her?
- Wie stellt er/sie sich die Nachfolgeregelung vor?
- Was wäre ein sinnvolles und befriedigendes Betätigungsfeld nach Übergabe des Unternehmens an den Nachfolger?
- Wie lautet das Lebensmotto: Arbeite, um zu leben oder lebe, um zu arbeiten? Träume dein Leben oder lebe deinen Traum?

Ungeachtet dessen ist ihm die Frage zu stellen: „Wie zukunftsfähig ist Ihr Unternehmen?".

Alle Unternehmen unterliegen dem Einfluss von neuen technologischen Möglichkeiten zum Beispiel der Informations- und Kommunikationstechnologie (Stichwort: Digitalisierung). Damit einher geht auch ein sich stetig veränderndes Kundenverhalten.

Die bestehenden Geschäftsmodelle in vielen Branchen sind ebenso davon betroffen, wie neue Branchen und Geschäftsmodelle entstehen. Als Beispiel sei nur der massive

Druck der Onlineshops auf den stationären Einzelhandel genannt. 24 Stunden am Tag/7 Tage die Woche Verfügbarkeit, riesige Sortimentsbreite und -tiefe sowie Informationsfülle stehen den Rahmenbedingungen des stationären Handels gegenüber, als da sind Ladenschlusszeiten, Arbeitszeitgesetz, Parkplatznot, begrenzte Fläche, Personalkapazität und -qualität.

Und immer mehr Geschäfte mit (noch) erklärungsbedürftigen Produkten und Dienstleistungen werden zu großen Teilen online vorbereitet. Kein Unternehmer kann es sich auf Dauer leisten, diese Entwicklung zu ignorieren.

Weitere Beispiele von Veränderungen sind

- in der Gesellschaft: demographischer Wandel, Crowdsourcing, Crowdfunding, Carsharing.
- in der Politik: der Atom- und Kohleausstieg sowie die Flüchtlinge.
- in der Ökologie: Biotechnologie, erneuerbare Energien, Akku-Techno-logie statt Verbrennungsmotoren.

Wenn ein Unternehmen nicht zum Auslaufmodell werden will oder soll, muss jeder einzelne eine hohe Lern- und Veränderungsbereitschaft zeigen.

Der Anteil der 20 bis 64-jährigen soll bis 2030 von 49,4 auf 43,6 Millionen sinken (Stand 2015). Was hat das mit Unternehmensnachfolge zu tun?

Ganz einfach: Zwischen 2015 und 2030 werden bei gleich bleibendem Zuzug in Deutschland etwa 5-6.000.000 Menschen aus der Altersklasse der 20 bis 65-jährigen ausscheiden. Und es ist anzunehmen, dass der technologische, gesellschaftliche, politische und ökonomische Wandel in weiterhin hohem Tempo voranschreitet.

Entsprechend müssen sich die Unternehmen regelmäßig hinterfragen und nachjustieren. In welcher Lebenszyklusphase steht das Leistungsangebot? Wie zukunftsfähig ist die Technologie der Produkte? Wie entwickelt sich der Bedarf? Wie steht es um die Wettbewerbsfähigkeit des Unternehmens?

So gut wie alle Menschen unter etwa 30 Jahren wachsen heute mit Internet und Social Media auf. Die heute 20 bis 30-jährigen haben erkennbar andere Vorstellungen von Einkaufen, Eigentum und Nutzung, Statussymbolen, Arbeit und Freizeit als die Generation der heute 50 bis 70-jährigen Entscheidungsträger. Ein Drittel aller Entscheidungsträger ist verschiedenen Quellen zufolge älter als 55 Jahre. In dieser Gruppe steigt das Durchschnittsalter erheblich schneller als in der Gesamtbevölkerung.

Der andauernde Wandel in allen Bereichen erfordert, wie bereits erwähnt, von jedem hohe Lern- und Veränderungsbereitschaft. Und machen wir uns nichts vor. Ab etwa 55 geht es für die meisten Menschen nicht um Aufbruch in etwas Neues, sondern um das Bewahren des Erreichten. Nach Untersuchungen der Kreditanstalt für Wiederaufbau beispielsweise, investieren von den über 55-jährigen nur noch 34 % in Erweiterungen, bei den über 60-jährigen nur noch 28 %. Bei den unter 40-jährigen sind es immerhin 49 %.

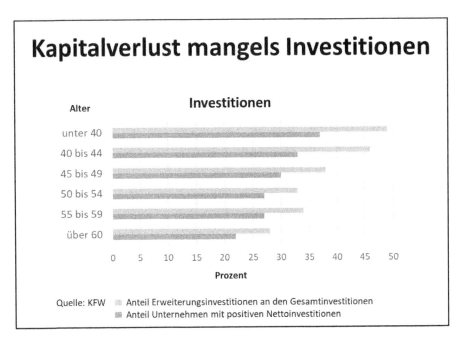

Abb. 5.3 Kapitalverlust mangels Investitionen

Die große Mehrheit entwickelt ihr Geschäft nicht mehr aktiv weiter. Und wenn eine Nachfolge außerhalb der Familie erfolgen soll oder muss, sinkt die Investitionsbereitschaft zusätzlich deutlich. Dabei verschafft gerade die Digitalisierung auch kleinen Unternehmen enorme Wettbewerbsmöglichkeiten bei relativ geringen Investitionen.

Während junge Unternehmer auch in risikoreiche, kapitalbindende Ideen Geld stecken, investieren die älteren mehr in die Pflege des Kapitalstocks. Das hat Folgen: Bei rund 80 % der Mittelständler mit älteren Inhabern übersteigt der Wertverlust des Kapitalstocks das Volumen der Neuinvestitionen.

Mit alten Denkmustern und/oder veralteter Ausbildung lassen sich hinsichtlich Lebensdynamik und verändertem Zeit-Geist keine tragfähigen neuen Konzepte entwickeln.

Die Senioren unter den Eigentümern und Unternehmern sind also gut beraten, entsprechend Plätze und Handlungsräume für die nachrückende Generation zu schaffen. So können sich die Junioren einarbeiten und lernen, schrittweise Verantwortung für das Unternehmen und die Arbeitsplätze zu übernehmen.

5.3 Was bin ich und mein Unternehmen mir wert? Gründung und Nachfolge

In der Regel möchte der Übergebende bei der Nachfolgeregelung vier Hauptziele erreichen:

1. die Sicherung des Einkommens
2. die Sicherung des Vermögens
3. die Sicherung der Arbeitsplätze und
4. der Erhalt der Kunden.

Oder anders ausgedrückt, es geht ihm um die finanzielle Absicherung im Alter und um den Fortbestand des Lebenswerks.

Diese scheinbar nur sachlichen Anliegen haben eine tiefere Dimension: den eigenen Lebenswert. Die Frage danach bezieht sich auf das Geleistete (den Unternehmenswert) und zugleich auf die Zukunft (Alterssicherung).

5.3.1 Lebenswert und Unternehmenswert

Die Frage stellt sich zumeist zu einem Zeitpunkt, an dem eine gewisse Stagnation eingetreten ist. Diese kann Anfang der 50er (L9) auch empfunden werden, ohne dass es aus den Bilanzen abzulesen wäre. Warum?

Die innere Kraft des Gestaltens erschöpft sich. Aus einer Idee ist fast pures Management geworden. Alles ist auf Effizienz und Profit ausgerichtet. Viele Unternehmer fühlen sich um die 50 wie eine Maschine, die – vielleicht gut geschmiert durch funktionierende Beziehungen und Fitnesstraining – täglich viele Funktionen abarbeitet.

Ab L9 stellt sich die Frage nach dem Sinn der Maschine und des Unternehmens. Konkret ist das zunächst die Frage nach seinem Wert.

Wer daran denkt, sein Unternehmen zu verkaufen, erwartet einen hohen Verkaufserlös. Viele müssen nun einsehen, dass zwischen ihren Vorstellungen und den realen Angeboten eine Riesenkluft besteht. Wer in diese Lage kommt, ist gewöhnlich enttäuscht. Es trifft ihn, seine Lebensleistung unter Wert verkaufen zu sollen.

Beim Nachdenken aber wird dann vielleicht erkannt: ein hoher Verkaufserlös setzt einen entsprechend langen zeitlichen Vorlauf und zielgerichtete Unternehmensführung voraus. Vielleicht dämmert einem in diesem Augenblick, dass man schon viel früher die richtigen Weichenstellungen versäumt hat.

Um nicht in eine solche Lage zu kommen, sollte sich jeder frühzeitig mit sich und seinem Unternehmenswert beschäftigen – und zwar sowohl auf der sachlichen als auch auf der menschlichen Ebene.

Die wichtigste Frage, die sich ein potenzieller Nachfolger/Käufer stellt, ist die nach der Ertragskraft und Zukunftsfähigkeit des zu übernehmenden Unternehmens.

Der Unternehmenswert ist ein Schlüsselfaktor.

Dieser hängt ab von der Attraktivität des Unternehmens in der Gegenwart und für die Zukunft. Der Unternehmenswert baut sich über viele Jahre auf und kann in kurzer Zeit abstürzen. Wer also beispielsweise für sein Unternehmen einen hohen Verkaufserlös erzielen möchte, braucht einen entsprechend langen zeitlichen Vorlauf und zielgerichtete Unternehmensführung.

Die Steigerung des Unternehmenswertes hat immer auch etwas mit Innovationen oder Verbesserungen bei den Produkten und Prozessen, der Personalentwicklung sowie der Marktbearbeitung zu tun.

Letztendlich korrespondiert der Unternehmenswert mit dem vom Unternehmen erzeugten Kundennutzen.

Kundennutzen ist der in Geld ausgedrückte Wert, der für den individuellen Kunden relevanten spezifischen Vorteile eines Produktes, einer Dienstleistung, der Geschäftsabwicklung und der Geschäftsbeziehung. Darin eingeschlossen sind eventuelle Alleinstellungsmerkmale, Verfügbarkeit und Lieferzeiten, Engagement und Kompetenz des Personals sowie viele weitere für den Kunden wichtige Aspekte.

Die Höhe des Wertes beruht auf dem subjektiven Empfinden des individuellen Kunden. Dieser Wert lässt sich kalkulieren und ist ein entscheidender Faktor in der Verkaufskommunikation.

Abb. 5.4 Kundennutzen

Überhaupt wird die Existenzberechtigung eines Unternehmens durch den Nutzen bestimmt, den es seinen Kunden bringt. Unternehmen, die keinen Kundennutzen schaffen, braucht der Markt nicht.

Je wertvoller der Nutzen von einem Kunden empfunden wird, desto eher ist er bereit, dafür auch einen angemessenen bzw. höheren Preis zu bezahlen. Höhere Preise bedeuten in der Regel auch höhere Margen und Gewinne.

In vielen Unternehmen wird zwar über die Bedeutung des Kundennutzens für den Verkaufserfolg gesprochen. Aber in den wenigsten Organisationen ist man sich wirklich bewusst, wie bedeutsam der Kundennutzen für die Preisstrategie, den Unternehmensgewinn und letztendlich für den Unternehmenswert ist.

Im Zusammenhang einer Nachfolge und mit Blick auf den Unternehmenswert, weisen wir auf einen besonders wichtigen Punkt aus dem Unternehmensalltag - weit vor der Übergabe - hin:

5.3.2 Preisnachlässe vernichten Vermögen!

Wir leben in einer Zeit, in der das Thema Preis beim Verkauf von Produkten und Dienstleistungen einen großen Raum einnimmt. Geiz-ist-geil, Schnäppchen- und Rabattjäger-Mentalität und blinde Preisdrückerei sind allseits bekannt.

Ungenügend bewusst ist allerdings vielen Unternehmern, Führungskräften und Verkäufern die unmittelbare Wirkung eines Preisnachlasses auf den Gewinn und insbesondere auf den Unternehmenswert. Schließlich spielt der Unternehmenswert bei einer angestrebten Unternehmensnachfolge eine entscheidende Rolle. Folgende einfache Rechnung soll dies verdeutlichen.

Angenommen ein Unternehmen erzielt beim Verkauf von 1.000 Produkten nach Abzug der Kosten einen Gewinn in Höhe von 5 %. Bei einem Rabatt von „nur" 2 % ergäbe sich eine Gewinnschmälerung um 40 %!

Die Frage, die sich die wenigsten Unternehmen stellen, lautet: „Unter welchen Umständen wären Kunden bereit, für eine Sache mehr zu bezahlen oder überhaupt Geld auszugeben?"

Und eine andere Frage lautet: „Welche Strategie verfolgen wir, um unsere Gewinnziele zu erreichen?" Denn eins steht fest, die Rendite aller austauschbarer Produkte und Dienstleistungen tendiert aufgrund des Preisverfalls gegen null.

Die Antworten zu diesen Fragen weisen den Weg, woran das Unternehmen arbeiten sollte. Beispielsweise könnten Innovationen helfen, den Preisverfall zu stoppen bzw. Preiserhöhungen zu rechtfertigen.

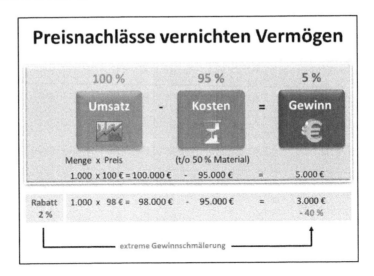

Abb. 5.5 Preisnachlässe vernichten Vermögen (1)

Angenommen das Unternehmen würde die Absatzmenge um 5 % steigern, hätte dies eine Gewinnerhöhung um 52 % zur Folge. Eine fünfprozentige Preissteigerung brächte eine Verdopplung des Gewinns. Und eine fünfprozentige Steigerung sowohl der Menge als auch des Preises würde zu einer Gewinnsteigerung um 157 Prozent führen.

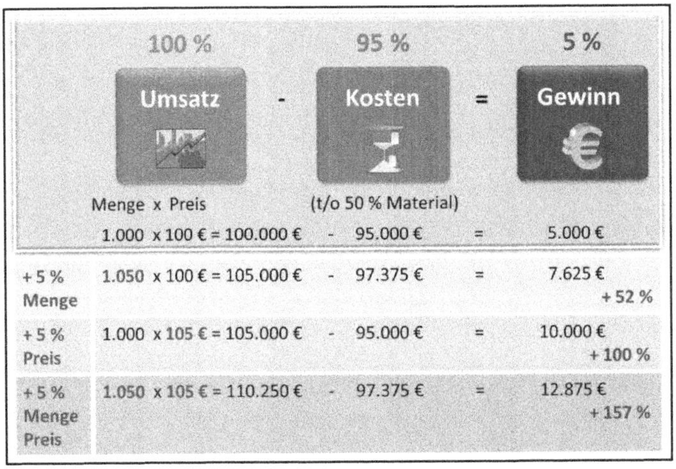

Abb. 5.6 Preisnachlässe vernichten Vermögen (2)

5.3 Was bin ich und mein Unternehmen mir wert? Gründung und Nachfolge

Häufig werden viel zu schnell und meist unnötig Nachlässe eingeräumt, ohne die Konsequenz auf den Gewinn zu bedenken.

Noch gravierender ist neben dem Gewinnverlust der gleichzeitige Vermögensverlust.

Nehmen wir an, das Unternehmen kann den Preisverfall für seine Produkte weder durch mehr Verkäufe noch durch Produktivitätssteigerung ausgleichen.

In dem Beispiel der folgenden Grafik rechnen wir mal über einen Zeitraum von fünf Jahren mit einem angenommenen Gewinnrückgang von nur 5 % – und nicht 40 %, wie in dem vorherigen Beispiel.

Dann würde sich der Unternehmenswert im Falle einer Multiplikatorenbewertung mit dem Durchschnittsfaktor 5 im gleichen Zeitraum um satte 22,6 % reduzieren. In Summe hat das Unternehmen in fünf Jahren 183.295 € bzw. 33,6 % verloren. Das ist eine Riesennummer.

Preisverfall → Gewinnrückgang + Vermögensverlust

	EBIT		Unternehmenswert (Faktor 5 von EBIT *)
Ausgang	100.000 €		500.000 € 100 %
- 5 %	95.000 €	5.000 €	475.000 €
- 5 %	90.250 €	9.750 €	451.250 €
- 5 %	85.737 €	14.263 €	428.685 €
- 5 %	81.450 €	18.550 €	407.250 €
- 5 %	77.378 €	20.693 €	386.890 €
	429.815 €	70.185 €	113.110 €
Soll	500.000 €	- 14,0 %	- 22,6 %

183.295 €
- 36,6 %

* Der Faktor schwankt je nach Branche und Marktlage zwischen 3 und 8.

Abb. 5.7 Preisverfall führt zu Gewinnrückgang + Vermögensverlust

Und wenn wir bedenken, wie viele Unternehmer mehr oder weniger ihr gesamtes Vermögen im Unternehmen stecken haben, ist dies eine dringend zu bearbeitende Angelegenheit.

Schon diese einfache Rechnung begründet, weshalb das Thema Unternehmensnachfolge möglichst sehr früh bedacht werden sollte. Geschäftsführende Gesellschafter vergeben viele Chancen, wenn sie sich erst in den letzten zwei bis drei Jahren ihres beruflichen Wirkens mit der Firmenübergabe beschäftigen.

Hinter dem Problem des Geldes verbirgt sich aber noch ein tieferes Problem, die eigene Lebensentfaltung.

5.3.3 Der Wert des Unternehmens in der Lebensentfaltung

Was immer einer als sein Unternehmen in L5 bis L8 aufbaut, es hat wesentlich mit Erfahrungen zu tun, die man vor allem in L2 gemacht hat. Das ist die Zeit zwischen sechs und zwölf Jahren, in der jeder energetisch jene Kraft der Autorität und der Anerkennung speichert, die er konkret empfangen hat.

Wer ein Unternehmen führt, sollte sich fragen: Wie sehr wage ich es, Leistung und Würdigung (zum Beispiel über Geldwerte) in eine wahre Entsprechung zueinander zu bringen?

Jede Preisverhandlung darüber ist eine Auseinandersetzung mit den früh eingeprägten Mustern und Befürchtungen. Sie ist daher auch eine Arbeit an der Freiheit und am eigenen Glauben. Es gilt deshalb, sich schon früh klar zu werden über die Grundsätze, mit denen man in Verhandlungen geht. Dazu gehört auch, unter Umständen auf Abschlüsse zu verzichten, die dem Wert der Unternehmensleistungen nicht entsprechen.

Die andere Seite ist der Zukunftsaspekt der Weitergabe. Auch hier kommt es darauf an, sich schon am Anfang (L5) klar zu werden, worin der Zukunftswert des eigenen Unternehmens liegt bzw. liegen soll.

Kann ich daran glauben, für etwas einzutreten, was es wert ist, auf Dauer erhalten zu bleiben?

Ist es die Sache selbst (z.B. ein besonderes Weingut, ein außergewöhnliches Produkt) oder eine Unternehmensstruktur oder die Familienehre oder der Glaube an eine Idee, was später einmal weitergegeben werden soll?

Von der Art des tiefsten Wertes, den Ihr Unternehmen für Sie hat, hängt es ab, ob es einer familiären Nachfolge bedarf oder einer Person, die sich identifizieren kann mit der Sache, oder einer Rechtsstruktur, die zu bewahren ist, oder eines Markensymbols (eventuell der eigene Name).

Diese Klärungen sind nicht leicht, aber außerordentlich wichtig. Denn was hilft Ihnen eine großartige Alterssicherung, wenn es ihnen weh tut, dass das Unternehmen in familienfremde Hände gekommen ist. Oder was hilft es Ihnen, wenn zwar Ihr Sohn oder Ihre Tochter übernommen hat, aber sich nicht mehr um Ihre Werte kümmert?

Abb. 5.8 Es ist nie zu früh, sich um die Nachfolge zu kümmern

Um es auf den Punkt zu bringen: **Es ist nie zu früh, sich um die Nachfolgeregelung zu kümmern.** Idealerweise beginnt der Prozess bereits mit der Gründung des Unternehmens.

Wer schon zu diesem Zeitpunkt überlegt, in welchem Zustand das Unternehmen an Nachfolger übergeben werden soll, eine Vision über den künftigen Idealzustand des Unternehmens, dessen Marktposition und die Nachfolgeregelung entwickelt, der ist gut dran. Er verfügt damit über eine Leitlinie für das tägliche unternehmerische Handeln.

Wer sich zudem überlegt, welche Bedeutung welche Aspekte für ihn wirklich haben, der wird sie rechtzeitig für die Nachfolge ins Spiel bringen.

Jeder Unternehmer sollte einen sich ständig verbessernden Dreiklang aus Kundennutzen – Mitarbeiterzufriedenheit – Kundenbegeisterung verfolgen. Aber, man muss es nicht nur wollen, sondern auch tun.

Wichtige Leitlinien ergeben sich hierfür aus den Antworten zu folgenden Fragen:

- Was treibt uns an?
- Was können wir?
- Warum tun wir etwas?
- Für wen sind wir da?
- Was wollen wir erreichen?
- Wie machen wir es?
- Was kann unseren Geschäftserfolg gefährden?
- Was kann unser Geschäftsmodell zerstören?
- Welche Vorsorge müssen wir treffen?

Das Thema Unternehmensnachfolge sollte immer im Hintergrund des Tagesgeschäfts mitlaufen. Egal ob das Unternehmen vom Eigentümer oder externen Geschäftsführern geleitet wird und unabhängig von einer wie auch immer gearteten Nachfolgeregelung.

Klären sie objektiv den aktuellen Status, inwieweit Ihr Unternehmen von dem gewünschten Idealzustand entfernt ist.

Je früher Sie mit den Überlegungen beginnen, wie für Sie eine Nachfolgeregelung ideal aussieht, wann und an wen Sie das Unternehmen mit welchem Wert übergeben wollen, desto mehr Zeit bleibt Ihnen, genau diese Überlegungen zu realisieren.

Denken Sie also bereits am Anfang an das Ende.

Nachfolgelösungen

Die realisierten Nachfolgelösungen von Familienunternehmen verteilen sich wie folgt:

- 54 % der Unternehmen werden an die eigenen Kinder oder anderen Familienmitglieder übergeben
- 29 % an externe Führungskräfte oder andere Interessenten von außerhalb verkauft (MBI Management Buy In) und
- 17 % an interne Mitarbeiter übergeben (MBO Management Buy Out).

Je größer ein Unternehmen ist, desto eher wird es verkauft.

5.4 Wann übergeben?
Der richtige Zeitpunkt für die Unternehmensnachfolge

Wir wissen nun, dass eine geglückte Nachfolge schwieriger ist, als viele glauben oder hoffen. Denn jeder erfolgreiche Unternehmer hat eine spezielle Konstellation aus Not und Kraft, persönlichem Engagement und historischem Kairos mitgebracht. Sie ist bei keinem Nachfolger mehr in gleicher Weise gegeben.

Wir wissen, dass Nachfolge nicht bloß die äußere Übergabe eines Geschäfts darstellt, sondern mit der gesamten eigenen Lebenskurve zusammenhängt und unserem Bild von Sinnhaftigkeit.

Wir wissen, wie sehr Unternehmensnachfolge und Zukunftsfähigkeit des Unternehmens zusammenhängen. Die Übergabe offenbart schließlich, welchen Wert das Unternehmen für uns hat.

Vor diesem Hintergrund stellt sich die Frage, wann die richtige Zeit zur Übergabe gegeben ist.

Allerspätestens 20 - 25 Jahre nach der Gründung ist eine grundlegende Runderneuerung des Unternehmens fällig. Dies ist dann meistens ebenfalls ein guter Zeitpunkt, die Nachfolgeregelung und Übergabe des Unternehmens anzugehen.

Die Vorbereitung der Unternehmensnachfolge ist ein einmaliges, chancenreiches Zeitfenster. Es sollte mit vereinten Kräften für Innovationen und Neuausrichtung des Unternehmens genutzt werden. Nutzen Sie die Chancen!

Wann ist der richtige Zeitpunkt für die Übergabe?

Darauf scheint es zunächst keine allgemeingültige Antwort geben zu können. Jeder konkrete Fall ist anders. Die Umstände sind verschieden, die beteiligten Personen, die Vorstellungen, die Zwänge von außen.

Kairologisch gehen wir auf eine andere Ebene. Wir fragen nach der tieferen Lebensdynamik, nach der energetischen Kurve, die das jeweils aktuelle Optimum widerspiegelt. Es ist wichtig, die daraus sich ergebenden Erkenntnisse hinsichtlich des richtigen Zeitpunkts in die eigenen Überlegungen einzubeziehen.

Kairologisch gilt: Jeder Zeitpunkt einer Unternehmensübergabe bedeutet etwas anderes.

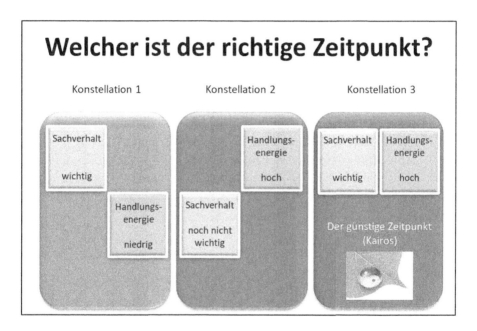

Abb. 5.9 Welcher ist der richtige Zeitpunkt?

Die kairologisch günstige Zeit für die Nachfolge ist mit dem dritten sozialen Lebensalter (ab etwa 52) verbunden.

Stellt sich die Frage nach dem richtigen Zeitpunkt früher, hat es normalerweise mit Problemen und Entscheidungen zu tun, die direkt aus der eigenen Lebensgeschichte hervorgehen oder durch höhere äußere Zwänge verursacht werden.

Ein Beispiel:

Helmut ist früh in den Betrieb seines Vaters eingetreten, hat in L6 das Unternehmen übernommen, einem Mitteilhaber seine Geschäftsanteile abgekauft und sich in hohe Schulden gestürzt. Er hat selbst in L7 das Produkt weiterentwickelt und immer die Resonanz zu den Mitarbeitern gesucht.

In L8 merkt er, dass er in massive Schwierigkeiten kommt. Ihm mangelt es an jenem Durchsetzungsvermögen, das klar und entschieden im Betrieb und Markt agiert. Die Banken verlangen, dass er an den von Helmut selbst geholten Geschäftsführer übergibt. Dieser, auch L8, will ihn ganz los haben. Hohe Schulden, äußere Stagnation, verzweifelter Machtkampf. Vorübergehend besteht die Gefahr, dass der Übergeber bewusst das ganze Unternehmen mit in den Abgrund reißt.

In diesem Fall ist die Führungskraft schwächer als die anderen Entfaltungskräfte ausgeprägt. In einer Lebensphase, in der es gerade darauf ankommt, wird Helmut gezwungen, an einen Nachfolger zu übergeben. Daher auch die Rachegefühle, die den unfreiwilligen Abgang begleiten.

Die Regel ist, dass in den Lebensphasen 5-8 (25-51 Jahre) die eigene unternehmerische Vision so weit wie möglich realisiert wird. Erst danach besteht ein möglicher Zeitpunkt für die Nachfolge.

Wenn aus der Familie ein Nachfolger aufgebaut werden soll, ist es am günstigsten, wenn sich hierfür die grundsätzliche Bereitschaft des Übergebenden in Lebensphase 9 (52-58) zeigt. Gleichzeitig ist es gut, wenn er oder sie (Nachfolger/in) noch „in der Welt draußen" lernt, was so abläuft.

Eine andere Grundentscheidung ist es, sich persönlich vom Unternehmen zu lösen und die Sache den freien Kräften des Marktes zu überantworten.

Die Lebensphase 9 ist günstig für Sekundär-Gründungen. Eine hier entwickelte berufliche Selbstständigkeit erwächst aus der Stärke der gewonnenen Kompetenz, verbunden mit der voll ausgereiften Selbstentfaltung.

Gleichzeitig ist es aber auch die Phase, ab der das Bewahren beginnt. Es ist in der Grafik mit den gestrichelten Linien angedeutet. In der Praxis drückt es sich durch zurückgehende Investitionsbereitschaft und zunehmendes Verwalten statt Entwickeln des Unternehmens aus.

Die Lebensphase 10 (58-64) ist eine günstige Zeit für Übergaben, wenn die nächste Generation selbst in Lebensphase 6 (32-38) ist. Beiden Seiten ist es wichtig, eine familiäre Kontinuität zu schaffen.

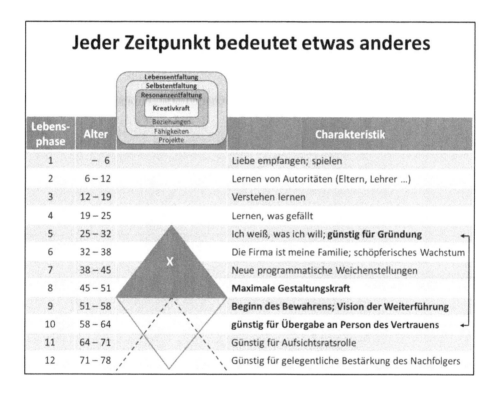

Abb. 5.10 Jeder Zeitpunkt bedeutet etwas anderes

Problematisch wird es für den Übergang nur, wenn der Gründer auf seine Vorstellungen fixiert bleibt und kein Verständnis für den veränderten Horizont der Jüngeren hat. Werden der Generationswechsel und die damit veränderten Muster nicht beachtet, kann es leicht zum Bruch kommen.

Für die Planung einer geordneten Übergabe an den oder die Nachfolger sowie die Zufriedenheit möglichst aller Betroffenen und Beteiligten ist es nie zu früh. Es geht dabei in erster Linie um den Übergebenden bzw. die Gesellschafter, den potenziellen Nachfolger sowie deren Familien. Es geht aber auch um die Mitarbeiter, Kunden, Lieferanten, Geschäftspartner und andere direkt oder indirekt Betroffene.

Nachdem nun die Bedeutung der Lebensphasen bei der Unternehmens-Gründung und -Nachfolge klar ist, lassen Sie uns am Beispiel der familieninternen Unternehmensnachfolge die Konstellation der Lebensphasen von Übergeber und Nachfolger zueinander etwas genauer betrachten.

In der folgenden Abbildung 5.10 sehen Sie in der vertikalen Säule Lebensphasen des Übernehmers und in der Horizontale die Lebensphasen des Übergebenden.

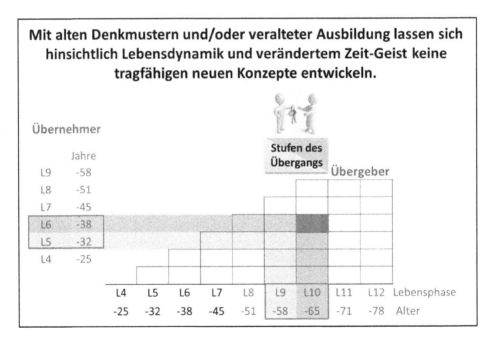

Abb. 5.11 Günstige Lebensphasen für die Übergabe

In welcher Lebensphase ist der Übergeber bzw. Senior?

Die Lebensphase des übergebenden Teils sagt viel darüber aus, wo er steht und worum es ihm geht.

In Lebensphase L8 (45-51) kann die Art der funktionalen Anforderungen zur Last werden. Man will dann meistens noch andere Seiten an sich entwickeln.

In L9 (51-58) gelangt man vielleicht zur Erkenntnis, dass die eigene Strategie zu wenig Erfolg bringt oder man selbst nach Höherem strebt, so dass „alte" Kompetenzen abgegeben werden sollen.

Die L10 (58-64) eröffnet neue Aufbruchsmöglichkeiten, die eigene Selbstentfaltung erfährt einen Schub. Vielleicht locken auch die Rolle der älteren Autorität und neue Begegnungsmöglichkeiten (zum Beispiel auch Verbandsarbeit).

In L11 (64-71) geht es um die Sicherung und Weitergabe der eigenen Wertmaßstäbe. Man interessiert sich nicht mehr so sehr für operatives Geschäft, sondern für die strategischen Entscheidungen.

In L12 (71-78) möchte man vielleicht noch auf freiwilliger Basis dabei sein, seine Altersweisheit einbringen und sich auf öffentliche Verantwortung zurückziehen können.

In L13 (78-84): Patriarch, kann grundsätzlich nicht loslassen.

In welcher Lebensphase ist der Nachfolger bzw. Junior?

Der Weg der Potenzialentfaltung des möglichen Nachfolgers oder Nachfolgerin sollte vom frühesten Alter an genauer beobachtet werden.

In L4 (18-25): Was interessiert ihn oder sie? Wie intensiv?

In L5 (25-32) werden welche Grundentscheidungen getroffen? Woran glaubt der junge Mensch wirklich? Wie strategisch ist er ausgerichtet?

In L6 (32-38) geht es um die Frage, wie sehr sich die Resonanz zur Firma und im Miteinander zeigt.

In L7 (38-45 zeichnet sich welches eigene Programm ab? Welcher Sinn für gesellschaftliche Trends ist vorhanden?

Die Lebensphase 10 (58-64) ist eine günstige Zeit für Übergaben, wenn die nächste Generation selbst in Lebensphase 6 (32-38) ist. Beiden Seiten ist es wichtig, eine familiäre Kontinuität zu schaffen.

Die Relation von Junior und Senior ist ein wichtiger Punkt.

Je jünger der Unternehmer ist, desto unfertiger als Gestalter, desto mehr Bereitschaft hat er, sich grundsätzlich auf das Unternehmen einzulassen und es kreativ neu zu formen.
Das Problem ist: Der übergebende Senior will seine Lebensleistung erhalten sehen, traut aber den Kindern nicht dieselbe Machthaltung zu. Schließlich haben sie gewöhnlich nicht erfahren, unter welchen Opfern das Unternehmen aufgebaut wurde. Der Übergeber will somit nur in dem Maße abgeben, als er sich hier sicher ist.

Die Frage hinsichtlich der Übergabe lautet: Wer setzt wen zunehmend mehr unter Druck?

Bei einer familieninternen Nachfolge liegt der ideale Zeitraum für einen stufenweisen Übergang vom Senior zum Junior in den Lebensphasen 9/10 (Senior) und L5/6 (Junior).

Die Durchführung der Unternehmensnachfolge ist ein einmaliges, chancenreiches Zeitfenster. Es sollte mit vereinten Kräften für Innovationen und Neuausrichtung des Unternehmens genutzt werden.

Nutzen Sie die Chance <u>rechtzeitiger</u> Übergabe!

Vielleicht inspiriert Sie die folgende kairologische Betrachtung der Unternehmensnachfolge in zwei bekannten deutschen Familienunternehmen.

Beispiel 1: Nachfolge als Generationsproblem

Gute Unternehmer streben danach, in ihrem Rahmen das Beste für die Gesellschaft und damit auch für ihren unternehmerischen Erfolg zu leisten. Für Familienunternehmen ist es meist sehr wichtig, die Führung des Unternehmens in der Familie zu behalten. Nicht selten misslingt das. Warum? Natürlich kann es viele Gründe geben. Spannend wird es, wenn alle von gutem Willen beseelt sind und die Nachfolge trotzdem scheitert. Ein wesentlicher Grund dafür kann der unterschiedliche historische Kairos und seine praktischen Auswirkungen sein. Dazu das Fallbeispiel

Klaus und Jörg Fischer, fischer Befestigungstechnik, 72178 Waldachtal

Artur Fischer, 31. Dezember 1919 bis 27. Januar 2016, Firmengründung 1948

Klaus Fischer, 17. August 1950, Firmenübernahme 1980, verbindliches Leitbild 1987, weltweite Expansion, operative Übergabe 2011, Rücknahme 2012.

Jörg Klaus Fischer, 20. Januar 1976, operative Unternehmensleitung 2011-2012

Artur Fischer, der Gründer, besaß ein ungeheures Zutrauen in seine erfinderischen Kräfte. Werte waren für ihn schöpferische Produkte. Intuitiv erfasste er in seinen Patenten mehr oder weniger stark den aktuellen Zeit-Geist. So lag zum Beispiel das Neue seines sogenannten Fischer-Dübels darin, gleichsam aktiv an der Verbindung zwischen Stein und Schraube mitzuwirken. Sein Synchronblitz schuf eine automatische Verbindung zwischen Fotoapparat und Blitzlicht.

Als er selbst 60 und sein Sohn Klaus 30 war, übergab er ihm die Unternehmensführung. Jahrgang 1950, stand Klaus Fischer in seinem historischen Kairos bereits am Übergang von einer Ordnungs- zu einer Beziehungsgeneration. Sein Bild vom Optimum besaß zwei Seiten: einerseits einen maximal ausgebauten Produkte-Vertrieb, der in möglichst vielen Ländern Anlaufstellen (wie Baumärkte) hatte. Zum zweiten die Ausrichtung aller Mitarbeiter auf einen dreifachen Wertekonsens (innovativ, eigenverantwortlich, seriös).

Was für Artur Fischer noch die Gnade der Kreativität war, wurde zum Prinzip für alle erhoben und das vernünftige Auftreten nach außen betont.

Bis zum Ende der Resonanz-Lebensphase (L6) hatte er diese Werte in eine für ihn objektive sprachliche Form gegossen. Gemäß diesem Fischer-Leitbild versuchte er seither, das Unternehmen und seine Mitarbeiter funktional auszurichten. Klaus Fischer erwartete von seinem Sohn eine Weiterführung in diesem Sinne.

Sein Sohn Jörg Klaus, Jahrgang 1976, aber stand wiederum am Übergang von einer Kairos-Beziehungsgeneration zu einer Aufbruchsgeneration, deren Optimum von einem gemeinsamen Geist her entwickelt wird. Auch das hatte eine doppelte Folge.

Gegenüber der nüchternen Weltzugewandtheit des Vaters, der jede Gelegenheit zur Expansion nutzte, betrachtete Jörg Klaus die Entwicklungen des Zeit-Geists mit großer Skepsis. Um sicherer durch große Krisen zu kommen, zog er es vor, die Zuliefererfunktion (vor allem für große Autounternehmen) zu reduzieren und gleichzeitig die bisherige Abnehmerschaft (vor allem die Baumärkte) um einen Direktvertrieb zu erweitern. Damit sollte zwischen den Kunden und den Produkten eine unmittelbare Verbindung über Internetplattformen hergestellt werden (also ein Stück weit auf den Spuren von Amazon).

Außerdem sah er seine Führungsrolle darin, zusammen mit den Mitarbeitern die operativen Prozesse zu entwickeln, indem er sich etwa jede Woche mit den engsten Führungskräften über die Lage austauschte. Das Leitbild sollte von einem inneren gemeinsamen Geist getragen und nicht nur bewusstes Maß des Arbeitens sein.

Dieses neue Vorgehen von Jörg Klaus stieß auf eine gewisse Sympathie des Großvaters. Sie stellte aber den funktionalen Ansatz des Vaters von Unternehmen und Führung so sehr infrage, dass dieser nach einem Jahr den Prozess der Nachfolge abbrach.

Es bleibt bis heute (2017) ein offenes Ringen. Denn einerseits ist ihnen allen wichtig, das Unternehmen in der Familie zu halten. Dies entspricht einem Hauptanliegen gegen Ende eines Generationsfeldes. Andererseits spielt für die Sinnhaftigkeit des Ganzen das operative Verhalten aller Beteiligten eine entscheidende Rolle.

Zuletzt stellt sich die Frage: Hat Klaus Fischer die innere Freiheit, das Unternehmen für eine veränderte Zukunft freizugeben und dem Sohn die Führung zu überlassen oder zieht er es vor, seiner festgewordenen Vernunft bis zum Ende zu folgen, ganz gleich, wohin es führt?

Beispiel 2: Gelungene Nachfolge bei TRUMPF

Dr. Phil. Nicola Leibinger-Kammüller, geboren 15. Dezember 1959

Seit 2005 Vorstandsvorsitzende des Familienunternehmens TRUMPF GmbH + Co. KG, 71254 Ditzingen – Maschinenbau, 3-D Drucker, Lasertechnik (Weltmarktführer),

Beziehungsgeneration, Schichtung 2, aktuell Ende der Lebensphase 9

Frau Dr. Leibingers Weg zeigt exemplarisch, wie sich weibliche Unternehmenskraft kairosgemäß entfalten kann.

Nicola Leibinger studierte nicht Wirtschaft, sondern Germanistik, Anglistik und auf den Wunsch des Vaters hin auch Japanologie. Mit knapp 25 Jahren heiratete sie ihre Jugendliebe, den Sohn eines evangelischen Pfarrers, mit dem sie vier Kinder hat und der heute, zusammen mit ihrem Bruder, zum Führungstriumvirat des Unternehmens gehört. Mit 28 Jahren promovierte sie in Germanistik und mit 45 Jahren erwählte sie ihr Vater, für viele überraschend, zur Vorstandsvorsitzenden. Seither hat sich der Umsatz des Unternehmens verdoppelt.

In Lebensphase L4 (18-25) zeigte sich ihre Stärke, in Resonanz mit Menschen und Kulturen (Japan) gehen, ausbalancieren (PR-Managerin) und gleichzeitig für sich diszipliniert sein zu können.

In L5 (25-32) baute sie ihre Familie auf und widmet sich ab 25 der Presse-und Öffentlichkeitsarbeit für die TRUMPF-Gruppe. Zwischen 28 und 30 lebte und arbeitete sie mit ihrem Mann in Japan. Er wechselte danach in die Produktion bei TRUMPF.

Neben der Erziehung ihrer Kinder leitete sie in L6 (32-38) die Berthold-Leibinger-Stiftung und wurde in das Unternehmen eingebunden als Gesellschafterin.

In L7 (38-45) arbeitete sie wesentlich an der Ausformulierung eines Familienkodex mit, einer Art Grundgesetz der Familie. Es wurde für sie die wesentliche bewusste Ausrichtung ihres Arbeitens. Am Ende dieser programmatischen Lebensphase fühlte sie sich stark genug für die vom Vater gewollte Übernahme des Vorsitzes der Geschäftsführung.

In L8 (45-51) führte sie „Arbeitszeitkonten mit +/-300 Stunden und flexiblen Anpassungen an unterschiedliche Lebensphasen" ein (was inzwischen noch ausgeweitet wurde). Zur gleichen Zeit bewies das Führungsteam, dass der Konsens des Unternehmens nicht aus leeren Worthülsen besteht. Trotz eines Umsatzeinbruchs von 40 % wurden während der Finanzkrise keine Mitarbeiter entlassen. Stattdessen spendierte die Familie eine Kapitalspritze von 75 Millionen € und die Geschäftsführer verzichteten auf 10 % ihres Gehalts.

In L9 (51-58) wurde der Boden für eine dauerhafte Zukunft des Unternehmens bereitet. Man überschritt die Grenzen des Maschinenbaus, gründete eine Vollbank, um sich gegen Probleme der Absatzfinanzierung abzusichern, und ein Softwarehaus. Man setzte sich bewusst im Team mit der Regelung der Nachfolge auseinander. Außerdem wird das gesamtgesellschaftliche und wirtschaftliche Engagement immer ausgeprägter (z.B. Sorge um Flüchtlinge, Mitarbeit in Aufsichtsräten).

Nicola Leibinger-Kammüller ist mit ihrem Vater in bester Kairos-Resonanz. Sie, Jahrgang 1959, und ihr Vater, Jahrgang 1930, schwingen miteinander im Abstand von gut vier Lebensphasen. Sie verkörpert die beiden wesentlichen Seiten ihres Vaters, weltoffene Kreativität und unternehmerische Erfolgsorientiertheit, und die ihrer Mutter, Mütterlichkeit und entschiedener Pietismus.

Der Unterschied zur vorhergehenden Generation tritt auf diesem Wege immer klarer zu Tage. Für den Vater gehörte zur Unternehmerfamilie, wer sich seinem pietistischen, auf erfolgszugewandte Frömmigkeit ausgerichteten Wertekonsens anschloss. Der Vater führte als Patriarch, der mit seiner persönlichen Autorität Innovation und Organisation vorantrieb.

Die Tochter führt im Team und vertraut auf eine produktive Streitkultur im Führungsteam. Für sie liegt die Einheit in Kraftpolen, die aufeinander zu beziehen sind. Es geht um Pole wie

- Ich – Familie, Unternehmen, Führungsteam, Gesellschaft und Wirtschaft (Aufsichtsrat),
- Führungsteam – Mitarbeiter (Krisenbewältigung 2008),
- Produktion – Absatzmärkte (Bank),
- Unternehmen – weltweite Produktionsstätten, Wirtschaftsentwicklung (IT).

Im ständig neuen Herstellen dieser Verbindung liegt für sie ihre eigentliche Führungsrolle – das geschichtliche Optimum einer zweiten Schichtung.

Fazit: Ein sehr gelungener Umgang mit dem Kairos der Lebensphasen und dem historischen Kairos.

5.5 Wie übergeben?
Der Fahrplan eines Nachfolgeprojektes

Der Fahrplan eines Nachfolgeprojektes lässt sich in vier Phasen einteilen:

1. Bestandsaufnahme und Vorbereitung
2. Nachfolgekonzept entwickeln
3. Nachfolger finden und verhandeln
4. Übertragung vorbereiten und durchführen.

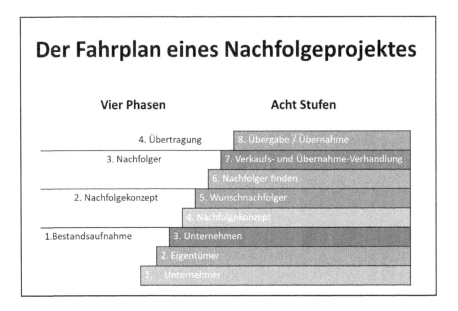

Abb. 5.12 Der Fahrplan eines Nachfolgeprojektes (1)

Der Zeitbedarf für die Phasen ist unterschiedlich. Allgemein wird von einer Prozessdauer zwischen zwei und fünf Jahren ausgegangen.

5.5.1 Der innere Fahrplan

Diese vier Phasen werden nur gelingen, wenn ihnen vier innere Vorentscheidungen vorausgehen.

1. **Die Bereitschaft, wirklich abzugeben**
   Hier schon liegt bei manchen das Hauptproblem. Viele unterschätzen die Sinnbedeutung, die ihr Betrieb oder ihre Position für sie hat. Sie identifizieren sich selbst so sehr mit dem Produkt, der Struktur, der Handlungsmacht und den Werten des Unternehmens, dass sie sich kaum lösen können. Deswegen beginnt die Auseinandersetzung mit einer Nachfolge im Prinzip schon am ersten Tag der Gründung.

2. **Die Bereitschaft, einen Nachfolger zu akzeptieren.**
   Kein Nachfolger kann so sein wie Sie. Haben Sie die Kraft, das Anderssein Ihres künftigen Nachfolgers, zum Beispiel des eigenen Sohnes oder der Tochter, wirklich zu bejahen?

3. **Die Bereitschaft, ein Nachfolgekonzept zu entwickeln**
   Bei nicht wenigen älteren Unternehmern hat der persönliche Kontakt zu Kunden hohe Bedeutung. Ihre Überzeugungskraft ist ein wesentlicher Teil ihres Geschäftsmodells. Sie empfinden einen Widerwillen gegen Onlinekonzepte und digitale Wege. „Soll doch der Nachfolger die Türen öffnen!" Die Frage ist: Bin ich bereit, gestern entwickelte Konzepte zu ändern? Wie sehr öffne ich mich für Konzepte, die heute geeignet sind, die Zukunft des Unternehmens zu bewältigen?

4. **Die Bereitschaft, das Unternehmen wirklich anzuschauen**
   Viele Insolvenzen sind die Folge der Unfähigkeit, die Fakten, das Denken und die Beobachtungen der Mitarbeiter, die tatsächlichen Trends wahrzunehmen und als Realität ernst zu nehmen. Diese Wahrnehmung ist manchmal ein sehr schmerzlicher Prozess, bei dem man Begleitung braucht.

All diese Arten von Bereitschaft setzen letztlich eine tiefe Liebe zum Leben, seinen Wandlungen und seinen Zeiten voraus. Sie begleiten und durchdringen den gesamten Nachfolgeprozess. Sie sollten einem in ihrer Bedeutung in L9 bewusst werden. In dieser Lebensphase geht es nämlich darum, innerlich vom Wollen auf das Sollen umzustellen.

Was soll mit meinem Unternehmen oder meiner Position in einem Unternehmen geschehen? Ein Sollen ist ein Anspruch, der größer ist als mein Ich und meine Wünsche. Er verlangt nach einer gewissen Befreiung von den eigenen Vorstellungen, ein inneres Loslassen, ohne das nichts Neues entstehen kann.

Wir halten es für wichtig, diese zwei Seiten eines Nachfolgeprojekts im Blick zu haben. Das führt auch zu einer Überprüfung des Zeitbedarfs für die vier Phasen.

Innerlich beginnt alles viel früher. Aber auch äußerlich sollten die Phasen eins und zwei viel früher begonnen werden. Vor allem dann, wenn die eigenen Kinder später das Unternehmen übernehmen sollen.

Eine Nachfolgeregelung kann man zwar kurzfristig realisieren, aber die Unternehmensfitness zu verbessern, ist ein mittelfristiger Prozess. Und den Unternehmenswert nachhaltig zu steigern, dauert meistens noch länger.

5.5.2 Ein bewährtes Konzept

Im Laufe der Jahre haben wir eine Vorgehensweise entwickelt, mit der Unternehmensnachfolgeprojekte vertrauensvoll über acht Stufen Zeit und Geld sparend realisiert werden. Dabei bearbeiten wir gemeinsam acht inhaltlich und logisch miteinander verknüpfte Themenfelder.

Stufe 1: Der Unternehmer in der Rolle des Übergebenden

- Die grundlegende persönliche Lebenssituation und persönlichen Ziele, Familie (z.B. Altersversorgung) sowie die aktuelle Unternehmenssituation mit Bezug zur Unternehmensnachfolge.
- **Nutzen:** Sie erkennen den Handlungsbedarf für Ihre persönliche Zukunftsgestaltung.

Stufe 2: Sondieren der Gesamtsituation der Unternehmenseigner

- Die persönliche finanzielle und erbrechtliche Situation.
- **Nutzen:** Sie erkennen Ihren Handlungsbedarf für eine geordnete Gestaltung Ihrer persönlichen und familiären Zukunft.
- Die Unternehmenssituation mit Bezug auf die finanziellen und rechtlichen Rahmenbedingungen zur Nachfolge.
- **Nutzen:** Sie gewinnen Klarheit bezüglich des Unternehmenswertes bzw. Ihrer Preisvorstellungen.
  Und aus Ihrer Inhabersicht werden die wichtigsten Eckpunkte einer gewünschten Nachfolgeregelung definiert.

Stufe 3: Analysieren und bewerten der Unternehmenssituation

- Analyse und Bewertung der wichtigsten Unternehmensmerkmale und Aspekte der Unternehmensführung. Diese Arbeit ist im Hinblick auf die Unternehmenszukunft und die wirtschaftliche Seite der Nachfolge sehr wichtig (unternehmensbezogene Analyse des Zeit-Geists).
- **Nutzen:** Sie gewinnen tiefere Einsicht über die Markt- und Wettbewerbssituation sowie die Fitness und den Wert des Unternehmens.

Stufe 4: Erarbeiten eines idealen Nachfolgekonzeptes

- Klären verschiedener wichtiger rechtlicher Aspekte mit Blick auf eine optimale Nachfolgeregelung (unter Einbezug einer Kairos-Lebensphasenanalyse)

- **Nutzen:** Die haftungs- und erbrechtlichen Belange sind im Hinblick auf eine optimale Nachfolgeregelung geprüft.
- Klären verschiedener steuerrechtlicher Aspekte mit Blick auf eine optimale Nachfolgeregelung.
- **Nutzen:** Die individuellen steuerlichen Auswirkungen der gewünschten Unternehmensnachfolge sind geklärt.

Stufe 5: Identifizieren des Wunschnachfolgers

- Klären der Anforderungen und Erwartungen an die Person des Wunschnachfolgers (unter Einbezug einer Kairos-Generationsanalyse).
- **Nutzen:** Es entsteht eine Grundlage für die Kontaktaufnahme und Gespräche mit potenziellen Nachfolgekandidaten.
- Betrachten aller relevanten Unternehmensaspekte und Bedingungen aus der Perspektive potenzieller Nachfolger.
- **Nutzen:** Sie schaffen eine profunde Gesprächs- und Verhandlungsgrundlage im Nachfolgeprozess.
  Gleichzeitig bereiten Sie damit auch die Verhandlungen mit den potenziellen Nachfolgern vor.

Stufe 6: den Nachfolger finden

- Wenn es in der Familie keinen geeigneten Nachfolger gibt, die Methoden, Kanäle und Inhalte festlegen, um potenzielle Nachfolgekandidaten zu erreichen, zu informieren und mit ihnen ins Gespräch zu kommen.
- **Nutzen:** die Zielgruppe wird gezielt und auf geeignete Weise angesprochen.

Stufe 7: die Verkaufs- oder Übernahmeverhandlungen

- Die Verhandlung systematisch, zielorientiert sowie sachgerecht vorbereiten und führen.
- **Nutzen:** Sie vermeiden unnötige Zeitverluste und Missverständnisse.

5.5 Wie übergeben? Der Fahrplan eines Nachfolgeprojektes

Stufe 8: die Übergabe bzw. Übernahme des Unternehmens

- Und last not least, die Übergabe bzw. Übernahme professionell vorbereiten sowie reibungslos, freundlich und wirkungsvoll durchführen.
- **Nutzen:** Es werden Missstimmungen, Unsicherheit, Vertrauens- und Geschäftsverluste vermieden.

Gemeinsam mit unseren Mandanten erarbeiten wir in dem Prozess effektiv mittels zahlreicher Arbeitsblätter das Nachfolgekonzept. Und eine Checkliste mit über 400 Punkten unterstützt den Weg zum Erfolg. Wir reduzieren Komplexität auf ein Minimum, denken praktisch und Handeln im Sinne einer allseits fairen, umsetzbaren Lösung.

Die ziel-, sach- und zeitgerechte Umsetzung der vereinbarten Maßnahmen bestimmen den Erfolg einer Nachfolgeregelung.

Abb. 5.13 Der Fahrplan eines Nachfolgeprojektes (2)

Es ist nie zu früh, sich um die Nachfolgeregelung zu kümmern. Idealerweise beginnt der Prozess bereits mit der Gründung des Unternehmens.

Wer schon zu diesem Zeitpunkt eine Vision über den künftigen Idealzustand des Unternehmens entwickelt, ist gut dran. Er verfügt damit über eine Leitlinie für das tägliche unternehmerische Handeln.

Das Thema Unternehmensnachfolge sollte immer im Hintergrund des Tagesgeschäfts mitlaufen. Egal ob das Unternehmen vom Eigentümer oder externen Geschäftsführern geleitet wird und unabhängig von einer, wie auch immer gearteten, Nachfolgeregelung.

Besonders wichtig ist dabei der Unternehmenswert. Er hängt davon ab, für wie attraktiv das Unternehmen in der Gegenwart und für die Zukunft eingestuft wird.

Der Unternehmenswert baut sich über viele Jahre auf und kann in kurzer Zeit abstürzen. Wer also beispielsweise für sein Unternehmen einen hohen Verkaufs-erlös erzielen möchte, braucht auch meistens einen entsprechend langen zeitlichen Vorlauf und vor allem zielgerichtete Unternehmensführung.

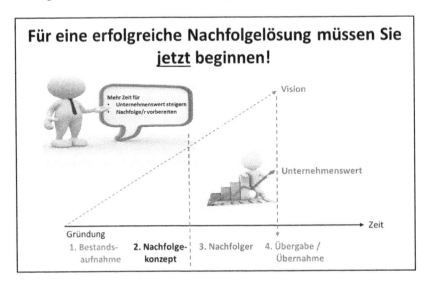

Abb. 5.14 Eine erfolgreiche Nachfolgelösung jetzt beginnen

Eine Nachfolgeregelung kann unter Umständen zwar kurzfristig realisiert werden, die Unternehmensfitness jedoch zu verbessern, ist ein mittelfristiger Prozess. Und den Unternehmenswert nachhaltig zu steigern, dauert meistens noch länger.

Empfehlung

Machen Sie keine halben Sachen. Schieben Sie das Thema Unternehmensnachfolge nicht vor sich her. Sie müssen ja nicht übergeben, wenn Sie es jetzt noch nicht wollen.

Setzen sie sich mit ihren inneren Vorentscheidungen auseinander und prüfen Sie die Bedeutung der verschiedenen Aspekte des Nachfolgeprojekts für Sie.

Aber wenn Sie jetzt mit den Überlegungen beginnen, vergrößern Sie Ihre Chance auf eine menschlich, sachlich und finanziell erfolgreiche Nachfolge ungemein. Lassen Sie sich das nicht entgehen. Sie sind am Zug!

6. Mensch 5.0 – was heißt das nun?

Mensch 5.0 heißt …

… Angesichts einer immer stärkeren technologischen Macht über den Menschen bedarf es einer **neuen Art unserer Aufrichtung**. Im Wissen um Kairos erkennen wir jene besondere geschichtliche Autonomie des Menschen, an die keine künstliche Intelligenz hinreicht. Das führt zu einem neuen Bewusstsein von Freiheit, Selbstverständnis und Zukunftsvertrauen.

… Menschen entdecken wieder ihre ureigene **menschliche Kreativkraft**. Sie kann im persönlichen und geschichtlichen Kairos erfahren werden und verbindet die Dynamik des einmaligen Augenblicks mit dem Ganzen der Geschichte.

… Die Verbreitung des Kairoswissens **befreit** Menschen **aus der Fremdbestimmung** der Herrschaft des Chronos (Kalender, Uhr…) und einer rein biologisch interpretierten Evolution des Menschen.

… Jedes menschliche Leben hat wirkliche Bedeutung. Es steht in tiefer innerer Beziehung zu allen anderen, verdient Respekt und Anerkennung. All das ist nicht von außen erreichbar über Geld, langes Leben, Unabhängigkeit von anderen, ein äußeres soziales Netz, sondern nur durch die **Ausrichtung am Kairos**. Er verbindet das eigene Hier und Jetzt mit allen und allem von innen heraus. Die eigentliche Freiheit liegt in dieser schöpferischen Bewegung. Alles Äußere befriedigt nur, sofern es dieses In-Beziehung-sein abbildet.

… Jede bedeutungsvolle menschliche Unternehmung ist der Versuch, **einer sinnstiftenden** energetischen **Welt** so weit wie möglich **Ausdruck zu verleihen**.

… **Sich selbst führen im Sinne der Kairos-Strategie**. In ihr hat Kairoskonzentration Vorrang vor Zeitmanagement, wirkliche Resonanz zu anderen Vorrang vor Harmonisierung, Selbstentfaltung Vorrang vor Fremdbestimmung und Lebenserfolg Vorrang vor Nutzenoptimierung.

… Für Selbstführung ist das **Wissen um Kairos-Lebensphasen** und ihre Bedeutung sehr hilfreich.

Der Weg zu Mensch 5.0

Arbeit und Geist	Mensch und Leben
Industrie 1.0 Arbeit mit Natur-Energien - Dampf, Licht…	HR 1.0 Mensch als Funktion schöpferischer Ideen (Erfinder/Gründer…)
Industrie 2.0 Arbeit mit Elementen – Industrialisierung	HR 2.0 Mensch als Funktion spezialisierten Könnens und Wissens (Masse von Spezialisten, die zusammenarbeiten)
Industrie 3.0 Arbeit mit Technologien – Computertechnik	HR 3.0 Mensch als Funktion systemisch verstandener objektiver Potenziale (Potenzialanalysen)
Industrie 4.0 Arbeit mit Wahrscheinlichkeiten – Digitalisierung, Künstliche Intelligenz	HR 4.0 Mensch als Funktion von realen Wahrscheinlichkeiten

Mensch 5.0
Ausrichtung von Arbeit und Leben am Kairos

Abb. 6.1 Der Weg zu Mensch 5.0

… **Mitarbeiterführung orientiert** sich primär **an der Dynamik der Menschen**. Basis dafür sind die Kairos-Lebensphasen. Sie sprechen den ganzen Menschen an in seiner persönlichen Kraftentfaltung, seiner Beziehung zum Ganzen und seiner Position in der geschichtlichen Entwicklung.

… In Führung und Unternehmensstrategie, in Coaching und Beratung **richtet** man **sich am Kairos** aus. Dadurch werden menschliche Kräfte frei, die in guten Zeiten zu Lebens- und Unternehmenserfolg führen und in schlechten Zeiten ein außerordentliches Durchhaltevermögen in den Menschen wecken.

Wo man versucht, die Menschen zur Funktion überlegener Maschinen und abstrakten Netzwerke zu machen, werden die Betroffenen sich um ihres Lebens willen zunächst innerlich distanzieren und eines Tages auch massiv wehren.

… Personalgewinnung und Personalentwicklung achtet auf eine **Lebensphasen- und lebensereignisgerechte Auswahl und Förderung von Mitarbeitern**. Die Wahrscheinlichkeiten der Entfaltungskräfte haben Vorrang vor fachlichen Potenzialen.

… **Mitarbeiterführung berücksichtigt** die kairologische Lebensphasen-Analyse bei Aufbau und Einsatz von Führungskräften und bemüht sich auf allen Ebenen um eine ausgewogene **Kairos-Lebensphasen** Struktur.

… Ein Spitzenunternehmen braucht eine kritische Masse an Mitarbeitern, die sich in hohem Maße **identifizieren mit dem Zeit-Geist** und ihre Arbeit als innere Verpflichtung sehen.

… Die Unternehmensführung weiß um die Bedeutung eines **Kairosbewusstseins** für die Bewältigung der Zukunftsherausforderung.

… Das **Wissen um die kairologischen Lebenslinien** hilft, rechtzeitig bösen Überraschungen vorzubeugen.

… Jeder Mensch will in den Lebensphasen 5 bis 8 (25-51 Jahre) sein „persönliches Unternehmen" aufbauen. Eine kluge Unternehmensführung weiß, dass sich aus den **energetischen Grundbedingungen der ersten vier Lebensphasen** die Wahrscheinlichkeiten des späteren Handelns ableiten lassen und bezieht dies in Planung und Mitarbeiterführung mit ein.

… Der **historische Kairos ist der unsichtbare Fluchtpunkt**, der jedem Unternehmen erst seinen Sinn und seine Existenzberechtigung gibt.

… **Zukunftsorientierte Unternehmensführung** analysiert rechtzeitig die Bewegungen des Zeit-Geists, die den sichtbaren Trends vorausgehen – wie die Veränderungen des Luftdrucks dem Wetterumschwung.

… Spitzenunternehmen wissen, wie sich das richtige **Handeln mit** dem richtigen **WANN verbinden** lässt. Sie beziehen in ihrer Entwicklung bewusst die menschlichen Kreativfelder ein und arbeiten mit der Unternehmens-Kairos-Analyse.

… Ein Unternehmer weiß um das magische Dreieck **menschenorientierter Führung** und kann daraus einen Vorteil ziehen

… Die Krönung jedes Unternehmerlebens ist eine **gelungene Weitergabe** und **Nachfolgeregelung**. Wie eine Staffelholzübergabe ist sie ein komplexer und riskanter Vorgang.

… Das **Wissen um** den eigenen **Kairos**, wie um den des Nachfolgers, verringert das gegenseitige Missverstehen und erhöht die Chancen auf eine positive Weiterführung des Verantwortungsbereichs bzw. des Unternehmens.

… Unternehmen verstehen sich nicht mehr nur als Funktion sachlicher Herausforderungen, sondern als Bewegungen. Entsprechend den historischen Kreativkräften erfahren sie notwendig Aufstieg und Niedergang. Im Wissen darum schützen sich Führungskräfte vor Illusionen und finden zum angemessenen historischen Maß. Die **Orientierung am Kairos** führt zu einer geschichtsbewussten Gelassenheit.

… **Überlegenheit des Menschen gegenüber jeder Technologie** in Bezug auf Empathie, Fantasie und Vorstellungsvermögen, Ideenreichtun, Erfindungsgabe und Gestaltungskraft.

Wie denken Sie darüber? Schreiben Sie uns bitte. Wir freuen uns darauf.

Kommentiertes Literaturverzeichnis

Felden, Birgit/Klaus, Annekatrin: Nachfolgeregelung. Schäffer Poeschel (2007)

Hofmann, Karl: eine katholische Generation zwischen Kirche und Welt. Studien zur Sturmstadt des Katholischen Jungmännerverbandes Deutschlands. Augsburg: Wißner [2] (1993); zugleich: Augsburg, Univ., Diss. (1992)

> Historische Forschungsarbeit zu einer außergewöhnlichen Gemeinschaft der Jugendbewegung, die ganz im „Rhythmus der Zeit" leben wollte. Wissenschaftlicher Ausgangspunkt der Theorie des Global Human Timing System

Hofmann, Karl: KAIROS Navigator der menschlichen Zeit. Augsburg: Hernoul-le-Fin (2010)
Erste umfassende Darstellung der kairologischen Forschungsergebnisse. Das Buch enthält die Theorie des Global Human Timing System (GHTS), skizziert die kairologische Gestalt des Okzidentalen Kairos Systems (OKS), die zu erwartende weitere Entwicklung und den historischen Kairos der Kairologie. Es gilt als Grundlagenwerk der historischen Kairologie.

Kirst, Uwe: Unternehmensnachfolge. Luchterhand (1996)

Linne, Gabriela: Mein KAIROS-Erfolgsweg. Das Lese-und Arbeitsbuch für: „Mehr Mut zum eigenen Leben am!". Norderstedt: BoD (2016)

> Die erste, zur Kairostrainerin nach Dr. Hofmann ausgebildete Unternehmerin gibt eine persönliche Orientierungshilfe zur Entwicklung des eigenen Kairosbewusstseins, mit vielen praktischen Anregungen.

Sieg, Manfred: Lebensplan – Erkenne deinen KAIROS. neopubli (2016)
Knappe, praxisorientierte Einführung in den kairologischen Ansatz und seine Anwendung für Trainer, Berater, Coaches, Führungskräfte

Kairos-Werkzeuge für Berater, Coaches und Trainer

- Kairologische Analysen (s. Kap. 4.6)

    Kairologisches Institut
    Dr. Karl Hofmann
    Kopernikusstr. 3
    86356 Neusäß

    hofmann@kairologisches-institut.de

    VERUN GmbH
    Manfred Sieg
    Am Hermannsbrunnen 14
    58239 Schwerte

    manfred.sieg@verun.de

- Kairos Lebensphasenkarten, Kairosuhr, Kairos App ...

    Katalog anfordern unter:

    XELLER-Training
    Mittelstr. 25/1
    88471 Laupheim
    info@xeller-training.de

Stichwortverzeichnis

A

Anthroposophie 33
Antike 19, 62
Apple 29, 30, 140, 206
Arbeit 4.0 5
Atomphysik 64
Aufmerksamkeit 16, 270
Autorität 93, 141, 170, 187, 193, 197, 222, 281, 290, 296

B

Babyboomer 51, 142
Berater 29, 69, 177, 180, 202, 226, 259, 309, 310, 323
Beratung 66, 69, 74, 258, 259, 307
Beruf 1, 9, 44, 49, 61, 76, 78, 81, 82, 87, 91, 98, 115, 116, 129, 148, 163, 175, 184, 271
Berufung 27, 61, 76, 78, 81, 84, 91, 155, 169, 221, 271
Burn-out 72, 232

C

Chaostheorie II
Chronologie 18
Chronos 16, 19, 32, 305
Coach 69, 177, 194, 220, 309, 310
Coaching 69, 74, 307

D

Demografie 134
Digitalisierung I, 5, 27, 191, 271, 274

E

Elektronik 4, 11, 19, 63, 207

Emotion 239
Energie 1, 4, 6, 8, 18, 20, 24, 28, 33, 68, 72, 79, 81, 84, 85, 86, 103, 110, 114, 116, 125, 156, 165, 169, 189, 191, 200, 233, 238, 245, 246
Entfaltungskräfte 77, 117, 169, 246, 287, 307
Epoche 4, 20, 53
Evolution 12, 19, 26, 35, 305

F

Familie 9, 23, 24, 27, 30, 36, 44, 61, 75, 89, 98, 105, 115, 129, 137, 148, 150, 158, 170, 177, 184, 196, 222, 251, 256, 257, 261, 262, 263, 266, 271, 284, 287, 300
Fantasie 241, 308
Festplatte 11, 63
Fischer 255, 292
Fortpflanzung 34
Freiheit 5, 19, 90, 95, 124, 145, 148, 208, 254, 265, 269, 281, 294, 305
Führung I, II, 19, 21, 61, 77, 79, 80, 85, 108, 115, 117, 125, 126, 130, 135, 143, 148, 155, 168, 174, 195, 196, 205, 230, 232, 237, 244, 246, 248, 262, 271, 292, 307
Fukushima 64, 70, 205

G

Geist 12, 21, 25, 35, 55, 74, 85, 92, 112, 139, 150, 161, 204, 239, 254, 293
Generation 52, 53, 55, 91, 138, 196, 204, 256, 262, 264, 273, 274, 288, 309
Generation X 137, 142
Generation Y 137, 142, 151
Generation Z 137, 142
Generationsfeld 53, 55, 59, 60, 84, 201, 224, 229, 294
Genetik II
Global Human Timing System 53, 64, 74, 309

H

Handlungskompetenz 175
Helmut 287
Hiroshima 64
historischer Kairos 27, 29, 60, 169, 200, 221
HR 4.0 5, 31
Human Resources 1, 212
Humanwissenschaft 9, 63

I

IBM 201
In-Beziehung-sein 3, 8, 14, 33, 50, 63, 74, 78, 206, 305
In-Beziehung-Sein 23, 55
Industrie 4.0 1, 5, 136
Internet 3, 11, 19, 51, 135, 201, 214, 272, 293
Intuition 2, 16, 21, 62, 69, 82, 232

J

Jainismus 23
Jobs 29, 55, 140, 171, 192, 206, 210, 253

K

Kairogramm 66, 164, 231
Kairologie 5, 7, 11, 20, 26, 33, 37, 48, 52, 53, 63, 69, 72, 74, 118, 144, 157, 162, 164, 177, 191, 201, 210, 218, 221, 229, 230, 232, 252, 309, 323
kairologische Sechseck 147, 172
Kairos 1, 6, 16, 19, 21, 23, 29, 48, 50, 54, 62, 63, 68, 69, 72, 74, 75, 77, 78, 82, 83, 88, 98, 101, 103, 145, 162, 166, 169, 177, 184, 196, 202, 220, 226, 233, 242, 245, 252, 264, 285, 305, 309
Kairos Teamanalyse 67
Kairos Unternehmens-Analyse 67
Kairos-Analyse 43, 66, 67, 69, 88, 104, 165, 172, 228, 230, 232, 308
Kairos-Generation 13, 27, 51, 53, 57, 61, 70, 74, 79, 83, 138, 202, 203, 255, 261, 301
Kairos-Lebensphasen 6, 28, 32, 41, 43, 49, 50, 52, 54, 60, 68, 74, 84, 86, 88, 110, 130, 157, 169, 183, 184, 192, 233, 242, 250, 252, 267, 300, 306
Kairos-Lebensstrategie 88
Kairos-Strategie 77, 78, 83, 86, 242
Kairosuhr 310
Kairos-Wissenschaft 62, 64
Kalverkamp 220
Kompetenz 61, 89, 98, 118, 149, 154, 156, 161, 166, 174, 180, 196, 210, 219, 222, 228, 239, 258, 277, 287
Kreativfeld 6, 14, 19, 63, 67, 69, 74, 79, 80, 82, 84, 87, 155, 194, 221, 233, 242, 252, 308
Kreativität 92, 117, 131, 173, 197, 220, 231, 243, 247, 254, 293
Kreativkraft 77, 90, 106, 114, 147, 154, 187, 305
Kreativsein 6, 19, 20, 23, 30, 63, 74, 87
Kreativzeit 33, 74, 89
Kultur 4, 13, 19, 25, 35, 36, 40, 53, 58, 70, 222
Kulturgeneration 138
Kündigung 101, 238
Kybernetik 11

L

Lebensentfaltung 35, 40, 42, 43, 86, 91, 109, 114, 148, 151, 156, 162, 165, 169, 177, 221, 281
Lebenslinie 28, 40, 190, 219, 228, 307
Lebensphase 6, 29, 32, 35, 40, 43, 48, 50, 57, 82, 84, 86, 87, 89, 106, 111, 116, 120, 129, 145, 147, 150, 155, 157, 162, 164, 178, 185, 193, 196, 210, 224, 231, 233, 250, 254, 262, 266, 287, 288, 299, 307, 310
Lebensphasen-Analyse 147, 154, 307
Leibinger-Kammüller 208, 294

M

makrohistorisch 12, 53, 57, 70, 80, 83, 155, 221, 231
Marktführer 220
Max 261
Mensch 5.0 1, 5, 305
Merkel 19, 55, 140, 205
Microsoft 30, 140, 201
mikrohistorisch 80, 83, 87, 231
Mitarbeiter-Entwicklung 169
Mitarbeiterführung 75, 108, 129, 182, 204, 306,
Mittelstand 220, 251
Mondmonat 33
Mythologie 19

N

Nachfolge 308
Nagasaki 64
Navigationssystem 8, 54, 79, 87
Neurobiologie 2
Notfallplan 259

O

Obama 140, 207
Ökologie 208, 272
Okzidentalen Kairos 309
Okzidentalen Kultursystems 54
Okzidentalen Systems 53

P

Page 140, 210
Personalauswahl 155, 160
Personalentwicklung 80, 119, 131, 176, 182, 276, 307
Personalführung 75, 118, 129, 177, 212, 271
Personalpolitik 131
Persönlichkeit 34, 36, 79, 95, 114, 116, 124, 127, 149, 161, 175, 178, 198, 261

Physik II, 25, 26, 64, 86
Polarität 37, 57, 129, 139, 170
Politik 55, 113, 204, 272
Preise 99, 108, 248, 277, 278
Pythagoräer 33

Q

Quantenmechanik II, 64

R

Radiologie 69, 74
Radium 63
Relativitätstheorie 26, 64
Resonanzentfaltung 35, 40, 80, 109, 155, 165, 169, 221
Rhythmen II, 17, 26, 32, 87

S

Schichtung 55, 80, 139, 202, 204, 222, 229, 261, 294
Schichtungstyp 202
Schicksal 130
Seele 83, 263
Selbstentfaltung 13, 34, 36, 40, 53, 55, 78, 81, 109, 155, 161, 165, 171, 196, 221, 231, 263, 287, 306
Selbstführung 75, 77, 96, 306
Sensibilität 92
Sinn 308
Social Media 272
Sozialisation 41, 42

T

Teamanalyse 67, 228
TISSOT 16
Trainer 48, 50, 167, 309, 310
Training 310
Transformation 57, 63, 136, 159
Tschernobyl 64, 205

U

Uhr II, 16, 26, 79, 84, 104, 305
Unternehmens-Entwicklung 50, 190, 225
Unternehmensführung 3, 49, 132, 176, 177, 211, 213, 227, 230, 236, 269, 276, 292, 300, 307
Unternehmensgründung 43, 191, 229, 266
Unternehmensnachfolge 180, 191, 251, 256, 257, 259, 271, 278, 281, 285, 299
Unternehmenswert 275, 278, 299

V

Vermögen 275, 278
Vernunft 35, 47, 64, 70, 82, 89, 114, 127, 149, 187, 197, 212, 265
Vision 82, 89, 105, 148, 158, 172, 176, 202, 205, 214, 217, 220, 227, 239, 250, 261, 269, 283, 287, 303

W

Wahrnehmung 10, 14, 122, 220, 298
Weidmann 140, 209
Welt 1 6, 11, 19, 21, 26, 74
Welt 2 6, 11, 14, 19, 21, 26, 29, 50, 62, 74
Werte 11, 23, 56, 119, 134, 136, 144, 161, 174, 203, 205, 238, 244, 257, 261, 282, 292, 298
Würth 222, 268

Z

Zalando 193
Zeitfenster 285, 291
Zeit-Geist 6, 23, 24, 27, 29, 52, 74, 83, 99, 108, 132, 135, 143, 153, 156, 162, 201, 222, 229, 242, 270, 274, 292, 300, 307
Zeitmanagement 78, 104, 176, 305
Zeitpunkt 19, 26, 30, 43, 50, 57, 85, 178, 191, 230, 267, 275, 283, 285, 286, 303

Zukunft 2, 25, 32, 38, 43, 62, 67, 68, 70, 97, 99, 106, 108, 123, 131, 145, 148, 153, 174, 213, 230, 234, 247, 252, 263, 275, 276, 281, 294, 298, 300, 307
Zukunftsfähigkeit 271, 276, 285

Personenverzeichnis

Benz, Carl (Autokonstrukteur) 55
Bismarck, Otto von (Politiker) 55
Calvin, Johannes (Reformator) 55
Cameron, David (englischer Premierminister) 140
Camilla (Frau von Prinz Charles) 261
Carlsen, Magnus (Schachweltmeister) 141
Charles (englischer Kronprinz) 261
Clinton, Bill (US Präsident) 51
Eberspächer, Hans (Wissenschaftler) 249
Einstein, Albert (Physiker) 26
Elisabeth II (englische Königin) 261
Felten, Birgit (Personalentwicklerin) 256
Fischer, Artur, (fischer Befestigungstechnik) 292 ff.
Fischer, Jörg, (fischer Befestigungstechnik) 292 ff..
Fischer, Klaus, (fischer Befestigungstechnik) 255, 292 ff.
Franziskus (Ordensgründer) 23
Friedrich, Kerstin (Strategieberatung) 108
Gabriel, Markus (Philosoph) 141
Gates, Bill (Microsoft) 140
Gauß, Friedrich (Mathematiker) 123
Goethe, Johann Wolfgang (Dichter) 25, 51, 54, 70
Großmann, Jürgen (RWE Vorstandsvorsitzender) 205
Gutenberg (Erfinder) 55
Hegel, Friedrich Wilhelm (Philosoph) 55
Heisenberg, Werner (Atomphysiker) 30, 55
Hesse, Hermann (Dichter) 145
Hitler, Adolf (Diktator) 52

Jain, Ainshu (Deutsche Bank Vorstand) 160
Jauch, Günther (Talkshow) 140
Jobs, Steve (Apple) 29, 55, 140, 171 f., 192, 206 f., 210 f., 253
Kalverkamp, Klemens (Grimme-Vorstandsvorsitzender, Berater) 220 ff.
Kästner, Erich (Schriftsteller) 103
Kohl, Helmut (deutscher Bundeskanzler) 205
Kurz, Sebastian (österr. Bundeskanzler) 141
Lahm, Philipp (Fußball) 141
Leibinger-Kammüller, Nicola (TRUMPF) 208, 294 ff.
Lindner, Christian (FDP) 141
Löw, Joachim (Fußball Bundestrainer) 140
Luther, Martin (Reformator) 52, 55
Macron, Emmanuel (französischer Präsident) 55, 141
Mann, Thomas (Dichter) 55
Menninger, Siegfried (Berater) 230
Merkel, Angela, (deutsche Bundeskanzlerin) 19, 55, 140, 205 f.
Mewes Wolfgang (Unternehmensberater) 82, 94, 108, 241
Michelangelo, Buonarroti (Künstler) 55
Müller, Erwin (Unternehmer) 263
Napoleon, Bonaparte (französischer Kaiser) 52, 55
Obama, Barack (US Präsident) 140, 207 ff.
Page, Larry (Google) 140, 210 f.
Rembrandt, van Rijn (Maler) 55
Renzi (italienischer Ministerpräsident) 140
Rockefeller, John D. (Unternehmer) 239
Rossmann, Dirk (Unternehmer) 255
Rubinstein, Elena (Unternehmerin) 254
Saint-Exupery, Antoine (Dichter) 239
Samwer-Brüder (Unternehmer) 193
Sauer, Joachim (Manager) 247

Schlecker, Anton (Unternehmer) 255 f.
Schmidt, Helmut (deutscher Bundeskanzler) 55
Schopenhauer, Arthur (Philosoph) 55
Seneca (römischer Philosoph) 115
Siemens, Werner (Erfinder, Unternehmer) 55
Sprenger, Reinhard K. (Autor) 124, 246
Thiele, Heinz Hermann (Vorstandsvorsitzender Knorr-Bremse) 263
Wagenknecht, Sarah (die Linke) 140
Ware, Bronnie (Krankenschwester, Autorin) 162
Weidmann, Jens, (Bundesbankpräsident) 140
Welch, Jack (Manager) 156, 157, 166, 171
Werner, Götz (Unternehmer) 255
William (engl. Kronprinz) 261
Würth, Reinhold, (Würth Gruppe) 222 ff., 268 ff.
Yousafzai, Malala (Friedensnobelpreisträgerin) 141
zu Guttenberg, Theodor (Verteidigungsminister) 140
Zuckerberg, Mark (Unternehmer) 141, 211
Zverev, Alexander (Tennis) 141

Über die Autoren

Dr. Karl Hofmann, geboren 1954, promovierte über ein neues Verständnis der Dynamik menschlicher Geschichte. Er ist Gründer und Leiter des Instituts für Kairologie, Mitglied der International Society for the Study of Time (ISST), Verfasser des Grundlagenwerks "Kairos. Navigator der menschlichen Zeit" und Mitbegründer der Deutschen Gesellschaft für Kairologie (DGfK). Hofmann bildet Kairos-Trainer, -Berater sowie Coachs aus und hat sich spezialisiert auf die Erstellung und Auswertung aller Arten von Kairosanalyse.

Kontakt: hofmann@kairologisches-institut.de

Manfred Sieg, geboren 1950, ist seit 2006 erfolgreich selbstständig als Experte für Kundennutzen und Sparringspartner für die vertriebsorientierte Entwicklung mittelständischer Unternehmen. Seine Arbeitsschwerpunkte sind die Zukunftssicherung, vertriebliche Ausrichtung und generelle Erfolgssteigerung. Spezialthema ist die Initiierung und Begleitung von Unternehmer-Nachfolgeprozessen.

Ein besonderes Anliegen ist ihm, dabei mitzuwirken, die menschliche Lebensdynamik für ein leichteres und erfolgreicheres Leben besser zu verstehen.

Kontakt: manfred.sieg@verun.de   www.sieg-verkauft.de

Notizen

Notizen

Notizen